Robert J. Petro
Therese A. Finch

Das Kostbarste aber bleibt für Dich

Robert J. Petro
Therese A. Finch

Das Kostbarste aber bleibt für Dich

DAS VERMÄCHTNIS EINES WUNDERBAREN GROSSVATERS

Aus dem amerikanischen Englisch
von Ute Leibmann

Gustav Lübbe Verlag

Titel der Originalausgabe:
The Book of Secrets
Originalverlag: HarperSanFrancisco

Aus dem amerikanischen Englisch von Ute Leibmann
Schutzumschlag- und Einbandgestaltung:
DYADEsign, Düsseldorf
Satz: Agentur Bosbach, Köln
Gesetzt aus der 11 Punkt Centaur
von Linotype-Hell
Druck und Einband: Friedrich Pustet, Regensburg

Printed in Germany
ISBN 3-7857-0989-7

Sie finden die Verlagsgruppe Lübbe im Internet unter:
http:/www.luebbe.de

1 3 5 4 2

Meiner Frau Marlena
als Dank für ihre Liebe
und Unterstützung
R. P.

Meinen Eltern,
George und Josephine Fakoury,
und meinem Mann Gregory
als Dank
für seine Ermutigung und Hilfe
T. F.

Inhalt

DAS ERBE

Antonio sprang aus dem Bett und schaute aus dem Fenster. Es wurde schon hell. Er zog sich an und stürmte die Treppe hinunter. »Morgen, Miguel!« rief er dem Koch zu. »Ist Großvater schon auf?«

Miguel nickte. »Er ist draußen und sattelt die Pferde. Möchtest du frühstücken?«

»Bin nicht hungrig.« Antonio lief durch die Hintertür nach draußen und steuerte schnurstracks auf die Ställe zu. »Großvater, bist du da?«

Juan Gomez strahlte über das ganze Gesicht, als er seinen einzigen Enkel sah. »Wie geht's meinem Lieblingsenkel denn heute?«

»Prima.« Antonio erwiderte das Lächeln. »Wie geht es meinem Lieblingsgroßvater?«

Einen kostbaren Moment lang begegneten sich ihre Blicke. Obwohl sie dieses Ritual allmorgendlich pflegten, schien es ihnen nach wie vor zu gefallen. Juan legte den Arm um Antonio. »Kann's losgehen?«

»Ich bin so aufgeregt, Großvater! Wir sind nicht mehr ausgeritten, seit … seit Papa … «

»Ich weiß, ich weiß«, beruhigte Juan ihn. »Tut mir leid, daß ich dich in letzter Zeit vernachlässigt habe. Es kostet sehr viel Zeit, sich allein um die Hazienda zu kümmern.«

»Aber heute sind wir zusammen, nur du und ich, Großvater, oder?«

»Genau«, sagte der Großvater und zauste Antonio durch das Haar. »Jetzt hol aber das Picknick, das Miguel uns gepackt hat.«

Sobald Antonio außer Sichtweite war, krümmte Juan sich. Er lehnte sich gegen die Stalltür und hielt den Atem an, bis der stechende Schmerz in seinem linken Arm nachließ.

In der Küche sagte Miguel zu Antonio: »Im Frühstückserker steht Saft für dich.«

»Oh, gut«, meinte Antonio und lief in den angrenzenden sonnigen Erker, wo Anna, seine Mutter, ihn schon erwartete.

»Hallo, Mama!« Antonio küßte sie auf die Wange und stürzte den Saft hinunter. »Ich muß los, Großvater wartet.«

»Viel Spaß!« rief Anna ihrem Sohn nach und freute sich über seine Begeisterung.

Juan und Antonio ritten los, in Richtung der südlichen Grenze der Hazienda. »Weißt du, Antonio, ich hoffe, daß das eines Tages alles dir gehört.«

»Ich auch, Großpapa. Dir verdanke ich meine Liebe zu dem Land. Wirst du mir jetzt auch beibringen, wie man eine Hazienda führt?«

»Wenn die Zeit gekommen ist«, sagte Juan, und aus seinen Augen leuchtete der Stolz.

»Ich glaube, ich bin soweit.«

»Ja, vielleicht. Du bist so viel verständiger als ich in deinem Alter.«

»Hat du alles von deinem Vater gelernt?« Antonio nahm an, daß sein Großvater, genau wie er und Anna, sein ganzes Leben auf der Hazienda verbracht hatte.

»Nein. Meine Kindheit war nicht ganz so unbeschwert wie deine.«

»Aber warum, Großvater? Du hast immer versprochen, mir diese Geschichte einmal zu erzählen. Jetzt haben wir doch Zeit dazu, oder?«

Juan zögerte kurz. »Vielleicht«, flüsterte er.

Antonio warf einen Blick auf seinen Großvater, der zusammengesunken auf dem Pferd saß. »Großpapa? Was ist los?«

»Hilf mir«, stieß Juan mit schwacher Stimme hervor.

Antonio sprang vom Pferd und half dem alten Mann vorsichtig von seinem Pferd herunter.

»Mir ist heiß«, murmelte Juan, »so heiß!«

Bemüht, die Angst in seiner Stimme zu verbergen, sagte Antonio: »Großvater, es ist doch heute morgen ganz kühl – genau so, wie du es magst.« Halb stützend, halb ziehend beförderte er den aschfahlen Mann zu einer schattigen Stelle unter einem Baum. »Ich hole Hilfe.«

Doch Juan berührte kraftlos den Arm des Jungen. »Nein, warte«, sagte er. »Wir müssen miteinander reden.«

»Du brauchst einen Arzt. Wir können uns später unterhalten.«

»Später ist vielleicht keine Zeit mehr dazu.« Juan trank einen Schluck von dem Wasser, das Antonio ihm anbot. »Wenn ich tot bin, wirst du vielleicht denken, ich hätte euch im Stich gelassen. Die Wahrheit ist, daß ich versucht habe, dich und deine Mutter zu schützen.«

Antonio standen die Tränen in den Augen. »Was sagst du da, Großvater?«

»Ich hatte keine andere Wahl, mein Sohn.« Juans Stimme klang schleppend. »Hab nur Vertrauen, und vergiß nicht: Ich werde immer bei dir sein.«

Verstört schwang sich Antonio auf sein Pferd und galoppierte zum Haus zurück. »Mama, Mama!« schrie er. »Großvater ist bei den Höhlen zusammengebrochen!«
Mit einem Blick auf Miguel erklärte Anna: »Laß den Arzt holen! Ich nehme ein paar Männer mit, und wir tragen ihn zum Haus zurück.«
Aber sie kamen zu spät. Juan Gomez war bereits tot.

Am Morgen der Beerdigung wachte Antonio früh auf. Er schaute aus dem Fenster und sah, daß draußen schon die leere Lafette wartete. Dieses Gefährt würde seinen Großvater für immer davontragen. Ihn schauderte. Erst Papa, jetzt Großvater. Nun war er, Antonio, der Mann im Haus. Und er hatte keine Ahnung, was zu tun war.
Antonio zog sich langsam an. Er fürchtete den Moment, in dem Großvaters sterbliche Überreste das Haus endgültig verlassen würden. Selbst als Toter konnte Großvater noch irgendwie Trost spenden.
Antonio schlich nach unten. Er dachte an jenen letzten Morgen, daran, wie begeistert er darüber gewesen war, endlich wieder einen Ausflug mit Großpapa zu machen. Als er die Küche betrat, fand er zu seiner Überraschung die Köche schon in eifriger Geschäftigkeit vor. »Miguel, was ist denn hier los?« fragte er.
Miguel schlug die Augen gen Himmel. »Wir haben heute abend vierhundert Gäste zum Essen!«
»Heute? Wieso denn das?«
»Es war sein Wille. In den vierzig Jahren, in denen ich diesen Mann gekannt habe, ist das wirklich das Verrückteste ... eine Riesenfeier nach der Testamentseröffnung!«
Antonio fragte nicht, was Miguel mit einer Testamentseröff-

nung meinte. All seine Gedanken kreisten um Großvaters bevorstehende Beerdigung.
Nachdem er sich einen heißen Kakao gekocht hatte, ging Antonio in den sonnendurchfluteten Erker. Im ersten Moment fand er Trost in der blendenden Helligkeit und der Wärme. Dann sah er Anna. Er beugte sich zu ihr hinunter und küßte ihre nasse Wange. »Guten Morgen, Mama«, sagte er.
Annas Augen waren rot und geschwollen. »Ich werde ihn so schrecklich vermissen!«
»Ich auch«, sagte Antonio. »Ich hätte ihn nicht allein lassen sollen. Es ist meine Schuld, daß er tot ist!«
»Nein, mein Schatz«, erwiderte sie. »Großvater ist es schon eine ganze Zeit lang nicht so gut gegangen. Er wollte nicht, daß wir es erfahren.«
»Warum nicht? Vielleicht hätten wir ihm ja helfen können.«
»Das glaube ich nicht. Der Doktor hat gesagt, daß es nur eine Frage der Zeit war.«
»Ich habe Angst, Mama. Wie wird es jetzt mit uns weitergehen?«
Anna schloß die Augen, ihr Atem ging stoßweise. »Hab Vertrauen! Es wird schon alles wieder in Ordnung kommen, du wirst sehen.«
In diesem Moment kam Miguel herein. »Gleich ist es soweit.«
Anna nickte. »Seid ihr mit den Vorbereitungen für heute abend fertig?«
»Noch nicht ganz. Aber darüber können wir nachher sprechen.«
Anna wendete sich mit kummervollem Gesicht zu Antonio. »Ich mache mich fertig.«
Kurz darauf betrat Antonio das Wohnzimmer. Er ließ seine Hand an der Kante des gewaltigen Mahagoni-Sargs entlanggleiten. Das Herz wurde ihm schwer. »Auf Wiedersehen,

Großvater«, flüsterte er, während ihm eine Träne die Wange hinunterrann. »Du wirst mir fehlen.«

Das Begräbnis fand in einem Dorf nahe der Hazienda statt, nicht weit von Mexiko City entfernt. In der Kirche drängten sich die Menschen dicht an dicht. Während Antonio und Anna dem Sarg hinterherschritten, nickten sie der trauernden Menge zu. Diese Leute werden Großvaters Gerechtigkeitssinn und seine Aufrichtigkeit vermissen, dachte Antonio, aber ich werde seine Liebe vermissen.

Im Anschluß an den Trauergottesdienst folgten etwa fünfzig Personen der Lafette mit dem Sarg zum Friedhof. Als der Priester den Segen gesprochen hatte, gingen alle außer Anna und Antonio. Sie blieben, bis der Sarg in die Erde hinabgelassen wurde. Tief erschüttert sahen sie, wie die ersten Erdklumpen auf den glänzenden braunen Holzkasten schlugen.

»Komm, wir gehen, Mama«, sagte Antonio und drückte ihre Hand. Anna zögerte noch eine Weile, bevor sie zustimmend nickte.

Schweigend saßen sie in der Kutsche, während der Einspänner über die unbefestigte Straße holperte. Anna zog die Nase hoch und tupfte sich ab und zu die Augen. Schließlich sagte sie: »Sandoval verliest um elf Uhr das Testament. Er will dich auch dabei haben.«

»Mich? Wieso?«

»Ich nehme an, Großvater hat dir etwas hinterlassen.«

»Ich verstehe das alles nicht«, sagte Antonio verwirrt. »Er hat mir versprochen, daß er immer bei mir bleiben würde, und jetzt ist er fortgegangen!«

»Es tut mir leid, daß er dir so etwas versprochen hat, Liebling.« Anna legte den Arm um Antonio. »Niemand kann garantieren, daß sein Leben ewig weitergeht.«

Als sie zu Hause ankamen, drängten sich in der Villa dieselben Leute, die Antonio schon auf der Beerdigung gesehen hatte. Einen flüchtigen Moment lang fragte er sich, weshalb so viele der Landarbeiter unter ihnen waren. Doch nachdem er sich einmal durch die Menge in den ersten Stock gekämpft hatte, dachte er nicht mehr daran. In seinem Zimmer lenkte ihn ein Porträt ab, das Juan Gomez als jungen Mann zeigte. Wie wenig er doch über Großvaters Leben damals wußte! Er war traurig darüber, daß ihnen nicht mehr Zeit zusammen geblieben war.

Plötzlich mußte Antonio lächeln. Die Ähnlichkeit zwischen seinem Großvater und ihm war bemerkenswert. Großvaters Gesicht hatte immer vor Freude aufgeleuchtet, wenn die Leute Antonio ›Juan junior‹ nannten.

Um Punkt elf Uhr betrat Antonio die Bibliothek. Der Rechtsanwalt Sandoval schloß die schweren Holztüren, ließ sich auf Großvaters Bürosessel nieder und zog einen dicken Stapel Papiere aus seiner Aktentasche. Schlagartig kehrte Ruhe ein. Mit ernster Stimme begann Sandoval vorzulesen: »Ich, Juan Gomez, im Vollbesitz meiner geistigen und körperlichen Kräfte, vermache hiermit die folgenden ...«

Antonio lauschte mit klopfendem Herzen. Er kannte und liebte jeden Quadratzentimeter der Hazienda. Daher begriff er sofort, daß Großvater das Land in Parzellen an seine treu ergebenen Landarbeiter und an die Hausangestellten verteilte.

Warum nur? Antonio wurde blaß. Großvater hatte das Land doch ihm versprochen! Er blickte zu seiner Mutter hinüber. Sie saß mit teilnahmslosem Blick aufrecht da, die Hände im Schoß gefaltet.

Antonio rieb sich die Stirn. Und ich habe geglaubt, er hätte uns liebgehabt, dachte er. Dann gingen ihm wieder Großvaters Worte durch den Kopf: »Du wirst vielleicht denken, ich hätte euch im Stich gelassen.« Es war schwer, etwas anderes zu denken. Großvater hatte ja schließlich auch versprochen, daß er immer bei ihnen bleiben würde. Dennoch waren er und seine Mutter jetzt allein.
Das vorletzte Erbteil ging an Anna. Großvater vermachte ihr die viktorianische Villa sowie die fünfzig Morgen Land, die sie umgaben, das Haus in Mexiko City und eine stattliche Summe Geldes.
Schließlich hörte Antonio: »Zu guter Letzt hinterlasse ich meinem Enkel Antonio mein größtes Erbe.« Verwirrt fragte Antonio sich, was das wohl sein könne. Alles Land war bereits verteilt, war ihm gewissermaßen unter den Füßen weggerissen worden.
Benommen trat Antonio auf den riesigen Tisch zu, während Sandoval einen hölzernen Kasten aus einer Schublade hervorzog. Der Kasten erinnerte ihn an Großvaters Sarg. Mit den Tränen kämpfend, nahm er das Andenken und den dazugehörigen altertümlichen Schlüssel entgegen. Dann preßte er das Geschenk an sein Herz und eilte mit gesenktem Kopf aus der Bibliothek.
In seinem Zimmer angekommen, ließ er sich auf das Bett fallen und steckte mit zitternden Fingern den Schlüssel in das Schloß.

GELEGENHEITEN BIETEN SICH ÜBERALL

Gespannt hob Antonio den Deckel empor. Dann starrte er ungläubig in den Kasten. Es mußte sich um ein Mißverständnis handeln, denn als er den Inhalt untersuchte, fand er nur ein Bündel Papiere. Großvater hatte ihm doch sicherlich noch mehr hinterlassen! Vielleicht hatte Sandoval etwas durcheinandergebracht.

Tränen traten Antonio in die Augen. Überwältigt von Kummer und Enttäuschung, schluchzte er in sein Kopfkissen.

Nach einer Weile rollte er sich auf den Rücken und starrte an die Decke. Er fühlte sich ganz ausgelaugt. Während er über die Ereignisse der letzten Tage nachdachte, gingen ihm immer wieder Großvaters Worte durch den Kopf: »Du wirst denken, ich hätte euch im Stich gelassen, doch ich werde immer bei dir sein.« Was wollte Großvater ihm bloß mitteilen? Enthielt der Kasten womöglich eine wichtige Nachricht?

Antonio setzte sich auf und schaute nochmals in den Kasten. Diesmal entdeckte er einen Brief, der an ihn gerichtet war.

Mein liebster Antonio,

nun, da Du diesen Brief liest, haben sich meine schlimmsten Befürchtungen wohl erfüllt. Ich bin gestorben und mußte Dich und

Deine Mutter allein zurücklassen. Es tut mir leid, mein Kleiner. Ich weiß genau, wie man sich fühlt, wenn man ohne festen Anker umhertreibt.
Ich hatte bereits seit einiger Zeit den Verdacht, daß ich krank bin. Als Dr. Quintana mir riet, meine Angelegenheiten in Ordnung zu bringen, begann ich damit, dieses Tagebuch, das Buch meiner geheimen Weisheiten, für Dich zu schreiben.
Mein Vorhaben zehrte mich völlig auf, befürchtete ich doch, daß mir mein Herz den Dienst versagen würde, noch bevor ich meine Aufzeichnungen vollendet hätte. Wenn ich mich zwischenzeitlich besser fühlte, erschien mir meine Besessenheit lächerlich, und ich redete mir ein, daß ich noch lange genug leben würde, um Dich heranwachsen zu sehen. Doch das Leben beschert uns nicht immer das, was wir zu verdienen glauben. Nun kann ich wenigstens in Frieden ruhen, in der Gewißheit, meine Aufzeichnungen vollendet zu haben.
Nichts hätte ich mir sehnlicher gewünscht, als Dir die Hazienda zu vererben. Doch ein Bürgerkrieg bahnt sich an, überall im Land revoltieren bereits aufständische Kräfte und entreißen uns mit brutaler Gewalt unser Land. Nach meinem Tod hätten sie ihre Aufmerksamkeit sofort auf unser Zuhause gerichtet. Hoffentlich habe ich Dir und Deiner Mutter nun eine Menge politischen Aufruhr erspart.
Ich weiß, daß Du im Augenblick nicht so empfindest, doch laß Dir gesagt sein: Nichts ist verloren! Und Du bist keineswegs allein. Diese Seiten enthalten alles Wissen, das Du brauchst, um in dieser Welt Erfolg zu haben. Meine Erfolgsgeheimnisse, meine Ratschläge für eine geglückte Lebensführung werden Dich, wenn Du sie aufmerksam studierst und anwendest, in die Mündigkeit führen. Ich hoffe, daß Du, ebenso wie ich, lernen wirst, daß Geld nur ein kleiner Teil des wahren Reichtums ist.
Mein lieber Antonio, obwohl ich nun von Euch gegangen bin, wird

mein Geist in diesen Seiten fortleben. Darin habe ich Dir mein wahres Vermögen hinterlassen.
In Liebe
Dein Großvater

Zum ersten Mal seit dem Tod seines Großvaters fühlte Antonio sich getröstet. Er nahm den obersten Stoß der Blätter aus dem Kasten, lehnte sich in sein Kissen zurück und las weiter.

Das Buch der geheimen Weisheiten

Ich wuchs auf einer *ranchería* ungefähr fünfzehn Meilen südwestlich von Pachuca auf. Als ich siebzehn war, starben meine Eltern, meine Mutter im Januar, mein Vater im Mai. Außer ihnen besaß ich keine weiteren Familienangehörigen.
Unsere Nachbarn hatten Mitleid mit mir und boten mir an, bei ihnen zu wohnen. Doch sie waren selbst arm und hätten nicht für mich sorgen können. Ich ließ mir jedoch gern von ihnen beim Auslegen der Maiskörner helfen. Nach einem langen, harten Arbeitstag kehrte ich nach Hause zurück, um dort die erste Nacht meines Lebens allein zu verbringen.
Die Erinnerungen, die mich in den beiden Kammern unserer Hütte erwarteten, schnürten mir die Kehle zusammen. Irgendwann konnte ich das beklemmende Gefühl nicht mehr ertragen, und so trug ich meine Strohmatte in den Stall, um bei Teresa, meinem Esel und zugleich meiner besten Freundin, zu schlafen.
Ich drückte Teresa an mich, so fest ich konnte. Es war schön, die Nähe eines warmen Körpers zu spüren. »Ich hoffe, du

hast nichts dagegen, dein Nachtlager mit mir zu teilen, Eselchen. Ich mag nicht gern allein sein.«
Teresa fraß weiter, ließ ihren Schwanz jedoch lange genug hin und her wedeln, um mir zu signalisieren, daß ich ihr willkommen war.
»Ich hab' Angst, Eselchen«, sagte ich mit klappernden Zähnen. »Der Mais ist gepflanzt, doch wie soll ich ganz allein die Ernte einfahren?«
Teresa leckte mir über das Gesicht, so als wollte sie sagen: »Wir schaffen das schon!«
»Du bist die einzige, die versteht, wie verloren ich mich fühle!« Ich begann, ruhelos im Stall auf und ab zu laufen. »Du weißt, daß Vater immer alles gemacht hat. Er hat mir nie irgendeine Verantwortung übertragen. Und jetzt muß ich auf einmal alles allein machen. Ich weiß ja gar nicht, wo ich anfangen soll!«
Teresa beobachtete mich, während ich hin und her lief. »Schon gut, schon gut!« sagte ich. »Das stimmt natürlich nicht ganz. Aber dieser verdammte Hof! Es gibt immer so viel zu tun! Das hat sie auch umgebracht. Das hat sie beide umgebracht.«
Mit jedem Schritt steigerte ich mich weiter in meine Verzweiflung hinein. Teresa trottete durch den Stall, ließ sich neben meiner Strohmatte nieder und wartete auf mich. Schließlich hockte ich mich neben sie. »Tut mir leid, Eselchen! Aber ich weiß einfach nicht, was ich tun soll.«
Teresa stieß mich sanft mit dem Maul auf meine Matte hinunter. Als ich ihren warmen Körper neben mir spürte, entspannte ich mich und schlief, kurz bevor der Morgen dämmerte, endlich ein.

Einige Stunden später stupste Teresa mich wach. Sie erschien mir unruhig, und bald hörte ich auch den Grund dafür. Ein Pferdekarren kam rumpelnd den Weg entlang. Ich spähte durch einen Spalt in der Stalltür und mußte schlucken, denn ich sah den Großgrundbesitzer auf die Hütte zugehen.
»Señor Hernandez!« rief ich und öffnete die Stalltür. »Was führt Sie an diesem schönen Morgen hierher?«
Hernandez nahm seinen Hut ab und wischte sich den Schweiß von der Stirn. »Tut mir leid, daß dein Vater gestorben ist.«
Er hatte bestimmt nicht den ganzen Weg gemacht, nur um mir sein Beileid auszusprechen.
»Señor, Sie können zufrieden sein!« sagte ich und versuchte dabei möglichst beschwingt zu klingen. »Die Maisfelder sind schon bestellt.«
Hernandez starrte mich überrascht an. »Aber ... wie?«
»Die Nachbarn haben mir geholfen. Wir sind gestern fertig geworden.«
Hernandez wich meinem Blick aus. »Das ist ja alles schön und gut«, sagte er. »Aber du kannst die Ernte nicht allein einbringen.« Er scharrte verlegen mit den Füßen. »Ich habe mich bereits um neue Pächter bemüht. Sie ziehen übermorgen ein.«
»Das können Sie nicht machen! Ich bin hier zu Hause!«
»Tut mir leid, Juan«, erklärte er und setzte seinen Hut wieder auf. »Ich habe keine andere Wahl.«
Heiße Tränen brannten mir in den Augen. »Mais anbauen ist alles, was ich kann, Señor! Bitte erlauben Sie mir hierzubleiben!«
»Vielleicht können die neuen Pächter ja ein paar zusätzliche Hände gebrauchen. Frag sie!«
»Und wenn nicht? Was soll ich dann machen?«

»Weiß ich nicht!« Er wandte sich zum Gehen. »Geh nach Mexiko City. Ich bin sicher, daß du dort was findest.«
»Aber Señor«, beharrte ich, »meine Eltern haben zwanzig Jahre lang für Sie gearbeitet. Ist das der Dank, den sie dafür bekommen?«
Hernandez griff in seine Hosentasche, zog einige Pesos heraus und warf sie in den Dreck. »Hier! Damit sind wir wohl quitt.« Dann stieg er auf seinen Pferdewagen, nahm die Zügel und sagte: »Bis morgen hast du mein Land verlassen!«
Wie betäubt blickte ich hinter ihm her, bis er nur noch als entfernte Staubwolke am Horizont zu sehen war. Dann sammelte ich sein schäbiges Almosen auf und ging in die Hütte.
Den Rest des Tages verbrachte ich damit, persönliche Dinge zu ordnen. Gegen Abend, als die Sonne tiefer stand, machte ich meinen letzten Rundgang über die Farm. Den Großteil meines Lebens war ich auf diesem Stück Land verwurzelt gewesen. Nun waren meine Eltern nicht mehr da, und bald würde auch ich fortgehen.
Die Nacht verbrachte ich wieder bei Teresa im Stall. Als ich sie sah, mußte ich die Tränen unterdrücken. »Es ist so ungerecht«, sagte ich. »Wie kann ein Mensch so viel Macht haben? Er braucht bloß mit den Fingern zu schnippen, und schon haben wir kein Dach mehr über dem Kopf!«
In der Annahme, sie sei leer, trat ich gegen eine alte Milchkanne, doch sofort fuhr mir der Schmerz durch die Zehen und das Bein empor. Ich fing an zu schreien: »Ich hasse dich, Hernandez, ich hasse dich, ich hasse dich!« Ich hielt mir die schmerzenden Zehen und hüpfte auf einem Bein weiter. »Ich hasse dich, Vater! Warum hast du mich allein gelassen?«
Heulend ließ ich mich auf meine Strohmatte fallen.

Teresa tröstete mich, indem sie ihr Maul an meinem Nacken rieb. Schließlich fiel ich erschöpft in einen tiefen Schlaf.
Am nächsten Morgen stand meine Entscheidung fest. Ich stopfte den Großteil meiner Habseligkeiten in zwei geräumige Satteltaschen und lud sie Teresa auf den Rücken. Dann warf ich einen letzten, wehmütigen Blick auf unsere Hütte. Schließlich wischte ich mir die Tränen aus dem Gesicht und trat den etwa sechzig Meilen langen Weg nach Mexiko City an.
An diesem Tag legte ich zehn Meilen zurück. Die Füße taten mir weh. Meine Schuhe waren so abgelaufen, daß ich jeden Stein auf der felsigen, mit Schlaglöchern übersäten Straße spüren konnte. Da die Strecke nur schlecht markiert war, kam ich mehrere Male vom Weg ab und mußte wieder ein Stück zurückgehen.
Nachdem ich zum dritten Mal hatte umkehren müssen, ließ ich mich auf der Kuppe eines Hügels im Schatten nieder, um etwas Wasser zu nippen. Ich wagte nicht, allzuviel zu trinken, da ich den ganzen Tag über noch keine Gelegenheit gefunden hatte, meine Feldflasche aufzufüllen.
Die Rast tat mir so gut, daß ich beschloß, an eben dieser Stelle zu übernachten. Nach einigem Suchen fand ich etwas abseits des Wegs einen leidlich ebenen Schlafplatz. Ich sammelte Mesquitezweige und entfachte damit ein Feuer.
Während nach und nach die Sterne wie kleine Punkte am Himmel erschienen, aß ich eine trockene Tortilla, kaum genug, meinen leeren Magen zu füllen. Müde und hungrig sank ich in einen unruhigen Schlaf.

Einige Stunden später stupste Teresa mich wieder wach. »Was ist los, Eselchen?« fragte ich sie und tätschelte ihren Hals. Kurz darauf wußte ich, was sie beunruhigt hatte. Vom Weg her drangen Hufschlag und Stimmen zu mir. Voller Angst versteckte ich mich tiefer im Gebüsch. Mein Vater hatte immer vermieden, nachts zu reisen, weil er glaubte, daß in einsamen Landstrichen Banditen lauerten. Ich wußte nicht, ob er mit seiner Vermutung recht hatte, doch ich wollte es lieber nicht auf eine Begegnung ankommen lassen.

Die Männer hielten auf der Hügelkuppe an. Ich konnte nicht genau verstehen, worüber sie sprachen, aber sie schienen ziemlich erregt zu sein. Wenn sie nun mein Lagerfeuer gesehen hatten und nach mir suchten? Ich betete, daß sie weiterzögen. Obwohl ich sie wenig später davongaloppieren hörte, blieb ich aus Angst, daß sie womöglich wieder umkehrten, zusammengekauert hinter einem Felsen liegen. Erst als Teresa schließlich zu meinem Versteck getrottet kam, wußte ich sicher, daß sie fort waren. »Danke, Eselchen«, sagte ich. »Was würde ich bloß ohne dich anfangen?«

Nach diesem Zwischenfall konnte ich selbst unter Teresas aufmerksamem Schutz nicht mehr einschlafen. Starr vor Kälte, lag ich mit weit aufgerissenen Augen in der Dunkelheit und lauschte auf das Rascheln der nächtlichen Lebewesen im Unterholz.

Als der Morgen dämmerte, stand ich auf. »Hernandez soll verdammt sein!« sagte ich zu Teresa, während ich ihr die Satteltaschen auflud. »Er fährt gemütlich in seinem Wagen herum und macht sich nie die Hände schmutzig! Was glaubt er eigentlich, wer er ist?«

Wir machten uns auf den Weg. Vor Schlafmangel war ich wie gerädert. Während ich mich auf Teresa stützte, schwor ich mir, daß ich mich an Hernandez rächen würde.

Es war sehr heiß. Wir liefen stundenlang und flüchteten uns nur mehrmals für kurze Zeit in den Schatten eines Gebüschs.

Ich hatte kein Wasser finden können, und meine Feldflasche war beinahe leer.
Eigentlich wollte ich den Tagesmarsch gerade beenden, als ich einen schmalen Pfad entdeckte, der von der Straße abzweigte. In der Hoffnung, einen Bach und ein sicheres Schlafplätzchen zu finden, folgte ich dem Pfad in ein Wäldchen.
Doch der Wald war nicht so dicht, wie ich geglaubt hatte, und bald gelangte ich zu einer gerodeten Fläche. Ein gepflegter, weiß gestrichener Zaun erstreckte sich entlang der baumlosen Ebene, soweit das Auge reichte. Kein Lufthauch regte sich. Ich ging weiter und traf plötzlich und unvermutet auf ein prachtvolles Haus. Mein Herz schlug schneller. Träumte ich, oder lebte hier tatsächlich jemand?
Ganz geschwächt vor Hunger und Durst, drängte ich vorwärts, während Teresas Hufe neben mir rhythmisch auf den harten Lehmboden trommelten. Dann entdeckte ich einen Mann, der vornübergebeugt in einem Ringelblumenbeet arbeitete.
»Verzeihen Sie, Señor«, grüßte ich ihn und lehnte mich über den Zaun. »Dürfte ich Sie um etwas Wasser bitten? Wir sind sehr durstig!«
Der Mann richtete sich auf. Er war ziemlich schäbig gekleidet. Seine Hosen waren an den Knien durchlöchert, und sein Strohhut sah aus, als hätte jemand ein Stück davon abgebissen. Das muß der Gärtner sein, dachte ich mir.
Er kam auf mich zu. Er war drahtig, kaum größer als ich mit meinen einszweiundsiebzig, und seine Arme wirkten etwas zu lang für seinen Körper. Seine Haut war bronzefarben, nicht rotbraun wie meine, und das ergrauende Haar hing in schweißnassen Strähnen unter dem Hut hervor. »Du siehst aus, als ob du mehr gebrauchen könntest als nur ein bißchen Wasser!« stellte er fest. »Wie lange bist du schon unterwegs?«

»Zwei Tage, Señor«, antwortete ich und blickte ihm in die himmelblauen Augen.
Er öffnete mir das Tor. »Hinten im Hof ist ein Brunnen. Nimm dir so viel Wasser, wie du benötigst.«
»Danke«, erwiderte ich. »Wir werden nicht lange brauchen. Ich will noch einen Schlafplatz suchen, ehe es dunkel wird.«
»Du kannst gern im Stall übernachten.«
»Wirklich?« vergewisserte ich mich. Es erschien mir unwahrscheinlich, daß ich im Schatten eines so vornehmen Hauses willkommen war. »Hat der Besitzer auch nichts dagegen?«
Der Mann lachte und wies auf den Brunnen. »Wasch dich erst mal!« meinte er. »Ich sage dem Koch, daß er dir was zu essen machen soll.«
Mein Magen knurrte. Noch nie im Leben hatte ich mich so hungrig gefühlt. »Das ist sehr freundlich von Ihnen, Señor, aber ich will Ihnen keine Umstände machen.«
»Das bereitet überhaupt keine Umstände. Wirklich nicht«, sagte er und schritt energisch auf das Haus zu.
Ich starrte ihm fassungslos hinterher und traute meinem Glück kaum: Wasser, etwas zu essen, ein Dach über dem Kopf.
»Wir beeilen uns lieber mit dem Trinken«, sagte ich zu Teresa, während ich sie zum Brunnen zog, »denn wenn der Eigentümer uns erst findet, dann wird er uns genauso von seinem Grundstück jagen, wie Hernandez es getan hat.«
Ich wusch mir das Gesicht und versorgte Teresa mit einem großen Eimer Wasser. Doch niemand kam. Daher führte ich meinen Esel in den geräumigen Stall. Dort schien es ziemlich sicher zu sein. Ich hoffte, daß wir die Nacht über bleiben konnten.
Als ich auf das Haus zu trat, sah ich den Gärtner auf der hinteren Veranda an einem Tisch sitzen, der für zwei gedeckt war.

Er hatte sich umgezogen und die Haare gekämmt. Im Licht der Laterne kam mir sein Gesicht weicher vor, weniger knochig, und seine Nase erschien mir nicht mehr ganz so hervorstehend. Er musterte mich mit einem durchdringenden Blick aus seinen blauen Augen.

Ich blieb am Fuß der Veranda stehen, denn ich wollte ihn nicht stören.

»Komm her«, sagte er.

Ich zog die Augenbrauen hoch. »Sie meinen, ich soll mich zu Ihnen an den Tisch setzen?«

»Natürlich.« Der Mann sah nicht länger aus wie ein Dienstbote. Er lächelte freundlich, und die Furchen um seine Augen verwandelten sich in zahlreiche Fältchen.

Ich zögerte. »Wer sind Sie eigentlich?«

»Hector Ortega«, erwiderte er. »Ich bin hier der Besitzer.«

Ich starrte ihn ungläubig an. »Sie haben das alles für mich getan?« Warum sollte sich jemand, der so reich war, mit einem armen Jungen wie mir abgeben?

»Wieso nicht? Du sahst so müde und hungrig aus. Wie ist dein Name, junger Mann?«

»Juan Gomez«, antwortete ich und schüttelte die Hand, die er mir entgegenstreckte.

Kaum hatte ich mich gesetzt, erschien wie herbeigezaubert Miguel, der Koch, mit einem Teller voll heißer *quesadillas*.

»Bedien dich«, forderte Hector mich auf.

Mein Magen zog sich zusammen. Ich nahm eine Quesadilla. Sie war noch ganz warm und knusprig vom Braten im heißen Fett. Bevor ich sie auf meinen Teller legte, probierte ich schnell einen Bissen. Sie schmeckte köstlich nach *guacamole*, Rindfleisch, Bohnen, Kartoffeln, Käse und Reis.

Nachdem ich die erste Quesadilla hinuntergeschlungen hatte,

machte ich mich gierig wie ein junger Hund auch über die zweite und dritte her. Als ich die dritte halb verzehrt hatte, fragte Hector: »Möchtest du noch ein paar Quesadillas?«

»Danke, Señor. Mein Magen fühlt sich ziemlich leer an.«

Hector warf den Kopf in den Nacken und lachte. »Miguel!« rief er. »Bring meinem Freund hier doch noch einen kleinen Nachschlag!«

Ich schloß die Augen und ließ den letzten Bissen genußvoll auf der Zunge zergehen. Es war einfach unglaublich. Nicht nur, daß es Essen gab – nein, auch noch so herrliches Essen –, ich brauchte bloß zu fragen. Hector hatte noch nicht einmal seine erste Quesadilla aufgegessen. »Sie essen nicht sehr viel, scheint mir?« fragte ich.

»Nicht mehr soviel wie früher«, antwortete Hector und teilte mit seiner Gabel einen Bissen ab. »Mein Appetit hat mit den Jahren nachgelassen.«

Miguel brachte mir meine vierte Portion, die ich in zivilisierterem Tempo aß. Zaghaft nahm ich nun ebenfalls meine Gabel und versuchte, so zu essen wie Hector.

»Wo kommst du her?« erkundigte sich der.

»Aus Pachuca, aber ich bin auf dem Weg nach Mexiko City, um dort mein Glück zu machen.«

»Tatsächlich?« meinte Hector. »Und was sagen deine Eltern dazu? Brauchen sie dich denn nicht zu Hause?«

Als Hector meine Eltern erwähnte, beschlich mich ein Gefühl der Beklommenheit. »Sie haben sich hier ein schönes Anwesen aufgebaut.«

»Ich habe es nach dem Vorbild der viktorianischen Villen in San Francisco bauen lassen.«

»Sind die auch so farbenfroh gestrichen?«

»O ja«, erwiderte Hector mit leuchtenden Augen.

»Ich würde sie mir gern eines Tages mal anschauen.«
»Ich wünsche dir, daß du die Gelegenheit dazu bekommst.«
Hector wischte sich den Mund mit seiner Serviette ab. »Ich bin neugierig. Warum bist du von zu Hause fortgegangen?«
Ich schloß die Augen und holte tief Luft. »Ich habe kein Zuhause mehr – dank Señor Hernandez!«
»Señor Hernandez?«
»Ja, er hat mich von meinem Land vertrieben. Eines Tages werde ich so reich sein wie er – und dann kaufe ich ihm seinen Besitz ab!«
»Was ist mit deinen Eltern?«
Ich nippte an meinem Getränk. Über meine Eltern zu sprechen schmerzte zu sehr. »Das schmeckt gut. Was ist das für ein Getränk?«
»*Chicha.* Es wird aus Mais gebraut.« Hector ließ sich jedoch nicht ablenken. »Wissen deine Eltern, was du treibst?«
»Meine Eltern sind tot«, sagte ich schließlich. »Ich bin ganz allein.«
In diesem Augenblick kam Miguel angewatschelt, um uns den Tee zu servieren. Er war ungefähr so alt wie ich, hatte aber kohlrabenschwarze Augen, und sein Bauch quoll über den Hosenbund. Ich senkte den Kopf, um meine Tränen zu verbergen.
Eine peinliche Stille trat ein. Man hörte nur das Kratzen des Löffels, mit dem Hector den Zucker in seiner Tasse umrührte.
»Es tut mir leid, daß deine Eltern tot sind«, sagte Hector sanft. »Du hast sie bestimmt sehr geliebt.«
Ich schluckte schwer und nickte. »Meine Eltern wollten immer nur, daß ich es einmal besser haben sollte als sie. Sie haben mir viele Pflichten abgenommen, damit ich in aller Ruhe lernen konnte.«

Hector nippte an seinem Tee und sah mich an.
»Sie hätten mich meinen Anteil machen lassen sollen. Es war zu anstrengend für sie. Wenn ich nicht gewesen wäre ...«
»Wenn du nicht gewesen wärst, dann was? Wären sie dann etwa nicht gestorben? Du kannst dir keine Schuld an ihrem Tod geben. Was sie taten, haben sie aus Liebe zu dir getan.«
»Vielleicht. Aber so hatten sie nie Zeit für mich. Sie haben mir nie beigebracht, wie man auf dieser Welt überlebt.«
»Du wirst es schaffen«, sagte Hector. »Ich weiß, wie schwer es ist, auf sich allein gestellt zu sein.«
Ich schnaubte. »Was wissen Sie denn schon davon?«
»Juan, dies alles hier ist mir nicht in die Wiege gelegt worden. Auch ich bin in armen Verhältnissen aufgewachsen. Aber die Angst vor der Armut hat mich immer vorangetrieben – so lange, bis ich eines Tages aufwachte und feststellte, daß ich ein alter Mann geworden war, der nichts hatte außer seinem Geld und seinem Land.«
»Ich wäre gern an Ihrer Stelle, Señor. Ich bin allein und habe weder Geld noch Land.«
Hector warf den Kopf zurück und lachte. »Verzeih mir, daß ich lache«, sagte er. »Es ist nur ... Na ja ... Eines Tages wirst du es schon verstehen.«
»Was verstehen?«
»Es ist schwierig zu erklären. Zeit und Erfahrung sind sehr gute Lehrmeister.«
Ich starrte ihn verständnislos an.
»Du bist bestimmt müde«, sagte er. »Es tut mir leid, daß ich dich so lange vom Schlafengehen abgehalten habe.«
Nachdem Hector ins Haus gegangen war, blieb ich noch eine Weile draußen sitzen und betrachtete die Sterne. Jetzt, da mein Hunger gestillt war, fühlte ich mich beinahe wieder mit

meinem Schicksal versöhnt. Was für ein netter Mann! dachte ich. Ich fühlte mich geehrt, daß er mir, einem armen Jungen, seine Zeit gewidmet hatte. Ich schaute an meiner abgerissenen Kleidung hinunter und schämte mich. Na ja, morgen würde ich von hier verschwinden und ihn wohl nie wiedersehen.
Ich dachte an meine Eltern und fühlte mich furchtbar allein. Deshalb ging ich zu Teresa in den Stall. Sie konnte mich immer trösten. Mit gefülltem Bauch und Teresas warmem Körper neben mir fiel ich bald in einen tiefen Schlaf.

Am nächsten Morgen weckte Hector mich. »Guten Morgen«, grüßte er. »Das Frühstück ist fast fertig.«
Ich wusch mich und traf Hector an demselben Tisch wie am Vorabend. Schweigend schaute er mir zu, wie ich weitere drei Portionen vertilgte.
Schließlich sagte er: »Weißt du, Juan, du erinnerst mich stark daran, wie ich in deinem Alter war. Und deswegen will ich dir etwas verraten, was dir auf deinem Weg helfen soll.«
Mein Herz schlug schneller. Ich stützte mich mit den Ellenbogen auf dem Tisch ab und beugte mich gespannt nach vorn.
»Wenn du nur richtig hinschaust, wirst du feststellen, daß sich überall Gelegenheiten bieten. Der kluge Mensch lernt, gute Gelegenheiten stets und überall zu erkennen und zu ergreifen.«
Ich wartete darauf, daß Hector noch mehr sagen würde, doch er schwieg. »Ich verstehe nicht ganz«, sagte ich.
Hector lächelte und tätschelte meine Hand. »Es wird spät. Du machst dich besser auf!« Er brachte mich noch zum Tor. »Ungefähr sechzehn Meilen von hier gabelt sich der Weg. Wenn du die Abzweigung Richtung Westen nimmst, kommst du zum Hof von Señor Sanchez. Sag ihm, daß ich dich geschickt habe, dann läßt er dich in seinem Stall übernachten.«

Ich rechnete mir aus, daß Sanchez' Farm ungefähr vier Meilen von Mexiko City entfernt war. Wenn ich seinen Hof am folgenden Morgen früh genug verließ, konnte ich noch rechtzeitig in die Stadt gelangen, um eine Arbeit und einen Schlafplatz zu finden. »Vielen Dank für alles«, sagte ich. »Vor allem für das gute Essen.«

»Juan«, sagte Hector, während er mir zum Abschied die Hand schüttelte, »ich wüßte gern, wie es dir ergeht. Komm einmal wieder und besuche mich!«

Ich versprach ihm, mich wieder sehen zu lassen. Den ganzen Tag lang dachte ich über Hectors Worte nach: »Gelegenheiten bieten sich überall.« Ich fragte mich, was er damit wohl meinte. Würde ich eine Gelegenheit überhaupt erkennen, wenn sich mir eine bot?

Bei Einbruch der Dunkelheit erreichte ich den Hof der Sanchez. »Guten Abend«, grüßte ich und schaute zu dem riesigen Mann empor, der vor mir stand. »Sind Sie Señor Sanchez?«

»Was willst du, Junge?«

Sanchez' schroffes Verhalten traf mich unvorbereitet. »Hector Ortega schickt mich. Er sagte, daß Sie mich heute nacht in Ihrem Stall schlafen lassen würden.«

»Das hat Hector gesagt? So, so!« Endlich lächelte der bärbeißige Mann und klopfte mir auf die Schulter. »Hab ihn lange nicht mehr gesehen. Komm rein, Junge! Du hast bestimmt Hunger.«

Sanchez' Frau brachte mir etwas zu essen. Es war nicht ganz so köstlich wie das Mahl bei Hector, doch ich war froh darüber, etwas in den Magen zu bekommen.

Nach dem Abendessen führte Sanchez Teresa und mich in den Stall.

»Nun ist es soweit«, sagte ich zu Teresa, nachdem er gegangen

war. »Morgen sind wir in der Stadt.« Unwillkürlich bekam ich eine Gänsehaut. »Ich frage mich, wie es uns ergehen wird. Was geschieht, wenn ich keine Arbeit finde? Dann enden wir womöglich als Bettler auf der Straße. Oder noch schlimmer: tot in der Gosse. Wie soll ich bloß für uns sorgen? Den ganzen Tag über habe ich nach Gelegenheiten Ausschau gehalten, aber mir ist keine einzige begegnet.«
Teresa stupste mich mit ihrem Maul, bis ich mich hinlegte. Es war Zeit, schlafen zu gehen. Während sie mit ihrem Maul meinen Nacken massierte, schlummerte ich ein.

Am folgenden Morgen erwachte ich früh. Jetzt, da der entscheidende Tag endlich gekommen war, lag ich wie gelähmt auf meiner Strohmatte. Die Stadt wartete auf mich, doch ich hatte Angst, mich auf den Weg zu machen. Als Sanchez hereinkam, hatte ich Teresa gesattelt.
»Ich sehe, du bist zum Aufbruch bereit!« stellte er fest.
Ich nickte, brachte jedoch kein Wort heraus.
»Wohin willst du, Junge?«
»Nach Mexiko City«, sagte ich, und um mir selbst Mut zu machen, fügte ich hinzu: »Dort will ich mein Glück machen.«
»Mit dem Esel?« fragte er. »Du mußt ja ziemlich viel Geld haben.«
»Das nicht gerade.« Es war mir zu peinlich, ihm die volle Wahrheit zu sagen.
»Wo willst du ihn halten? Es wird ziemlich teuer sein, ihn in einem Stall unterzustellen.«
»Oh«, sagte ich mit gesenkter Stimme, »daran habe ich gar nicht gedacht.«
Sanchez umrundete Teresa und musterte sie von allen Seiten. »Ein schönes Tier, ich würde es gern kaufen.«

»Es kaufen?« wiederholte ich hilflos. Teresa war alles, was mir in der Welt noch geblieben war. »Sie ist nicht zu verkaufen, Señor.«
»Zu schade aber auch«, sagte Sanchez. »Es hätte eine gute Gelegenheit für uns beide werden können.«
»Eine Gelegenheit, Señor?« Ich spitzte die Ohren. »Wie meinen Sie das?«
»Na ja«, erklärte Sanchez, »für dich wäre es die Gelegenheit gewesen, etwas Geld zu verdienen – und ich hätte einen schönen Esel bekommen.«
Ich hätte mir nie träumen lassen, daß es so weh tun könnte, eine Gelegenheit zu ergreifen. Ich befeuchtete meine Lippen mit der Zunge. »Wieviel können Sie bezahlen?«
»Kommt darauf an. Wärst du bereit, sie mir auf Kredit zu verkaufen?«
»Ich verstehe Sie nicht ganz.«
»Angenommen, du verkaufst sie mir für tausend Pesos. Wenn du sie mir hierläßt, gebe ich dir einen Teil des Geldes sofort. Für das Recht, sie zu nutzen, und dafür, daß ich dir zunächst nur einen Teil des Geldes zahlen kann, erhältst du Zinsen.«
»Sie meinen, daß ich am Ende mehr als tausend Pesos bekomme?«
»Genau«, bestätigte Sanchez. »Verkauf mir Teresa, und ich zahle dir hundert Pesos auf der Stelle – und während der nächsten zehn Monate jeden Monat hundert Pesos. Macht zusammen elfhundert Pesos.«
Das Angebot schien verlockend, aber sollte ich mich dafür von Teresa trennen? Ich streichelte ihre Mähne.
»Vielleicht findest du jemanden, der sie auf einen Schlag bezahlen kann«, sagte Sanchez. »Ich sehe allerdings nicht, wie du sie ohne Geld versorgen willst.«

»Erlauben Sie mir, wiederzukommen und Teresa zu besuchen?«
»Wann immer du willst.«
»Und wenn die Dinge in der Stadt für mich gut laufen …?«
»Dann kannst du sie von mir wieder zurückkaufen.«
Es klang verrückt: Teresa verkaufen. Ich liebte sie. Sie war alles, was mir von meiner Familie noch geblieben war. Andererseits schien es Sinn zu machen. Ich wußte nicht, was mich in der Stadt erwartete. Ich wußte noch nicht einmal, wie ich allein klarkommen sollte. Wie konnte ich da noch für einen Esel sorgen?
»Gut, einverstanden.« Wir besiegelten das Geschäft mit einem Handschlag, und dann ging Sanchez ins Haus, um das zu holen, was er »meine erste Rate« nannte.
Mit Teresa allein gelassen, begann ich zu zittern. »Es tut mir leid, Eselchen, ich muß dich hierlassen. Aber er hat gesagt, daß ich dich besuchen kann, wann immer ich will.«
Teresa leckte mir das Gesicht. Ich wußte, daß sie mich verstand.
»Du wirst mir fehlen«, sagte ich und vergrub mein Gesicht an ihrem Hals.
Glücklicherweise war unser Abschied kurz, denn bald kam Sanchez mit dem Geld wieder. »Das wirst du brauchen, Junge. Die Stadt ist ziemlich teuer. Wie wär's jetzt mit einem Frühstück?«
»Lieber nicht«, sagte ich. Die Vorstellung, der Stadt allein die Stirn bieten zu müssen, reichte aus, um mir den Appetit zu nehmen. »Trotzdem vielen Dank.«
Voll banger Erwartung trat ich die letzte Etappe meiner Reise an. In meinem Kopf überschlugen sich die Gedanken. Ich fragte mich, was für eine Arbeit ich wohl finden würde. Würde ich

genug verdienen, um davon leben zu können? Und würde ich je in der Lage sein, Teresa zurückzukaufen?
Ich befühlte die Münzen in meiner Tasche. Sie trösteten mich etwas, aber noch hatte ich keine Ahnung, was mich in Mexiko City erwartete.

HERAUSFORDERUNGEN

Die Reise in die Stadt dauerte länger als erwartet. Mit schweren Satteltaschen beladen und gegen den wehenden Staub ankämpfend, kam ich auf der ansteigenden Straße nur sehr langsam voran.

Die Mittagszeit war gerade vorüber, als ich die ersten Häuser passierte: Ich näherte mich meinem Ziel. Obwohl mein Herz schneller schlug, fühlte ich mich plötzlich bedrückt. Es fiel mir nicht leicht, mich von Wohlbekanntem zu verabschieden. Außerdem fehlte mir Teresa. Sie war die letzte Verbindung zu meinem alten Leben, und ich hatte sie zurückgelassen.

Ich hielt einen Mann auf der Straße an und fragte: »Können Sie mir sagen, wie ich zum *zócalo* komme?«

»*Welcher* Zócalo? Mexiko City hat viele!«

»Gibt es da nicht einen mitten in der Stadt?«

»Ach, du meinst *den* Zócalo! Die Plaza de la Constitución.«

Ich nickte. Aus Angst, ziemlich dumm zu erscheinen, traute ich mich nicht, noch weiter zu fragen.

»Neu in der Stadt?« Er lächelte.

»Gerade erst angekommen.«

»Was willst du auf dem Zócalo? Dort gibt's nur Regierungsgebäude.«

»Ich dachte, dort sei der richtige Ort, um mir eine Arbeit zu suchen.«
Der Mann lachte herzhaft.
»Stimmt das nicht?« fragte ich ihn. »Wo würden Sie denn suchen?«
»Wenn ich die Antwort wüßte, hätte ich wohl selbst längst Arbeit!«
Mein Mut sank, und die Enttäuschung stand mir wahrscheinlich ins Gesicht geschrieben.
»Der Zócalo ist so gut oder schlecht wie jeder andere Ort«, meinte der Mann und klopfte mir auf die Schulter. »Viel Glück, Junge!«
Der Weg, den er mir beschrieben hatte, führte mich über den kopfsteingepflasterten Paseo de la Reforma, die schönste Straße, die ich je gesehen hatte: Riesige herrschaftliche Häuser lagen halb versteckt hinter den Bäumen des Boulevards. Ich versuchte mir vorzustellen, wie es wohl wäre, in einer dieser Villen zu leben. Dann mußte ich über mich selbst lachen. Bisher hatte ich noch nicht einmal Arbeit gefunden.
Am frühen Nachmittag erreichte ich die Rückseite der Kathedrale, die den Zócalo nach Norden hin begrenzt. Während ich um die Kathedrale herum zum Vordereingang lief, schlug es von den beiden Glockentürmen gerade zwei Uhr. Der Klang der Glocken erfüllte mich mit Schrecken: Die Zeit verstrich, und ich hatte noch nichts zustande gebracht.
Bald vergaß ich meine Sorgen allerdings wieder. Vor mir erstreckte sich der berühmte Zócalo. Er war so gewaltig, daß ich mir dagegen ganz klein und unbedeutend vorkam. Doch die hektische Betriebsamkeit auf dem Platz ließ mich wieder Hoffnung schöpfen. In einer Stadt dieser Größe mußte es ein leichtes sein, Arbeit zu finden.

Als sich meine erste Aufregung gelegt hatte, merkte ich, daß ich hungrig war. Ich ging zu den nahe gelegenen Marktständen und kaufte mir etwas zu trinken. Dann setzte ich mich unter einen Baum und aß die Tortilla und das Dörrfleisch, das Sanchez mir mitgegeben hatte. Ich betrachtete die Leute auf dem Markt dabei, wie sie alle möglichen Sachen kauften, und konnte kaum abwarten, auch mein erstes selbstverdientes Geld auszugeben. Dann kam mir eine Idee. Nachdem ich aufgegessen hatte, ging ich zurück zu dem Marktstand, an dem ich mein Getränk gekauft hatte.
»Entschuldigen Sie, Señor«, sagte ich. »Ich bin gerade erst in die Stadt gekommen und suche Arbeit. Können Sie vielleicht Hilfe gebrauchen?«
»Im Augenblick nicht«, entgegnete er. »Vielleicht später im Jahr, nach der Erntezeit.«
»Ich könnte alles mögliche machen, Señor. Frühmorgens könnte ich Ihnen helfen, den Stand aufzubauen, und abends käme ich wieder, um die Waren einzupacken und abzubauen.«
»Nein danke, Junge. Im Moment kann ich wirklich niemanden gebrauchen.«
An diesem Nachmittag besuchte ich das Lederwarengeschäft, den Blumenstand, die Bäckerei, den Bonbonladen, den Korbmacher, den Kerzenzieher, die Obst- und Gemüsestände und den Silberschmied.
Ich erhielt die unterschiedlichsten Antworten, die aber alle auf ein und dasselbe hinausliefen: Nein.
Kurz bevor der Markt geschlossen wurde, kaufte ich mir ein Sandwich. Müde und entmutigt ging ich zum Zócalo zurück, um es zu essen. Es war ein langer Tag gewesen, daher beschloß ich, gleich dort zu übernachten und am nächsten Morgen zeitig aufzustehen. Bald fiel ich in tiefen Schlummer.

Als die Uhr auf der Plaza zwölf schlug, wachte ich schlaftrunken auf. Doch dann wurde mir klar, daß um mich herum Gendarmen dabei waren, die vagabundierenden Personen zu verhaften, und ich fuhr schlagartig hoch. Ich schnappte mir meine Sachen und rannte, so schnell ich konnte, in die Kathedrale. Dort wartete ich mit klopfendem Herzen. Niemand kam.
Erleichtert wagte ich mich wieder hinaus und entdeckte ein verstecktes Plätzchen zwischen der Kathedrale und dem angrenzenden *Sagrario*. Obwohl mein Versteck ziemlich abgeschieden war, verbrachte ich den Großteil der Nacht in der Angst, entdeckt zu werden.

Am nächsten Morgen erwachte ich hungrig und mit verquollenen Augen. Da mir die Schultern weh taten, versteckte ich meine Satteltaschen in einer Mauerspalte. Dann lenkte ich meine Schritte in Richtung Paseo de la Reforma. Am Vortag hatte ich dort Geschäfte bemerkt, in denen ich vielleicht Arbeit finden konnte. Meine erste Anlaufstelle war Lopez' Gemischtwarenhandlung.
Kaum hatte ich Lopez in seinem Laden erspäht, begrüßte ich ihn mit einem Lächeln. »Hallo, ich bin Juan Gomez. Ich suche Arbeit.«
»Du und tausend andere!« erwiderte er kopfschüttelnd.
Das war nicht die Antwort, die ich hören wollte. »Ich kann alles, Señor: fegen, die Regale auffüllen, Waren ausliefern. Geben Sie mir doch eine Chance!«
»Tut mir leid«, sagte er. »Ich würde dir ja gern helfen, aber meine Söhne machen das schon alles.«
»Haben Sie eine Idee, wo ich es noch versuchen könnte?« fragte ich, während ich die dahinschwindenden Pesos in meiner Tasche befühlte.

Lopez kaute nachdenklich auf seiner Unterlippe herum. »Du könntest es mal beim Mietstall probieren.«
Die Söhne von Lopez haben es gut, dachte ich. Sie können mit ihrem Vater zusammenarbeiten und haben in seinem Geschäft gleich ihre Arbeitsplätze garantiert.
Der Mietstall, mein nächster Anlaufpunkt, gehörte Señor Johnson, einem Amerikaner. Er war ein hagerer Mann mit einem Gesicht, das aussah, als wäre es der Länge nach in einen Schraubstock eingespannt worden. Leider war er genauso sauertöpfisch, wie er aussah.
»Wieso glaubt ihr Bauernlümmel bloß immer, daß das Leben hier besser sei?« bellte er mich an.
Ich fühlte mich, als hätte er mir eine Ohrfeige gegeben. »Ich hatte keine andere Wahl, Señor.«
»Nun, das ist nicht mein Problem. Wenn du mich fragst, ist Mexiko City jetzt schon viel zu groß! Du wirst wie all die anderen in den Slums enden.«
»Das hoffe ich nicht!« erwiderte ich, während ich den Rückzug durch die Tür antrat. Vielleicht war es ja ganz gut, daß er keine Arbeit für mich hatte. Ich war mir gar nicht sicher, ob ich überhaupt bei ihm arbeiten wollte.
Gleich gegenüber vom Mietstall befand sich ein Hotel. Ich trat ein. »Wieviel kostet ein Zimmer?« fragte ich die fette, matronenhafte Dame, die hinter der Rezeption saß.
Sie beäugte mich über den Rand ihrer Zeitung hinweg. »Fünfundzwanzig Pesos die Nacht.«
Ich schluckte. So viel Geld hatte ich nicht. »Kann ich vielleicht für meine Unterkunft arbeiten? Ich könnte Zimmer saubermachen, Gepäck tragen – was Sie wollen ...«
Die Frau kam hinter der Rezeption hervor. Sie umschritt mich und musterte mich von allen Seiten, genau wie Sanchez

es getan hatte, als er Teresa kaufen wollte. »*O la la!*« sagte sie und tätschelte meinen Hintern. »Meine weiblichen Gäste werden bestimmt ganz verrückt nach dir sein!«
Einen Moment lang stand ich da wie angegossen und fragte mich, was sie wohl mit mir vorhatte. Dann nahm ich die Beine in die Hand und rannte davon, so schnell ich konnte.
Sie kam hinter mir her auf die Straße gelaufen und rief: »Komm zurück, mein Süßer! Ich mache dir ein Angebot!«
Einige Häuserblocks weiter drehte ich mich um und sah, daß sie mir nicht mehr folgte. Um wieder zu Atem zu kommen, hielt ich an – direkt vor einem Schusterladen. Ehe mich der Mut wieder verlassen konnte, trat ich ein und sprach den Besitzer an.
»Hallo«, sagte ich und lächelte. »Ich heiße Juan Gomez und suche Arbeit.«
»Hast du schon mal bei einem Schuster gearbeitet?«
»Das nicht. Aber ich habe meinem Vater oft dabei zugesehen, wie er Schuhe besohlt hat.«
Der Mann seufzte. »Ich könnte tatsächlich Hilfe gebrauchen«, meinte er. »Leider habe ich nicht die Zeit, dich einzuarbeiten.«
»Bitte, Señor«, flehte ich. »Ich kann alle möglichen Arbeiten erledigen. Ich kann die Kunden bedienen, dann können Sie in der Zwischenzeit Ihre Reparaturen machen.«
»Tut mir leid«, erwiderte er. »Im Augenblick ist wirklich keine günstige Zeit.«
Ich war den Tränen nahe. »Was soll ich bloß machen? Ich muß eine Arbeit finden!«
»Na ja, normalerweise würde ich dir das nicht vorschlagen, aber wenn es wirklich so dringend ist …«
»O ja, das ist es wirklich, Señor.«

»Warum versuchst du es nicht in der Fabrik? Ungefähr eine Meile nördlich von hier gibt es ein Stahlwerk.«

»Danke, Señor«, sagte ich. »Vielen, vielen Dank!«

Seiner Wegbeschreibung folgend, rannte ich beinahe zur Fabrik. Als ich den Eingang erreichte, war gerade Schichtwechsel. Ich beschloß, ein paar Minuten zu warten, und setzte mich draußen vor das Tor. Scharen von jungen Leuten zogen an mir vorüber. Sie sahen sehr müde aus. Schließlich fragte ich einen von ihnen: »Wie lange arbeitest du schon hier?«

»Ungefähr zwei Monate«, antwortete er.

»Und wie viele Stunden mußt du am Tag arbeiten?«

»Zwölf bis sechzehn«, sagte er und ging weiter.

Zwölf bis sechzehn, dachte ich. Kann auch nicht viel schlimmer sein als die Landarbeit. Ich stand auf, um mich im Lohnbüro vorzustellen. Als ich gerade hineingehen wollte, wurden vier abgezehrte Männer von ein paar muskulösen Schlägertypen auf die Straße gestoßen. Die Männer schienen todkrank zu sein, sie hatten eingefallene Wangen und stolperten mit benommenem Blick davon. Einer der Rohlinge hielt bei mir an, bevor er wieder hineinging, und sagte: »Suchste Arbeit, Junge? Vier Stellen sind gerade frei geworden!«

Fassungslos, mit einem flauen Gefühl in der Magengegend, drehte ich mich um und ging davon.

Als ich das Stadtzentrum erreichte, wurde es dunkel. Wieder ein Tag vorbei, an dem ich keine Arbeit gefunden hatte.

Ausgehungert hielt ich an einer kleinen Garküche und kaufte das billigste Gericht. Nachdem ich aufgegessen hatte, kehrte ich in meinen einsamen Schlupfwinkel zurück und legte mich hin. Ich versuchte, alle Gedanken an meine üble Lage zu verdrängen, um einschlafen zu können.

Ein paar Stunden später wachte ich mit heftigen Magenkrämpfen auf und mußte mich übergeben. Das hatte ich nun von dem billigen Essen! Den Rest der Nacht dämmerte ich halb wach, halb schlafend vor mich hin.

Am nächsten Morgen war mir überhaupt nicht danach aufzustehen. Wozu auch? Ich würde nie Arbeit finden. Was blieb mir schon übrig? Ich konnte in die Fabrik gehen und sterben – oder es gleich hier an Ort und Stelle hinter mich bringen.

Doch schließlich raffte ich mich wieder auf. Ich hatte immer noch etwas Geld. Nicht alles war verloren. Jedenfalls noch nicht. Ich ließ meine Satteltaschen in ihrem alten Versteck zurück und zog los. Bald kam ich an einer Bäckerei vorbei. Obwohl ich süße Sachen eigentlich nicht mochte, lockte mich der Geruch hinein.

»Ich bin bereit, für mein Essen zu arbeiten«, erklärte ich der Bäckersfrau, die mir einen Stuhl anbot.

»Bist du allein?« erkundigte sie sich und legte mir die Hand auf die Schulter.

Ich nickte, bereitete mich aber innerlich auf die nächste überstürzte Flucht vor, falls sie ähnliche Absichten hegte wie die Frau im Hotel.

»Vielleicht kann ich dich ...«

Plötzlich öffnete sich die Tür zur Backstube, und ein rundlicher Mann in einer weißen Schürze tauchte auf. »Delores!« rief er und stemmte die Hände in die Hüften. »Was machst du da eigentlich?«

»Wir können ihm doch Arbeit geben, oder?«

»NEIN!« brüllte er. »Wir haben schon viel zu viele!« Dann wandte er sich im gleichen barschen Tonfall an mich: »Geh und bewirb dich in einer Fabrik! Mach, daß du hier rauskommst!«

Mein Gesicht brannte. Alle Kunden starrten mich an. Wieder

ein Nein – und diesmal auch noch vor so vielen Leuten. Gedemütigt schlich ich aus dem Laden. Draußen vor der Bäckerei setzte ich mich hin und überlegte, was ich nun anfangen sollte.
Delores folgte mir nach draußen. »Er ist wieder hinten in der Backstube. Hier, nimm das!« Sie gab mir einen Krapfen. Dann beugte sie sich zu mir herunter. »In den Fabriken beuten sie dich aus und bezahlen sehr schlecht.« Sie schüttelte den Kopf. »Zu viele sterben dort.«
Ich zuckte mit den Schultern. »Ich brauche aber eine Arbeit.«
»Versuch es bei ›Pedro's‹«, flüsterte sie.
Ich wollte gerade fragen: »Was ist ›Pedro's‹?«, doch sie war schon wieder im Laden verschwunden.
Es war heiß. Ich war entmutigt und hatte Durst. Ich kaufte mir eine *chía refresco* und ließ mich auf der Plaza nieder, um auszuruhen. Ich beneidete die vorübereilenden Leute. Es schien mir, als ob sie alle irgendwohin gingen, irgendein Vorhaben verfolgten, irgend jemanden hatten, zu dem sie gehörten. Ich fühlte mich sehr einsam. Bis jetzt hatte sich Mexiko City ebenso unerbittlich gezeigt wie das Leben unter Señor Hernandez.
Während ich den Paseo de la Reforma hinunterging, fragte ich sechs oder sieben Leute, ob sie schon mal von »Pedro's« gehört hätten. Schließlich meinte jemand: »Das ist ein Restaurant!« und erklärte mir den Weg.
Ein Restaurant. Essen. Ich legte einen Schritt zu. Vom Paseo de la Reforma über die Avenida de los Insurgentes hielt ich mich in Richtung Süden und erreichte bald ein nobles Viertel, in dem ich »Pedro's« fand.
Ich blieb auf der gegenüberliegenden Straßenseite stehen und betrachtete den grünen, elegant überdachten Eingang. Das

war es, was ich im Leben erreichen wollte! Ich stellte mir vor, daß ich ein Stammkunde des Lokals sei, und dieser Tagtraum gab mir den nötigen Mut.
Als ich gerade eintreten wollte, erblickte ich mein Spiegelbild in der Glastür. Ich war bedeckt mit einem gelblichen Staub. So, wie ich aussah, konnte ich mich unmöglich an einem derart exklusiven Ort bewerben. Also ging ich den ganzen Weg wieder zurück, um mich umzuziehen.
Aus meinem Versteck bei der Kathedrale holte ich mir Kleidung zum Wechseln und besuchte ein Badehaus. Dort händigte mir die Kassiererin für ein paar Centavos ein Handtuch, eine Bürste und ein Stück Seife aus. Dann führte sie mich in eine Kabine, in der eine Zinkbadewanne stand.
Das warme Wasser tat meinen schmerzenden Gliedern gut. Eingelullt von der Musik, die aus dem Hauptraum klang, entspannte ich mich, bis das Wasser abgekühlt war. Dann rasierte ich mich, zog mich an und lief zurück zu »Pedro's«.
Diesmal zögerte ich nicht lange. Ich holte tief Luft, marschierte hinein und fragte nach Pedro.
Kurz darauf erschien ein kleiner, rundlicher Mann und begrüßte mich. Er sah aus, als gehörte er zu einem Männergesangsquartett. »Ich bin Pedro«, sagte er, wischte sich die Hand an der Schürze ab und streckte sie mir entgegen.
Ich mochte ihn sofort. »Juan Gomez ... Ich suche eine Arbeit«, verkündete ich.
»Was kannst du denn?«
»Hauptsächlich Landarbeit. Aber ich bin stark und an lange Arbeitszeiten gewöhnt.«
Pedro zwirbelte das Ende seines Schnurrbarts – eine Ewigkeit, wie mir schien. Schließlich sagte er: »Komm mal mit!«
Ich folgte ihm durch einen Speisesaal, der mir beinahe die

Sprache verschlug. Dunkelblaue Samtvorhänge umrahmten die hohen Fenster, die Tische waren mit weißem Leinen gedeckt, und vergoldete Spiegel und Gemälde schmückten die Wände.

In seinem Büro forderte Pedro mich auf, ihm gegenüber Platz zu nehmen. »Ich brauche in der Tat einen Hilfskellner und Tellerwäscher«, sagte er, während er sich die schwarzen Löckchen aus dem runden Gesicht strich. »Zwölf-Stunden-Schichten, sechs Tage pro Woche. Der Lohn beträgt fünfundzwanzig Pesos die Woche, plus zwei Mahlzeiten am Tag.«

»Wann kann ich anfangen?« fragte ich und dachte mir, daß sein Angebot erheblich besser klang als die Arbeit in der Fabrik.

»Wie wär's mit sofort?«

»Das würde ich ja gern, Señor. Aber ich muß erst noch eine Unterkunft finden. Ich habe bisher auf der Straße geschlafen.«

Pedro starrte mich verblüfft an und zwirbelte das Ende seines Schnurrbarts.

»Was blieb mir übrig? Die Hotels sind zu teuer, und in den *mesones* kann man sich Typhus holen.«

Schließlich sagte Pedro: »Hinten im Hof steht ein Schuppen. Er ist alt und ziemlich verfallen, aber du kannst gern dort schlafen, bis du etwas Besseres gefunden hast.«

Ich ging los, um mein Gepäck zu holen. Draußen war es kühl, und obwohl es erst halb sieben war, wurde es schon dunkel. In Rekordzeit lief ich zur Kathedrale und wieder zurück. Ich hatte Arbeit! Endlich hatte ich eine Arbeit.

Der baufällige Schuppen mit seinen durchlöcherten Bretterwänden stand kurz vor dem Einsturz. Doch das machte mir nichts. Hauptsache, ich hatte ein Dach über dem Kopf. Ich warf meine Sachen in eine Ecke und ging zurück ins Restaurant, um mich einarbeiten zu lassen.

Nach zwei Stunden kam Pedro zu mir und lächelte, wobei seine kleinen Augen sich zu Schlitzen verengten, die fast unter der Masse seiner hohen Backenknochen verschwanden. »Du wirst schon gut klarkommen«, sagte er. »Melde dich morgen um sechs wieder!«

»Morgens?« fragte ich.

Pedro nickte. »Meinst du, das schaffst du pünktlich?«

»Falls nicht«, gluckste ich, »dann wissen Sie ja, wo Sie mich finden können.«

Völlig erschlagen stolperte ich in mein neues Heim. Wenigstens warteten dort keine unangenehmen Erinnerungen auf mich, und Gendarmen gab es auch keine. Nichts also, was mich davon abhalten konnte, unverzüglich einzuschlafen.

Einige Stunden später wurde ich jedoch von Gelächter geweckt. Ich spähte durch eines der Löcher in der Bretterwand und sah, daß die Nachtschicht gerade die Morgenablösung begrüßte. Ich suchte meine zusätzliche Wolldecke heraus und legte mich wieder hin. Doch ich konnte nicht einschlafen. Ich mußte an Teresa denken. Ob sie in ihrem neuen Zuhause wohl glücklich war?

Schließlich döste ich ein. Es kam mir vor, als sei ich kaum eine Minute später wieder wach geworden, diesmal durch den süßen Duft nach frischgebackenem Kuchen, der bald von dem Geruch bratender Tortillas begleitet wurde, eine Kombination, die mir beinahe den Magen umdrehte. Am liebsten wäre ich wieder eingeschlafen. Doch draußen dämmerte schon das graue Morgenlicht. Es war Zeit aufzustehen. Ich schleppte mich in das Restaurant.

Ich arbeitete von sechs Uhr morgens bis sechs Uhr abends. Vormittags bekam ich einen kleinen Imbiß, nach meiner Schicht aß ich dann ein reichhaltiges Abendessen, auf das eine gestörte Nachtruhe im Schuppen folgte. Von einem gelegentlichen Abendspaziergang abgesehen, verlief mein Leben jeden Tag gleich. Ich fühlte mich ziemlich einsam.

Einmal fragte Pedro mich, ob ich für den Hilfskellner einspringen könne, der sonst immer abends kam, sich an diesem Tag aber verspäten würde. Ich stimmte eifrig zu. Mir war alles recht, was meine einsamen Nächte im Schuppen verkürzte.

Als ich nach der Schicht mein Abendessen in der Küche aß, fiel mir auf, daß Juanita, die Tagesköchin, immer noch da war.

»Du bist ziemlich lange hier«, stellte ich fest.

»Ich weiß«, erwiderte sie, während sie einen Blick nach draußen warf. »Pedros Frau ist krank. Er hat mich gebeten, ihnen das Abendessen zu kochen.«

»Was stört dich daran?«

»Ich tue es gern«, sagte Juanita. »Doch ich mache mir Sorgen, weil ich nachher im Dunkeln allein nach Hause gehen muß.«

»Wo wohnst du denn?«

»Auf der anderen Seite des Zócalo.«

»Was für ein Zufall!« sagte ich. »Ich wohne auch in der Richtung. Ich kann dich gern nach Hause bringen.«

Juanita sah erleichtert aus – und ich war froh, daß sie nicht fragte, wo genau ich wohnte.

Ich schaute Juanita zu, wie sie sich mühelos durch die Küche bewegte. Obwohl sie vom Alter her kaum meine Mutter sein konnte, wirkte sie manchmal schon wie eine Großmutter. Sie hätte attraktiv aussehen können, doch sie hatte ihr dichtes schwarzes Haar zu einem strengen, matronenhaften Dutt zurückgesteckt und trug weite, sackartige Kleidung. Ihre lebhaften, mandelförmigen dunklen Augen ließen mich allerdings vermuten, daß darin ein ganz besonderer Mensch steckte.

Auf dem Weg zu ihrem Haus sprachen wir vor allem über Pedro.

»Er ist ein toller Chef«, sagte sie. »Wenn du gut arbeitest, wird er dich befördern.«

»Befördern?« wiederholte ich.

»Klar. Als Kellner würdest du mehr verdienen. Wie alt bist du eigentlich?«

»Achtzehn.«

»Oh, ich dachte, du wärst schon älter. Das hier ist mein Haus.« Als sie sich zu mir drehte, glänzten ihre Augen im Mondlicht. »Gute Nacht, Juan«, sagte sie. »Und vielen Dank.«

Ich freute mich, daß ich ihr hatte helfen können. Weniger stolz war ich allerdings darauf, sie angelogen zu haben. Aus irgendeinem Grund sollte sie jedoch nicht erfahren, daß ich allein war. Nachdem ich sie nach Hause begleitet hatte, war Juanita viel freundlicher zu mir. Wenn ich aß, bevor sie nach Hause ging, tischte sie mir immer riesige Portionen auf. Im übrigen blieb mein Leben unverändert. Ich bezog immer noch jede Nacht mein Lager im Schuppen und wachte auf, wenn die Schicht wechselte und die Backdüfte vorbeizogen. Doch ich hatte weder die Zeit noch das Geld, mir eine ruhigere Unterkunft zu suchen.

Eines Morgens, nach einer besonders unruhigen Nacht, setzte ich mich zu einer kleinen Verschnaufpause in die Küche und döste ein.

Juanita mußte mich mehrmals anstupsen. »Wach auf!« sagte sie. »Du bist noch jung. Du kannst die langen Schichten verkraften!«

Ich versuchte, die Augen offen zu halten, doch es gelang mir nicht. »Laß mich schlafen«, murmelte ich.

»Bist du krank?« fragte sie besorgt.

Ich streckte die Glieder. »Krank von diesem Schuppen!« Kaum war mir diese Bemerkung herausgerutscht, wurde mir klar, was ich da gesagt hatte, und ich riß vor Schreck die Augen auf.
Sie runzelte die Stirn. »Du?« fragte sie entgeistert. »Du bist derjenige, der im Schuppen schläft?«
»Juanita, es tut mir leid. Ich wollte nicht, daß du es erfährst.«
»Warum nicht?«
»Ich weiß nicht. Ich glaube, es war mir peinlich. Ich hatte die Wahl: entweder der Schuppen oder die Straße.«
Kopfschüttelnd drehte Juanita sich weg. Ich fühlte mich schrecklich. Der erste Versuch, Freundschaft zu schließen, war mir gründlich mißglückt.
Während des restlichen Vormittags merkte ich ab und zu, wie sie mich anstarrte. Doch ich ließ den Kopf hängen und brachte es nicht über mich, noch mehr zu sagen.
Als ich mich später zum Mittagessen in eine Ecke der Küche verzog, sprach Juanita mich nochmals an. »Juan«, sagte sie, »ich habe mir etwas überlegt ...«
»Juanita. Es tut mir sehr leid, daß ich dich angelogen habe. Ich bin in Wahrheit erst siebzehn, und ich habe auch keine Familie.«
»Ich weiß«, erwiderte sie.
»Du weißt es?«
»Ja. Pedro hat es mir erzählt.«
Ich setzte gerade an, etwas zu sagen, doch sie fiel mir ins Wort: »Es war sehr nett von dir, mich neulich abends nach Hause zu bringen.« Mit gedämpfter Stimme fuhr sie fort: »Was ich mir überlegt habe ... Ich meine, wenn du willst ... Bei uns ist es ziemlich beengt, aber ich könnte etwas Platz schaffen.«
Nun war es an mir, verwirrt zu sein. »Bietest du mir eine Unterkunft an?«

»Es könnte ein bißchen eng werden mit meinen drei Jungens ...«
»Vielen Dank, aber ich möchte dir nicht zur Last fallen.«
»Das wirst du nicht. Ehrlich gesagt, würdest du mir sogar einen großen Gefallen tun.«
Ich starrte sie an. Ich wußte, daß sie ebenfalls arm war. »Wieviel soll es kosten?«
»Ich will gar kein Geld. Es ist mehr wegen der Jungen.«
»Wärst du mit fünfzig im Monat einverstanden?«
»Das ist zuviel.«
»Dann bleibe ich im Schuppen.«
»Schon gut, schon gut«, sagte sie. »Komm heute abend vorbei. Und sei vorsichtig, wenn du durch die dunklen Straßen gehst!«
Nach der Arbeit lief ich die zwei Meilen zu Juanitas Häuschen. Obwohl die Häuser in ihrer Straße mit den Mauern aus luftgetrockneten Lehmziegeln und den strohgedeckten Dächern alle gleich aussahen, erkannte ich ihres sofort wieder. Ich hob die Laterne hoch, die sie für mich vor die Tür gestellt hatte, und klopfte an.
José, Juanitas ältester Sohn, öffnete mir. Einen Moment lang war ich verblüfft, denn er hätte leicht als eine jüngere, stämmigere Version von mir durchgehen können.
»Komm rein«, sagte er. Da er noch nicht im Stimmbruch war, schätzte ich sein Alter auf etwa dreizehn oder vierzehn Jahre. José führte mich in einen kleinen quadratischen Raum, der zugleich als Wohnzimmer, Eßzimmer und Küche diente. Der Boden bestand aus getrocknetem Lehm. Juanita und ihre Söhne saßen um die gemauerte Feuerstelle herum. Darauf standen ein dreifüßiger *comal* für Tortillas und ein mit Bohnen gefüllter Tontopf.

Juanita erhob sich. »Hallo, Juan«, begrüßte sie mich. »Wir wollten gerade essen. Willst du dich nicht dazusetzen?«
Ich setzte mich zwischen die beiden kleineren Jungen, während Juanita die Bohnen mit einem Löffel auf hölzerne Schüsseln verteilte.
Ich sah mich in meiner neuen Umgebung um und entdeckte in einer Ecke einen Mahlstein mit der dazugehörenden steinernen Walze. »Wann findest du denn noch Zeit, deinen Mais zu mahlen?«
»Für gewöhnlich am Sonntagmorgen. Das ist Carlos«, sagte sie, während sie ihrem mittleren Sohn seine Schüssel gab, »unser Forscher! Und dies ist Paco, der kleine Racker.«
Carlos blickte nicht auf, doch Paco grinste mich an. Zwischen seinen Vorderzähnen prangte eine Lücke.
»Gehst du zur Schule?« fragte ich José.
»Im Augenblick noch ...« Er warf seiner Mutter einen unsicheren Blick zu.
»Er will die Schule verlassen und eine Arbeit annehmen«, erklärte Juanita. »Ich möchte aber, daß er dieses Schuljahr noch zu Ende bringt.«
»Wir brauchen das Geld«, sagte José und streckte das Kinn trotzig vor. »Erst recht, wenn wieder ein Esser mehr hier ist.«
»Juan bezahlt Miete«, entgegnete sie.
»Das haben die anderen angeblich auch«, meinte José mürrisch.
»Wenn du lange genug bleibst«, sagte Carlos, »schaffe ich es vielleicht noch, zur Universität zu gehen!«
»Was willst du denn studieren?«
»Ich will Ingenieur werden«, erwiderte er. »In dieser Stadt wohnen eine halbe Million Menschen – und trotzdem ist das Wasser nicht geeignet zum Trinken.«

Juanita lachte. »Er ißt am meisten und bleibt trotzdem der Dünnste von uns! Sein Gehirn verbraucht die ganze Energie!«
Ich grinste. Mit seinem zerzausten braunen Haar, der Adlernase und den lebhaften blauen Augen war Carlos der Inbegriff des künftigen Gelehrten.
»Bist du unser neuer Papa?« fragte der sechsjährige Paco.
»Nein, mein Kleiner.« Ich lächelte und tätschelte ihm den Kopf. Sein glattes schwarzes Haar umgab sein Gesicht wie ein Heiligenschein und fühlte sich seidig zwischen meinen Fingerspitzen an. Mit den schwarzen Augen, der durchscheinenden Haut und der kleinen Stupsnase erinnerte er mich an eine Porzellanpuppe.
»Ich mag dich«, sagte Paco. »Ich hoffe, daß du für immer bleibst!«
»Okay, Jungens«, meinte Juanita. »Höchste Zeit, ins Bett zu gehen. Morgen ist wieder Schule.«
Ich schaute zu José hinüber. Er starrte mich wütend an. Unwillkürlich faßte ich mir ans Kinn. Mein Kinn war eckiger, mein Gesicht schmaler, aber davon mal abgesehen ... Vielleicht hatte Juanita mir aus diesem Grund angeboten, bei ihr einzuziehen.
José griff nach seiner Strohmatte, nahm die überzählige Laterne und führte die anderen beiden Jungen ins Schlafzimmer.
Juanita goß Wasser aus dem tönernen Wasserkrug in eine Schüssel und spülte das Geschirr. Dann ging sie nach nebenan, um den Jungen gute Nacht zu sagen.
Allein zurückgelassen, schaute ich mich im Zimmer um. In der Ecke, die an den Küchenbereich angrenzte, stand ein kleiner Holztisch, das einzige richtige Möbelstück im ganzen Haus. Darüber hing ein Ölgemälde der Jungfrau von Guadalupe, und auf dem Tisch standen Figuren von Jesus, Maria und Josef, umgeben von Kerzen, Weihrauchgefäßen und zwei

Vasen mit frisch geschnittenen Blumen. Dieser kleine Altar war der einzige Farbtupfer in dem ansonsten eher tristen Raum.
»Wir benutzen ihn nicht mehr sehr oft«, meinte Juanita, die hinter mir aufgetaucht war.
Unfähig, etwas zu sagen, schwieg ich, denn aus ihrer Stimme hatte starke Gefühlsbewegung geklungen.
»José senior war der Gläubigste von uns. Er hat der Familie den geistigen Zusammenhalt gegeben.«
»Was ist passiert?«
»Er wurde vor zehn Monaten getötet.«
»Das tut mir sehr leid«, sagte ich. Ich wußte genau, was es hieß, einen geliebten Menschen zu verlieren.
»José hat seinem Vater sehr nahegestanden, und weil er der Älteste ist, fühlt er sich verpflichtet, nun seinen Platz einzunehmen.«
»Dazu hat er doch noch viel Zeit.«
»Das ist auch ein Grund, warum ich dich gern hier bei uns haben wollte.«
»Wie kann ich helfen?«
»Ich hoffe, daß er sich etwas entlastet fühlt, wenn du bei uns wohnst.«
»Ich verstehe.« Ich hätte mir mit dem Erwachsenwerden selbst gern noch ein paar Jahre Zeit gelassen. »Einen Vater zu verlieren ist nie leicht – egal, wie alt man ist«, sagte ich.
Juanitas Häuschen war mit seinen zwei Zimmern ärmlich und eng, doch es bot mir einen Ort, an dem ich mich zu Hause fühlen konnte. Es war dort ruhiger und bequemer als im Schuppen, und bald hatten wir uns miteinander arrangiert.
Am folgenden Sonntag schlief ich lange aus. Als ich verschlafen in den Wohnraum stolperte, erwarteten Juanita und die Jungen mich schon.

»Wir gehen in den Chapultepec Park! Willst du auch mit?« fragte Paco.
Ich gähnte und dachte, wie schön es doch wäre, mich wieder hinzulegen.
»Komm bitte mit!« flehte Paco. »Bitte sag, daß du mitkommst!«
Wie konnte ich da noch nein sagen? Ich zog mich an.
Im zentral gelegenen Chapultepec Park tummelten sich schon die Ausflügler mit ihren Picknickkörben. Wie wir waren sie gekommen, um das grüne Gras, die Gartenanlagen, kleinen Seen und den kühlenden Schatten der alten Bäume zu genießen.
Wir hatten viel Spaß miteinander. Wir spazierten durch den Park und erkundeten das Schloß, das Kaiser Maximilian während seiner kurzen Regierungszeit als Residenz gedient hatte. Ich kann nicht genau sagen, was an diesem Tag passierte; auf jeden Fall veränderte sich die Haltung der Jungen mir gegenüber. Am folgenden Abend baten Paco und Carlos mich, ihnen bei den Hausaufgaben zu helfen. Pacos Fragen waren leicht zu beantworten, die von Carlos dagegen stellten eine echte Herausforderung dar.
Während ich mich in meinem neuen Zuhause einlebte, fragte ich mich, wie es Teresa wohl in der Zwischenzeit ergangen sein mochte. Im Laufe der folgenden Woche wuchs mein Bedürfnis, nach ihr zu sehen. Daher begab ich mich am Sonntag morgen zum Mietstall und lieh mir ein Pferd. Zuerst hatte ich ein schlechtes Gewissen dabei, soviel Geld auszugeben, doch dann fiel mir ein, daß Sanchez‘ nächste Rate fällig war.

EINEN WEG FINDEN

Obwohl mir der Weg zu Sanchez' Farm zu Pferd viel kürzer vorkam, machte ich mir während des ganzen Rittes Sorgen. Vielleicht war Sanchez gar nicht zu Hause. Wenn er nun abstritt, mir noch Geld zu schulden? Wenn er sich einfach weigerte zu bezahlen? Als ich endlich seine Tür erreichte und anklopfte, hatte ich mich in eine regelrechte Panik hineingesteigert.

»Mein Mann ist auf dem Feld«, sagte die Señora.

»Kann ich Teresa sehen?«

»Den Esel hat er mit aufs Feld genommen.«

»Señora ...« Ich griff nervös nach den Pesos in meiner Tasche und schluckte den Kloß in meinem Hals hinunter. »Der Señor schuldet mir noch Geld.«

»Das mußt du mit ihm regeln.«

Ich dankte ihr, ging langsam zu meinem Pferd zurück und überlegte, was ich nun tun sollte. Ich konnte warten, ich konnte in der folgenden Woche noch einmal wiederkommen, oder – ich konnte Hector besuchen. Er hatte schließlich gesagt, ich solle ihn wissen lassen, wie es mir in der Stadt ergangen war. Vielleicht war er auch nur höflich gewesen. Wieso sollte ein derartig reicher Mann sich für mein Wohlergehen interessieren?

Aber hatte er nicht gesagt, daß ich ihn an seine eigene Jugend erinnerte? Ehe meine Bedenken wieder die Oberhand gewinnen konnten, schwang ich mich aufs Pferd.
Kaum tauchte die farbenfrohe Villa vor mir auf, schwand mein Selbstvertrauen dahin. Das Haus war noch viel größer und schöner, als ich es in Erinnerung hatte. Voller Angst, abgewiesen zu werden, und dennoch in der Hoffnung auf Einlaß klopfte ich an die Tür.
Miguel begrüßte mich mit einem Lächeln. »Heute erst hat Señor Ortega von Ihnen gesprochen und sich gefragt, was wohl mit Ihnen passiert ist. Er ist hinten im Hof.«
Erleichtert hüpfte ich die Stufen hinunter und lief um das Haus herum.
Hector sprang auf, als er mich sah. »Ich nehme gerade ein zweites Frühstück ein. Willst du mir nicht Gesellschaft leisten?«
»Sie denken wahrscheinlich, daß ich immer nur zu Ihnen komme, um mich satt zu essen!«
Hector warf den Kopf in den Nacken und lachte. »Du siehst gut aus, mein Freund. Das Leben in der Stadt scheint dir zu bekommen!«
Kaum hatte ich mich an den Tisch gesetzt, tauchte Miguel mit einem Teller voller Rühreier und Tortillas auf. Diesmal nahm ich nur zwei Portionen.
»Die Stadt ist sehr schön«, sagte ich zwischen zwei Bissen. »Es gibt unheimlich viele Leute, und besonders gut gefallen mir die Märkte. Manchmal gehe ich ganz früh zur Arbeit und begleite Pedro zum Markt, wenn er frisches Obst und Gemüse für die Tagesgerichte einkauft. Das ist richtig spannend!«
»Wer ist Pedro?«
»Mein Chef. Zuerst habe ich die Stadt ja gehaßt. Aber dann

habe ich eine Arbeit als Hilfskellner bei ›Pedro's‹ bekommen – ›Chez Pierre‹ sollte es eigentlich besser heißen, denn die Speisekarte ist in Französisch. Komisch, was? Mexikanische Küche mit französischen Namen. Ich glaube, er mag mich. Er hat mir den Schuppen hinter seinem Restaurant als Schlafplatz angeboten. Aber dann hat Juanita – das ist die Köchin – herausgefunden, wo ich wohnte, und mir angeboten, bei ihr einzuziehen.«

Ich hielt mitten im Redefluß inne. Hector hatte sich in seinem Stuhl zurückgelehnt und zwinkerte mich mit seinen blauen Augen fröhlich an. »Entschuldigung«, sagte ich, »ich rede wohl viel zuviel.«

»Es interessiert mich. Erzähl doch bitte weiter!«

»Da gibt's nicht mehr viel zu erzählen. Juanita hat drei Söhne. Der älteste, José, behandelt mich ... na ja ... so mittelmäßig, aber Carlos und Paco mögen mich sehr gern. Carlos ist unheimlich gescheit – manchmal, wenn er mich um Hilfe bei seinen Hausaufgaben bittet, weiß ich selbst nicht weiter. Aber das hält meinen Verstand auf Trab.«

»Du kannst gern in meiner Bibliothek stöbern, wenn du möchtest.«

»Sie haben eine Bibliothek?«

»Aber sicher«, erwiderte er und lächelte. »Sag mal, wo hast du denn eigentlich deinen Esel gelassen?«

Ich zögerte. Seine Frage bremste meinen Redeeifer erheblich. »Ich habe Teresa verkauft ... an Sanchez ... gegen Geld.«

»Das ist dir bestimmt sehr schwergefallen.«

»Ich habe keine Zeit mehr, mich richtig um sie zu kümmern. Hier bei Ihnen ist es so ruhig und friedlich – ganz anders als in der Stadt«, sagte ich. Mein Blick blieb an einem rot und blau gefiederten Ara hängen, der auf einem Ast thronte.

»Hector – Sie haben mir erzählt, daß Sie einmal arm waren. Wie sind Sie so reich geworden?«

»Durch harte Arbeit, mein Junge, durch harte Arbeit und Zielstrebigkeit.«

Ich kaute nachdenklich an meiner Tortilla. »Das kann aber nicht alles sein. Mein Vater hat sein ganzes Leben lang wie ein Sklave geschuftet und ist trotzdem arm gestorben.«

»Mein Sohn – es gilt, viele Regeln zu beachten, wenn man Reichtum erwerben will.«

»Regeln?« Ich spitzte die Ohren. »Bitte verraten Sie sie mir.«

»Sie würden dir nicht viel nützen, solange du nicht verstehst, wie du sie anwenden mußt.«

»Können Sie mir das nicht beibringen?«

Hector beugte sich vor. »Du wirst es nicht glauben, aber du hast bereits den ersten Schritt getan.«

Ich riß die Augen auf. »Ja?«

»Ja. Du hast dich entschlossen, reich zu werden.«

»Mir das vorzunehmen ist ja nicht schwer. Aber wie soll ich es anstellen? Ich verdiene nur fünfundzwanzig Pesos die Woche.«

»Es wird dich Zeit und Mühe kosten, den richtigen Weg zu finden. Wenn du genügend Ausdauer aufbringst, alle sich bietenden Gelegenheiten prüfst und fest an deinen Erfolg glaubst, wird es dir gelingen. Geduld, Beharrlichkeit und Selbstdisziplin, gepaart mit harter Arbeit und Zielstrebigkeit«, fuhr Hector fort und nickte bestätigend mit dem Kopf, »werden dich zum Erfolg führen.«

Plötzlich landete eine Wanderdrossel auf dem Boden und zog geschickt einen Wurm aus dem lehmigen Grund. Ein Vogel mußte sich nie den Kopf zerbrechen, ob er alles richtig machte; er wußte stets genau, was zu tun war. »Wie finde ich heraus, was ich am besten kann? Die Arbeit als Hilfskellner nimmt meine ganze Zeit in Anspruch.«

»Du hast mir schon erzählt, daß du mit Pedro zum Markt gehst. Das ist doch die beste Gelegenheit, ihn über den Restaurantbetrieb auszufragen. Auch Hilfskellner können aufsteigen.«

»Und wenn er mir sagt, daß es mich nichts angeht?«

»Ich glaube, du wirst dich wundern. Er wird sich bestimmt geschmeichelt fühlen und Interesse an deinem Fortkommen zeigen. Wenn du das Gespräch mit erfolgreichen Leuten suchst und ihnen nacheiferst, wirst du ebenfalls Erfolg haben.«

»Das kommt mir aber irgendwie unehrlich vor. Wenn ich mich nun in Wahrheit gar nicht für seinen Betrieb interessiere?«

»Verliere dein Ziel nicht aus den Augen! Es ist wie bei einem Gebäude, das Bestand haben soll. Du mußt es Stein für Stein aufbauen. Behalte eine positive Lebenseinstellung, und schätze realistisch ein, was du in einem bestimmten Zeitraum tatsächlich erreichen kannst.«

Ich schaute zum Himmel empor. Der Tag neigte sich allmählich dem Abend entgegen. »Ich muß mich auf den Weg machen.«

»Willst du nicht noch die Bibliothek sehen?« Hector führte mich durch eine gekachelte Küche, die so groß war wie Juanitas ganzes Haus. Zahlreiche Kupfertöpfe und Pfannen zierten die Wände. Wir liefen ein paar Schritte durch einen langen Korridor und traten dann durch einen gewölbten Türbogen.

Die Bibliothek war riesig; dennoch strahlte sie mit ihrem marmornen Kamin, den weich gepolsterten braunen Ledersesseln und den Bücherregalen, die vom Boden bis zur Decke reichten, eine gemütliche Atmosphäre aus. Ein Ölgemälde, das eine wunderschöne junge Frau darstellte, beherrschte den Raum. Ich wollte gerade fragen, wer sie war, als Hector mir zu erklären begann, nach welchem System seine Bücher geordnet waren.

Er schien zu jedem denkbaren Thema ein geeignetes Buch zu besitzen.

»Carlos möchte ein Abwassersystem für Mexiko City entwerfen«, erzählte ich ihm. Hector fuhr mit seinem Zeigefinger an einer Reihe Buchrücken entlang. »Dieses hier beschreibt, wie Paris geplant wurde.«

»Wenn ich nicht versuchen müßte, mit Carlos Schritt zu halten ...«

»Du hast Interesse daran, etwas zu lernen – das ist das Wichtigste. Hier – nimm das noch zur Entspannung mit«, sagte er und reichte mir ein weiteres Buch.

Hectors Worte hatten mir neuen Mut gegeben. »Danke«, sagte ich. »Nicht nur für die Bücher!«

Am Tor schüttelten wir uns zum Abschied die Hände, dann stieg ich auf mein Pferd und galoppierte los. Einmal drehte ich mich um, und da Hector noch am Tor stand und mir nachblickte, winkte ich ihm zu. Er schien so einsam zu sein. Ich mußte schmunzeln. Wer hätte gedacht, daß ich einmal Mitleid mit einem reichen Mann haben könnte?

Sanchez begrüßte mich mit einer ungestümen Umarmung. »Tut mir leid, daß ich vorhin nicht da war!« sagte er.

»Ich habe die Zeit gut genutzt«, erwiderte ich und rieb mir unauffällig die schmerzenden Rippen.

»Teresa ist im Stall! Willst du sie nicht begrüßen?«

Während ich den Weg entlanglief, hörte ich schon ihr wohlvertrautes Schreien. Ich stürmte in den Stall, und sofort begann sie, mir das Gesicht zu lecken. »Du siehst prima aus!« sagte ich. Die Tränen traten mir in die Augen. »Dein neuer Herr behandelt dich bestimmt gut.« Ich strich ihr über das kastanienbraune Fell und hatte das Gefühl, daß wir einander Lebewohl sagten. Sie gehörte inzwischen zu Sanchez – und ich gehörte in die Stadt.

Kurz darauf hörte ich, wie Sanchez den Weg entlanggestapft kam, und wischte mir schnell die Augen. »Hier ist deine nächste Rate«, sagte er.

»Danke schön«, erwiderte ich, froh darüber, daß ich nicht danach fragen mußte.

Sanchez lehnte seinen hünenhaften Körper gegen ein hölzernes Absperrgitter. »Wo hast du Teresa eigentlich bekommen?«

»Auf einer Auktion, Señor.«

»Du scheinst ein gutes Auge für Esel zu haben.«

»Danke. Das hat mir mein Vater beigebracht.« Ich war selbst überrascht über diese Aussage. Vielleicht hatte ich doch mehr von meinem Vater gelernt, als ich bisher geglaubt hatte.

»Teresa macht sich sehr gut!« sagte Sanchez. »Wenn du noch einen so guten Esel finden könntest, würde ich ihn dir unter den gleichen Bedingungen abkaufen.«

Mein Herz schlug höher. »Ich weiß nicht, ob mir das gelingt, Señor Sanchez, aber ich werde mein Bestes tun.«

Nachdem ich wieder in der Stadt angekommen war, brachte ich das Pferd zum Mietstall zurück.

»Señor Johnson«, fragte ich, »verkaufen Sie auch Esel?«

»Natürlich«, entgegnete er barsch. »Warum?«

Es schien mir nicht so, als ob dieser Mann je ein Lächeln zustande brachte. »Ich suche einen Esel. Wieviel sollen sie kosten?«

»Siebenhundertfünfzig Pesos«, sagte er.

Obwohl die Esel für meinen Begriff viel zu teuer waren, ließ ich sie mir zeigen. Zu allem Überfluß waren sie jedoch klein und unterernährt, so daß ich den Mietstall unverrichteter Dinge verließ und mich fragte, wo ich wohl sonst suchen könnte.

Juanita und die Jungen waren gerade beim Essen, als ich nach Hause kam. »Nimm dir was zu trinken, und setz dich zu uns«, sagte Juanita.

Bevor ich meine Kalebasse füllen konnte, kam Paco schon mit ausgestreckten Armen zu mir gerannt. Ich beugte mich hinunter und nahm ihn auf den Arm.

Er schlang die Arme um meinen Hals. »Wir haben dich heute vermißt, Juan! Gehst du nächsten Sonntag mit uns auf den Markt?«

»Das mache ich«, sagte ich, während ich ihn wieder absetzte. »Du bist ein ganz schön schwerer Brocken!«

Paco kicherte. »Setz dich neben mich, ja?«

Ich ließ mich an der Feuerstelle nieder. »Wo ist José?« erkundigte ich mich.

»Bei einem Freund, um seine Hausaufgaben zu machen.«

»Da fällt mir etwas ein«, sagte ich und griff nach meiner Satteltasche. »Carlos, schau mal, was ich für dich mitgebracht habe!«

Carlos strahlte über das ganze Gesicht.

»Sei schön vorsichtig damit, ich habe es nur ausgeliehen.«

»Vielen, vielen Dank«, sagte er. »Liest du es mit mir zusammen?«

Wir beschlossen, am nächsten Tag mit dem Buch anzufangen. Ich biß ein Stück von meiner Tortilla ab und betrachtete unser Zimmer. Was für ein Unterschied zu Hectors Villa! Dennoch liebte ich dieses Häuschen und seine Bewohner. Hier war mein Zuhause.

Am nächsten Tag erzählte Pedro mir von einer Viehauktion,

die jeden Samstagabend im Nordosten der Stadt abgehalten wurde. Ich nahm mir vor, am folgenden Wochenende dorthin zu gehen, mußte aber lange arbeiten. Ich kam gerade noch rechtzeitig zur Auktionshalle, um einen ersten Eindruck von den Abläufen zu bekommen.

Am Sonntag gingen wir alle gemeinsam auf den Markt. Ich war in ausgesprochen guter Stimmung, denn zusätzlich zu meinem Wochenlohn besaß ich noch die hundert Pesos von Sanchez.

Während wir an den dicht belagerten Marktständen vorbeispazierten, mußte ich an meine Mutter denken. In den Wintermonaten, wenn es zu trocken für die Landarbeit war, hatte sie immer Kleidung bestickt, die Hernandez dann in Pachuca verkaufte. Sie war eine Otomí-Indianerin und hatte ihre Kunst noch von den alten Lehrmeistern gelernt. Ihre Arbeiten waren sehr beliebt gewesen. Hernandez versorgte sie mit Stoffen und Garn, und sie schuf die feinen Muster. Für die vielen Stunden mühevoller Arbeit hatte er ihr gerade mal ein paar Pesos gezahlt. Ab und zu gingen meine Eltern und ich zum Markt, um dort Obst und Gemüse zu kaufen. Mutters Gesicht hatte immer vor Freude aufgeleuchtet, wenn sie ihre Handarbeiten an den Marktständen ausgestellt sah.

Plötzlich verspürte ich das Bedürfnis, meiner neuen Familie etwas zu schenken. Ich kaufte für jeden der Jungen einen Umhang und für Juanita einen Schal. Für mich selbst erstand ich eine glänzende schwarze Lederjacke. Sie war ziemlich teuer, doch ich rechtfertigte die Ausgabe damit, daß ich die Jacke auf meinem langen Fußweg an den kuhlen Abenden gut gebrauchen konnte.

Als José an diesem Abend zu Bett ging, bedeckte er sich mit seinem neuen Umhang. »Juan«, sagte er, während er behutsam

über den Wollstoff strich, »vielen Dank! Das ist der erste neue Umhang, den ich je bekommen habe.«
»Du magst mich nicht besonders, oder?«
José schwieg einen Moment. »Es ist nicht so, daß ich dich nicht mag. Ich bin bloß vorsichtiger geworden. Du bist nicht unser erster Logiergast.«
»Was war denn mit den anderen los?«
»Die haben sich hier eingenistet und auf unsere Kosten gelebt, gerade so, als ob wir etwas zu verschenken hätten. Seitdem unser Vater tot ist . . . Na ja – deshalb wollte ich auch mit der Schule aufhören. Ich wollte nicht schon wieder einen neuen Fremden im Haus haben.«
»Ich habe vor, meinen Teil an den Kosten beizutragen. Ich möchte, daß du die Schule zu Ende machst.«
In dieser Nacht schlief José mit einem Lächeln auf dem Gesicht ein, und auch ich löschte zufrieden meine Lampe.

Am folgenden Samstag rannte ich fast zur Auktion. Diesmal hatte ich die Gelegenheit, mir die Tiere genau anzusehen, bevor ich in die Auktionshalle trat. Drinnen war es so warm, daß ich meine Lederjacke auszog. Stolz strich ich mit den Fingern über das gegerbte weiche Material. Das funkelnagelneue, edle Kleidungsstück erschien mir wie ein Symbol meines künftigen Lebens.
Ich sah mich genau um und beobachtete die anderen Auktionsteilnehmer. Was für sparsame Gesten sie machten: hier ein Finger, der kurz gegen die Nase getippt wurde, da ein kaum merkliches Anheben des Kopfes. Ich hoffte nur, daß ich mich nicht plötzlich kratzen mußte und der Auktionator meine Bewegung mißverstand. Sonst hatte ich womöglich schneller ein Tier erworben, als mir lieb war.

Die Esel, die mir gefielen, wurden für zweihunderfünfundsiebzig bis dreihundert Pesos je Tier verkauft. Selbst wenn ich keine weiteren Geschenke für meine neue Familie kaufte, würde ich einige Monate sparen müssen, ehe ich einen Esel bezahlen konnte.

Am letzten Samstag im Oktober war ich gerade dabei, einen der Tische abzuräumen, als Sanchez und seine Frau ins Restaurant traten. »Guten Morgen, Señores«, grüßte ich. »Morgen wollte ich eigentlich bei Ihnen vorbeischauen.«

»Da wir sowieso in der Stadt waren, dachten wir uns, daß wir dir genausogut den Weg ersparen können.« Er öffnete seine Brieftasche und händigte mir die nächste Rate aus.

Nach der Arbeit lief ich zu Juanitas Haus, um mein übriges gespartes Geld zu holen. Während die Sonne in purpurroten Streifen am Horizont versank, erreichte ich die Auktionshalle. Bei einer ersten Musterung der Esel fand ich drei Exemplare, die mir gefielen, doch nachdem ich ihre Zähne untersucht hatte, begrenzte ich meine Wahl auf zwei der Tiere.

In der Halle war die Versteigerung bereits in vollem Gange. Wieder beobachtete ich genau, wie die Leute dem Auktionator ihr Interesse signalisierten. Mir brach der Schweiß aus. Noch nie hatte ich auf einer Auktion mitgesteigert. Mein Vater pflegte immer zu sagen, daß ein guter Auktionator seinem Publikum gehörig einheizt und die Leute dazu bringt, mehr auszugeben, als sie ursprünglich vorhatten. Ich mußte einen kühlen Kopf bewahren, denn dreihundert Pesos waren meine absolute Obergrenze.

Als der erste Esel meiner Wahl zur Versteigerung angeboten wurde, eröffnete der Auktionator die Gebote bei fünfzig Pesos, etwas zu niedrig, wie ich fand.

»Fünfundsiebzig«, sagte ein Mann.

»Wer bietet hundert, einhundert?« Der Auktionator sprach so schnell, daß ich ihn kaum verstand. Ich hob die Hand.
»Einhundert. Einhundert sind geboten. Los, Leute! Dieser hier ist ein richtiges Prachtexemplar!«
»Hundertfünfundzwanzig, hundertfünfzig, hundertfünfundsiebzig, zweihundert«, rief der Auktionator, während er in rascher Folge in die Menge deutete. Inzwischen lächelte er.
»Zweihundert. Zweihundert. Zweihundert sind geboten! Wer bietet zweifünfundzwanzig?«
Ich nickte.
»Zweihundertfünfzig!« rief ein Mann.
»Zweihundertfünfundsiebzig«, sagte ich. Ich hatte meine Obergrenze fast erreicht.
»Dreihundert!« Der Auktionator zeigte in die Menge.
»Dreihundert, wer bietet dreifünfundzwanzig? Wie steht's mit Ihnen, junger Mann?« Jetzt sprach er mich direkt an.
Ich kaute nervös auf meinen Fingernägeln herum.
»Dreihundert zum ersten, dreihundert zum zweiten ...« Er hob den Hammer.
Ich weiß nicht, was über mich kam. Ich wollte diesen Esel unbedingt haben und hatte Angst, die Gelegenheit zu verpassen. »Dreihundertfünfundzwanzig«, sagte ich.
Der Auktionator sah höchst zufrieden aus. Er hatte seine Arbeit getan. »Dreihundertfünfundzwanzig zum ersten, dreihundertfünfundzwanzig zum zweiten ...«
Ich schloß die Augen und hoffte, daß mich noch jemand überbieten würde. Doch der Hammer donnerte auf den Tisch.
»Für dreifünfundzwanzig an den flotten jungen Mann in der schwarzen Jacke.«
Ein Junge kam den Mittelgang entlang und drückte mir ein Stück Papier in die zitternde Hand. Ich blieb sitzen und

wartete darauf, daß der andere Esel, auf den ich ein Auge geworfen hatte, versteigert wurde. Er ging für zweihundertfünfundsiebzig Pesos weg. Ich hätte mich ohrfeigen können. Aber wie hätte ich das vorher ahnen sollen?

An der Kasse gab ich meinen letzten Peso aus und nahm dann meinen Esel in Empfang. Ich stellte ihn innerhalb der Steinmauer vor unserem Haus unter und ging zu Bett.

Bei Anbruch des nächsten Tages wurde Juanita vom Schreien des Esels geweckt. Kurz darauf hörten wir anderen Juanita rufen und liefen zu ihr nach draußen. »Ich kann mir gar nicht erklären, was mit diesem Vieh los ist«, sagte sie.

»Esel haben einen starken Beschützerinstinkt. Ist dir irgend etwas Ungewöhnliches aufgefallen?« fragte ich.

»Mir war so, als hätte ich jemanden weglaufen sehen.«

José schüttelte den Kopf. »Ich habe Gerüchte gehört, daß die Zugereisten in unserem Viertel Diebstähle begehen. Das muß man sich mal vorstellen: Arme, die Arme bestehlen!«

Juanita zuckte mit den Schultern. »Du meinst, die Ärmsten stehlen von den Armen. Na gut, Jungens, wenn ihr schon mal wach seid, dann könnt ihr mir genausogut etwas Wasser holen. Damit können wir den trockenen Eselsdreck hier vermischen und die Löcher in der Hauswand zuschmieren.«

Ich hatte damit gerechnet, daß Juanita sich viel mehr aufregen würde; statt dessen überraschte sie mich mit ihrem praktischen Sinn.

Die Jungen und ich machten uns an die Arbeit, während Juanita Tortillas für unser Frühstück briet.

Nach dem Frühstück ritt ich auf dem Esel zu Sanchez' Farm. Statt gleich die Abzweigung einzuschlagen, setzte ich meinen Weg jedoch weiter fort.

»Wie geht es dir, mein Freund?« begrüßte Hector mich. Er

sah genauso aus wie beim ersten Mal – Strohhut und schmuddelige weiße Hosen mit Löchern an den Knien.
»Sie haben zu tun«, stellte ich fest. »Ich komme lieber ein andermal wieder.«
»Die Gartenarbeit hat Zeit«, erwiderte Hector, während er sich auf seine Schaufel stützte.
»Mir ist etwas passiert«, sagte ich.
Hector runzelte die Stirn. »Nur Gutes, hoffe ich.«
»Ich habe die Möglichkeit, mir etwas Geld dazuzuverdienen.«
»Das ist doch fein«, meinte er. »Komm herein!«
Drinnen roch es nach frisch gebrühtem Kaffee, ein Duft, der mich lebhaft an früher erinnerte. Bei uns zu Hause hatte es keinen Sonntag ohne frisch gebrühten Kaffee gegeben. Beinahe erwartete ich, meine Eltern am gedeckten Tisch vorzufinden.
Ich folgte Hector zu seinem Frühstücksplatz. Warme Sonnenstrahlen schienen auf mich herab. »Das ist ja ein toller Raum«, stellte ich fest, denn der verglaste Erker ragte wie ein überdimensionales Aquarium aus dem Haus hervor.
Hector grinste. »Hier ist mein Lieblingsplatz. Setz dich, und genieße die Aussicht!«
Über den fernen Bergen ballten sich dichte Gewitterwolken zusammen. »Man sitzt zwar drinnen, fühlt sich aber trotzdem so, als säße man draußen an der frischen Luft.«
Miguel brachte uns Kaffee.
»Gut«, sagte Hector erwartungsvoll. »Jetzt erzähl mal, was passiert ist!«
»Erinnern Sie sich daran, daß ich beim letzten Mal, als ich hier war, noch zu Sanchez gehen wollte?«
Hector nickte. »Um deine nächste Rate abzuholen.«
»Er hat mir nicht nur das Geld gegeben, sondern mich auch gebeten, ihm noch einen Esel zu beschaffen.«

»Hervorragend. Was hast du ihm erwidert?«
»Ich sagte, daß ich es versuchen wolle. Ich habe also seitdem jeden Peso zusammengekratzt, und gestern abend war ich auf der Auktion – und habe einen Esel gekauft!«
Hector rieb sich das Kinn. »Das ist ja schön«, meinte er nachdenklich.
»Ich hoffe, daß der Esel Sanchez auch gefällt und er ihn mir abkauft«, sagte ich. Der prüfende, alles durchdringende Blick aus Hectors Augen dämpfte meinen Übermut schlagartig. »Ich dachte, Sie würden sich für mich freuen.«
»Was hast du für einen Plan?« erkundigte er sich.
»Plan?« wiederholte ich verwirrt. »Den Esel an Sanchez verkaufen natürlich.«
»Ich meine danach.«
Ich trank einen Schluck Kaffee. Ich hatte keine Ahnung. »Bei Pedro weiterarbeiten, nehme ich an.«
»Du willst Sanchez den Esel verkaufen – und das war's dann?«
Ich biß mir auf die Unterlippe. »Was sollte ich sonst tun?«
»Juan, in vieler Hinsicht ist das Leben nicht anders als dieses Zimmer hier. Es wurde als ganz besonderer Ort entworfen. Genauso mußt du auch dein Leben gestalten.«
»Aber … ich weiß gar nicht, wie.«
»Du hast mir erzählt, daß du reich werden willst. Nun mußt du dein Leben auch entsprechend planen. Konzentriere dich auf dein Ziel, bis du es erreicht hast.«
Ich betrachtete eine Kuh, die auf der Wiese wiederkäute. Wieso schienen bloß alle Lebewesen außer mir zu wissen, was sie zu tun und zu lassen hatten? »Ich weiß nicht, wie ich anfangen soll.«
»Setz dir Ziele! Nicht nur langfristige, sondern auch kurzfristige. Deine kurzfristigen Ziele können sich im Laufe der Zeit

verändern, doch du mußt sie so bestimmen, daß sie dich der Verwirklichung deines Hauptziels näherbringen.«
»Ich hoffe, daß ich den Esel für elfhundert Pesos verkaufen kann. Ich habe ihn für dreihundertfünfundzwanzig gekauft. Ist das kein kurzfristiges Ziel?«
»Was passiert, wenn Sanchez den Esel nicht haben will?«
»Neulich wollte er doch noch einen.«
»Wenn ihm nun aber gerade dieser Esel nicht gefällt?«
Wie dumm von mir. Ich senkte die Augen. »Das habe ich mir gar nicht überlegt«, sagte ich.
»Wenn du dein Geld riskierst, mußt du dir vorher immer genau überlegen, was du tun kannst, falls dein Plan mißlingt.«
»Damit ich nicht auf meinem Esel sitzenbleibe?«
»Genau.«
»Das kann Sanchez doch nicht machen! Ich habe den Esel nur für ihn gekauft.«
Hector nippte an seinem Kaffee. »Angenommen, Sanchez will den Esel nicht. Was kannst du dann tun?«
Gereizt sprang ich auf und griff in meine leere Hosentasche. »Oh, warum habe ich mich bloß darauf eingelassen!«
»Setz dich wieder hin, Juan!« sagte Hector. »Wahrscheinlich wird er den Esel nehmen. Aber sich vorher die Frage zu stellen ›Was mache ich, wenn ...?‹ wappnet einen gegen mögliche Fehlschläge.«
»Ich habe gar keine Idee, was ich dann machen könnte«, erklärte ich kopfschüttelnd.
»Du könntest ihn zum Beispiel fragen, warum er den Esel nicht will.«
Ich setzte mich wieder. »Ist das nicht eine ziemlich indiskrete Frage?«

»Wie willst du es sonst herausfinden? Wenn er zum Beispiel nicht bezahlen kann, aber aus Verlegenheit nicht mit dir darüber sprechen will? Oder wenn er meint, daß der Esel sein Geld nicht wert ist?«
»Ich verstehe. Nun, dann könnte ich den Preis senken … oder den Esel an jemand anderen verkaufen.«
Hector nickte lebhaft. »Sehr gut«, sagte er. »Was hältst du davon, dir ein Geschäft aufzubauen?«
»Ein Geschäft?«
»Natürlich. Erkundige dich bei Sanchez nach weiteren möglichen Kunden! Frag ihn, ob du dich in den Verkaufsgesprächen auf ihn berufen kannst!«
Ich begegnete Hectors eindringlichem Blick, doch innerlich schauderte es mir, denn es war mir immer schon schwergefallen, gegenüber fremden Leuten selbstbewußt aufzutreten. »Ich schätze, ich könnte es mal versuchen.«
»Sanchez hat dir eine Gelegenheit geboten. Durch Einfallsreichtum kannst du sie weiter ausbauen.«
»Aber wieso sollten die Bauern mich brauchen? Sie können doch selbst zu den Auktionen gehen.«
»Die meisten Leute wissen gar nicht, daß es so etwas wie Auktionen gibt. Andere haben vielleicht nicht die Zeit oder die Fähigkeit, einen guten Esel auszusuchen. Du bietest den Leuten den Kauf auf Raten, guten Service und ein hervorragendes Produkt.« Hector nickte beifällig. »Wieso sollten sie dich also nicht engagieren?«
»Zuerst war ich ja beim Mietstall.«
»Und dort hättest du wahrscheinlich einen viel höheren Preis bezahlt!«
»Woher wissen Sie das?«
Hector lächelte und tätschelte meine Hand. »Erweitere deine

Kenntnisse – und du wirst Wege finden, wie du Geld sparen und mehr leisten kannst.«

»Mein Vater ging liebend gern zu den Auktionen. Ich habe sein Wissen immer als selbstverständlich hingenommen und nie gemerkt, wie wertvoll es ist.«

»Und sehr einträglich, wenn du es auf andere Bereiche deines Lebens anwendest.«

Dunkle Sturmwolken ballten sich am Himmel zusammen und warfen ihre Schatten auf die Wiese. »Ich mache mich jetzt besser auf den Weg. Ich hoffe bloß, daß Sanchez den Esel tatsächlich kauft.«

Hector begleitete mich noch nach draußen. »Du hast dir einen prächtigen Esel herausgesucht«, stellte er fest. »Du hast wirklich ein Auge dafür, die besten auszuwählen. Entwickle diese Fähigkeit weiter!«

Ich dankte ihm und verabschiedete mich.

Gegen Mittag lief ich den schmalen Weg zu Sanchez' Haus hoch. »Denk positiv!« ermahnte ich mich. »Ich habe Ihnen einen Esel mitgebracht, Señor«, begrüßte ich Sanchez.

»Tatsächlich? Na, dann wollen wir uns das gute Tier mal anschauen.« Sanchez eilte zum Tor.

Ich blieb ein Stück zurück. Würde er den Esel kaufen? Jetzt wußte ich, was Hector gemeint hatte, als er sagte: Halte immer einen Plan und einen Ersatzplan bereit.

Nachdem Sanchez den Esel eingehend untersucht hatte, sagte er: »Junger Mann, du hast gerade ein Geschäft gemacht! Teresa ist im Stall, willst du sie sehen?«

Ich nickte. Alles war mir recht, um ihm aus den Augen zu kommen und meiner Erleichterung Luft zu machen.

Als ich in den Stall kam, sah Teresa hoch, erkannte mich je-

doch nicht wieder. In gewisser Hinsicht war ich sogar froh darüber. Sie gehörte jetzt hierhin.
»Ich verstehe dich, Eselchen. Mein Leben hat sich auch sehr verändert«, sagte ich und streichelte sie.
Sanchez schaute kurz im Stall vorbei und zahlte mir die hundert Pesos aus.
»Teresa scheint sich hier sehr wohl zu fühlen«, stellte ich fest.
»Das will ich hoffen – sie bekommt ja schließlich genug Zuwendung.«
»Señor.« Ich schluckte den Kloß in meinem Hals hinunter. »Kennen Sie noch andere Bauern, die vielleicht einen Esel brauchen?«
»Wo du gerade fragst: letzten Sonntag hat mein Bruder Teresa gesehen und mich gefragt, wo ich sie gekauft habe. Du könntest mit ihm sprechen.«
Auf dem Rückweg in die Stadt ging ich bei Sanchez' Bruder vorbei. Er bestellte einen Esel und nannte mir zwei weitere mögliche Käufer. Ich war in Hochstimmung. Den Besuch bei den beiden Interessenten verschob ich allerdings auf das nächste Mal, denn inzwischen überzogen schwarze Wolken den Himmel, und der Wind trieb den Geruch nach Regen vor sich her.
Ich war noch ungefähr eine Meile von zu Hause entfernt, als die ersten großen Tropfen auf mich niederprasselten. Zunächst bot meine Lederjacke noch einen gewissen Schutz, doch bald hatte der Platzregen mich bis auf die Haut durchnäßt. Ich schwor mir, die Stadt nie wieder ohne Pferd zu verlassen.
Obwohl die Sonne herauskam, als ich unser Häuschen erreichte, zitterte ich am ganzen Körper. Ich trat ein und wurde königlich in Empfang genommen: Juanita gab mir ein Hand-

tuch, Paco brachte eine Wolldecke, und Carlos holte mir ein paar trockene Socken. »Schön, wieder zu Hause zu sein!« sagte ich und lächelte.
»Bleibst du heute abend hier?« fragte Carlos.
»Wahrscheinlich brauche ich den ganzen Abend, um mich wieder aufzuwärmen!« Ich kuschelte mich in meine Decke und rückte näher ans Feuer.
»Wir dachten, wir könnten vielleicht mit dem anderen Buch anfangen«, schlug Carlos vor.
Später zündeten wir die Laterne an und begannen mit der Lektüre von »Grimms Märchen«. Paco saß auf meinem Schoß, während wir anderen uns mit dem Vorlesen abwechselten. Ich schloß die Augen und schaukelte Paco vorsichtig hin und her, während ich José beim Vorlesen zuhörte. Er kam allmählich in den Stimmbruch. Ich war froh darüber, zu dieser Familie zu gehören.

EINEN PLAN AUFSTELLEN

Am nächsten Sonntag schaute ich bei den Bauern vorbei, die Sanchez' Bruder mir als mögliche Kaufinteressenten genannt hatte. Sie rieten mir, im Frühjahr wiederzukommen, nannten mir aber weitere Namen. Zwei dieser Leute besuchte ich, erhielt aber wieder nur Absagen. Müde und zerknirscht trat ich den Heimweg an. Na ja, dachte ich, wenigstens besitze ich noch meine Arbeit bei »Pedro's«.

Dort hatte ich zur Zeit sehr viel zu tun. Mehrmals in der Woche traf ich mich morgens mit Pedro und ging mit ihm zum Markt. Meine Fragen machten sich inzwischen bezahlt. Immer wenn er jemanden brauchte, der bei einer anderen Schicht einspringen sollte, fragte er mich.

Obwohl ich an den Wochenenden völlig erschlagen war, setzte ich meine sonntäglichen Verkaufsrunden fort. An manchen Tagen sprach ich mit nicht weniger als sechs Bauern. Doch selbst nach einigen Monaten hatte ich immer noch keine neuen Aufträge bekommen. Bis Mitte Dezember hatte ich genügend Geld angespart, um den Esel für Sanchez' Bruder zu kaufen. Doch statt froh darüber zu sein, daß ich einen weiteren Handel abgeschlossen hatte, fühlte ich mich niedergeschlagen. Vorerst war kein weiteres Geschäft in Sicht – kein

Grund also, Geld beiseite zu legen. Nachdem ich den Esel abgeliefert hatte, war mir die Lust vergangen, weitere Bauern anzusprechen.
Der bedeckte graue Himmel trug ein übriges zu meiner düsteren Stimmung bei. Ich hatte allerdings auch keine Lust, gleich nach Hause zurückzukehren. Daher machte ich mich auf den Weg zu Hector.
Als Hector mich erblickte, legte er mir seinen dünnen Arm um die Schultern und stellte fest: »Du siehst aus, als könntest du den Rat eines Freundes gebrauchen.«
Wir setzten uns in den Frühstückserker. Weißgrauer Nebel hing über den Bergen und verhüllte ihre zerklüfteten Spitzen.
»Seit November habe ich keinen einzigen Esel verkauft.«
»Nur weil dir die beiden ersten Geschäfte leicht von der Hand gingen, heißt das noch lange nicht, daß es bei den nächsten auch so einfach geht.«
»Aber ich habe einige Leute schon drei- oder viermal besucht!«
»Ausgezeichnet«, sagte Hector und nickte, »dann kennen die Leute dich jetzt.«
»Hector, ich habe das Gefühl, ich verschwende bloß meine Zeit.«
»Hab Geduld, jetzt ist Winter. Wenn du bis zum Frühjahr durchhältst, werden sich die Leute schon an dich wenden. Betrachte es als den Aufbau von Kundenbeziehungen.«
»Ich fühle mich ziemlich entmutigt.«
»Na – dann gönne dir doch über Weihnachten eine kleine Pause!«
»Oh, da fällt mir was ein. Ich habe Ihnen etwas mitgebracht.«
Ich zog ein rechteckiges, in rotes Papier eingewickeltes Kästchen aus meiner Jackentasche.

»Was ist denn drin?« Freudig erregt wie ein Kind, riß Hector die Verpackung auf. »Vielen Dank, Juan!«

»Ich weiß, daß Sie nach San Francisco fahren. Frohe Weihnachten! Ich hoffe, es gefällt Ihnen.«

»Mir gefallen? Aber natürlich! Seit Jahren schon hat mir niemand mehr was geschenkt«, sagte er, während er den Federhalter Fingern hin und her drehte. »Weil ich reich bin ...« Er räusperte sich. »Nun zu deinen Eselgeschäften!«

»Meinen was?«

»Gib nicht auf! Wenn bis zum Frühjahr immer noch nichts passiert ist – nun, dann ist es deine Entscheidung.«

Als ich Hectors Haus verließ, war ich immer noch geknickt. Das Geschäft mit den Eseln führte zu nichts. Wie lange konnte ich ohne einen neuen Auftrag durchhalten? Auch im Restaurant war ich nicht wirklich zufrieden. Meine Arbeit verlangte keinerlei Nachdenken. Doch um etwas anderes zu tun, fehlte mir die notwendige Ausbildung. Ich hatte das Gefühl, in eine Sackgasse geraten zu sein.

Meine trübe Stimmung hielt bis zum nächsten Morgen vor; nichtsdestotrotz machte ich mich auf den Weg zu Pedro. Die Besuche auf dem Markt waren für mich immer eine willkommene Abwechslung. Während ich auf Pedro wartete, sprachen Juanita und ich die Tagesgerichte durch.

Bald darauf kam Pedro in die Küche. Er trug einen Strohhut mit schmaler Krempe, der mit einem blauen Bändchen verziert war. Er strahlte mich an und fragte: »Kann's losgehen?«

»Mmmhmm, Juanita und ich haben gerade das Menü besprochen.«

Auf dem Weg zum Markt fragte Pedro mich über die Tagesgerichte aus. Er merkte sofort, daß ich nicht ganz bei der Sache war. »Was ist denn heute los mit dir?«

»Weiß nicht. Ich mußte gerade an Juanita denken.«
»Was ist denn mit ihr?«
Ich schaute ihn von der Seite an. Offensichtlich trug er den neuen Hut, um darunter seine Haarkrause zu bändigen. Doch dort, wo die Haare dennoch hervortraten, standen sie ihm in widerspenstigen kleinen Löckchen um das Gesicht herum. Eigentlich sah er so aus, als könne man mit ihm alles besprechen. »Sie ist so einfallsreich!«
»Wie meinst du das?«
»Sie scheint die Gerichte nur ganz locker zu planen. Wenn es zum Beispiel Bohnen zu einem guten Preis gibt, dann richtet sie sich bei der Menügestaltung danach.«
Pedro lächelte. »Juanita ist eine exzellente Köchin. Sie hat hohe Ansprüche an sich selbst, und sie hält meine Kosten niedrig.« Er hielt inne. »Hast du Interesse daran, Koch zu werden?«
»Ich weiß nicht.«
»Nun, irgend etwas macht dir doch Sorgen. Raus mit der Sprache!«
Ich schwieg eine Weile, während ich die Leute auf dem Markt dabei beobachtete, wie sie um die Ware feilschten. »Ich langweile mich bei meiner Arbeit. Ich würde gern etwas anderes tun.«
Pedro hielt den Pferdewagen an. »Ich habe schon länger darauf gewartet, daß du mir das sagst.«
»Sie wundern sich nicht?«
»Ich habe dich beobachtet, Juan. Du bist sehr gewissenhaft. Und ich freue mich, daß du dich dafür interessierst, wie das Restaurant geführt wird.«
Pedro hatte also etwas gemerkt. »Vielen Dank«, sagte ich, ebenso stolz wie verlegen.
»Weißt du, Juan, eines Tages werde ich einen guten Geschäftsführer brauchen, vielleicht sogar einen Partner.«

»Wollen Ihre Kinder das nicht machen?« fragte ich, verblüfft über die Wendung, die unser Gespräch genommen hatte.
»Meine Töchter haben kein Interesse daran.« Er zögerte. »Ich würde mir gern jemanden wie dich heranziehen.«
Mein Herz schlug schneller. »Was wäre denn dann der nächste Schritt für mich? Kellner?«
»Ich weiß nicht recht. Vielleicht auch die Buchhaltung.«
»Verdienen Kellner nicht mehr?«
»Das schon, aber du bist eher ein zurückhaltender Typ. Die Leute mögen Kellner, die aus sich herausgehen. Die unbefangen mit den Gästen umgehen.«
Er hatte recht, ich war schüchtern. Ich hatte eben bisher wenig Gelegenheit gehabt, unter Leute zu kommen. »Aber ich kann doch dazulernen, Pedro. Bitte geben Sie mir eine Chance!«
»Kennst du die Speisekarte auswendig?«
Ich ratterte die Namen der Gerichte auf französisch herunter. Pedro nahm die Zügel auf, und der Wagen setzte sich in Gang. Er zwirbelte längere Zeit nachdenklich die Enden seines Schnurrbarts. Schließlich meinte er: »Du weißt doch, wer Fidel ist?«
Etwas verwirrt durch seine Frage, nickte ich.
»Ich werde dafür sorgen, daß er dich anlernt«, sagte Pedro. »Er ist mein bester Kellner. Die Leute kommen immer wieder, weil er sie so gut bedient.« Pedro sprang vom Wagen und lud eine Gemüsekiste aus. »Wir versuchen es mal. Wenn es nicht klappt, müssen wir uns etwas anderes überlegen.«

Am Nachmittag sprach Fidel mich an, ein gutaussehender Mann von ungefähr dreißig Jahren. Ich hatte ihn schon länger aus der Ferne bewundert und fühlte mich daher in seiner Gegenwart etwas verlegen. »Pedro hat mich gebeten, dich anzu-

lernen.« Er betrachtete mich von allen Seiten und verzog mißbilligend den Mund. Dann meinte er kopfschüttelnd: »Zuallererst müssen wir etwas an deinem Aussehen tun!«
Peinlich berührt starrte ich in einen der Spiegel. »Was stimmt denn nicht mit meinem Aussehen?«
»Erstens einmal dein Haar. Sag Pedro Bescheid, daß wir in zwanzig Minuten wieder zurück sind!«
Ich hatte noch nie mit jemandem wie Fidel zu tun gehabt. Er war so unglaublich selbstbewußt. Auch andere Leute bemerkten seine selbstsichere Ausstrahlung, vor allem die Frauen. Viele drehten sich nach ihm um, während wir die Straße entlanggingen.
Zwei Häuserblocks weiter traten wir in einen Friseursalon. »Ziehen Sie ihm links einen Scheitel, und lassen Sie das Haar an den Seiten etwas länger«, wies Fidel den Friseur an.
Nachdem der Friseur sein Werk beendet hatte, hielt er mir einen Spiegel hin. Mein schwarzes Haar umspielte meine hohen Wangenknochen in lockeren Wellen. »Sie sind ein Meister!« stellte ich fest. Mein Gesicht sah viel weicher aus, und mein eckiges Kinn trat nicht mehr so deutlich hervor. Die neue Frisur betonte meine weit auseinanderstehenden grünen Augen und lenkte von meiner Stupsnase ab.
Als wir wieder ins Restaurant zurückgekehrt waren, sagte Fidel: »Juan, du mußt mehr lächeln, zeig deine schönen Zähne. Du bist viel zu ernst!«
»Wahrscheinlich habe ich zu viele Sorgen im Kopf.«
»Wer hat die nicht! Bei der Arbeit solltest du sie jedoch verdrängen. Du wirst sehen: die Leute sind empfänglich für ein Lächeln.«
Den Rest des Tages arbeitete ich an Fidels Seite und achtete darauf, wie charmant er mit den Gästen umging, übrigens

nicht nur mit den Frauen. Er hatte eine ganz besondere, gewinnende Art. Bei Schichtende hatte er fünfundzwanzig Pesos Trinkgeld verdient. »Komm, wir gehen einen trinken!« forderte er mich auf.

»Ich trinke nicht«, sagte ich zaghaft, denn ich fühlte mich in meiner neuen Position unsicher.

»Höchste Zeit, daß du es lernst! Außerdem habe ich heute abend noch eine Verabredung für dich eingefädelt!«

»Mit wem denn?« fragte ich. Ich war noch nie mit einer Frau ausgegangen. Worüber sollte ich bloß mit ihr reden?

»Sei kein Spielverderber«, meinte Fidel. »Ein Gläschen nur – und wenn du danach immer noch gehen willst, werde ich dich nicht davon abhalten.«

Er führte mich zum Garibaldi-Platz, wo wir in einem überfüllten Straßencafé etwas aßen. Ich betrachtete die Leute, die modisch herausgeputzt aus Bars und Speiselokalen strömten. Sie blieben stehen, um den Mariachi-Gruppen bei ihrer Straßenmusik zuzuhören.

Das Leben und Treiben auf dem Platz war schon aufregend genug für mich. Fidel reichte es jedoch noch nicht. Nach dem Essen führte er mich in eine *pulquería,* eine Bar, zu der nur Männer Zugang hatten. »Ich dachte, ich hätte noch ein Rendezvous«, sagte ich.

»Erst in einer Stunde«, erwiderte Fidel und bestellte für jeden von uns einen *pulque* mit einem Tequila zum Nachspülen.

Nach dieser Mischung fühlte ich mich benommen, und mir war ein bißchen übel. Ich hatte mein Fassungsvermögen erreicht. »Ich gehe jetzt besser nach Hause«, erklärte ich.

Fidel protestierte, doch ich ließ mich nicht aufhalten. Es war ohnehin schon spät, und ich fragte mich, wie ich am nächsten Morgen aus dem Bett kommen sollte. Als ich mutterseelenallein meinen Heimweg antrat, fielen mir plötzlich ganz andere Dinge auf als vorher. Der Garibaldi-Platz befand sich in einer ziemlich üblen Umgebung. Die Männer sahen gefährlich aus, und unter ihren Mänteln zeichneten sich die Umrisse von Gewehren ab.

Jenseits des Platzes lagen die Straßen wie ausgestorben. Ohne das Licht des Mondes wirkte die Gegend dunkel und unheimlich. Plötzlich hörte ich Schritte hinter mir. Das Herz schlug mir bis zum Hals. Verfolgte mich jemand? Oder bildete ich mir das nur ein? Ich rannte los und hielt nicht eher an, als bis ich Juanitas Häuschen erreicht hatte. Für meinen Kreislauf war das wohl zuviel gewesen. Ich mußte mich übergeben.

Am nächsten Morgen erwachte ich mit einem Brummschädel. Ich hatte einen schrecklichen Geschmack im Mund, und die Augen schmerzten im Licht. Ich wäre am liebsten gar nicht zur Arbeit gegangen, aber bis jetzt hatte ich es noch nicht einmal bis zum Kellner gebracht. Und nicht zu arbeiten bedeutete gleichzeitig, kein Geld zu verdienen. Das konnte ich mir nicht leisten.

So zog ich mich schließlich an und stolperte ins Wohnzimmer.

»Juan, ich habe den ganzen Abend auf dich gewartet«, sagte Carlos vorwurfsvoll. »Wo warst du denn?«

Ich war so angewidert von mir selbst, daß ich Carlos anschnauzte: »Geht dich gar nichts an!« Dann verließ ich das Haus und fühlte mich noch gräßlicher, weil ich so unfreundlich gewesen war.

Die klare Morgenluft linderte meine Kopfschmerzen etwas. Trotzdem fragte ich mich, wie ich den Tag überstehen sollte. An diesem Morgen waren ungewöhnlich viele Gäste zum Frühstück erschienen. Die Arbeit verlangte mir volle Konzentration ab, und ich glaube, ich schaffte es sogar, keinen einzigen

Fehler zu machen. Ich dachte daran, immer zu lächeln, und blieb zuvorkommend gegenüber den Gästen.
Als sich das Gedränge aufgelöst hatte, setzte ich mich auf eine Tasse Kaffee in die Küche. Mir war immer noch etwas schwindlig. Fidel kam herein, als ich mir gerade den Kopf hielt. Er sah völlig frisch und erholt aus. »Wie schaffst du das bloß?« fragte ich ihn.
»Alles eine Frage der Gewöhnung. Sollen wir heute noch mal losziehen?«
»Ich glaube nicht, daß mein Körper da mitmacht«, gab ich zu, während ich im stillen dachte: und meine Geldbörse auch nicht.
Ein paar Minuten später steckte Pedro den Kopf durch die Tür und sagte: »Juan, kannst du gleich mal in mein Büro kommen?«
Juanita und ich tauschten Blicke. Ich hoffte, daß unser Gespräch glimpflich verlaufen würde.
»Komm nur herein!« Pedro deutete auf einen Stuhl.
Ich setzte mich und wartete, daß er das Gespräch begann.
»Ich bin wirklich stolz auf dich«, sagte er. »Einige meiner Stammkunden haben sich sehr wohlwollend über dich geäußert.«
Zum ersten Mal an diesem Morgen strahlte ich richtig. »Heißt das, daß ich befördert werde?«
Pedro nickte zufrieden. »Ich werde deinen Wochenlohn um zehn Pesos erhöhen, und zusätzlich darfst du dein Trinkgeld behalten.«
»Danke, Pedro«, sagte ich. »Ich werde Sie bestimmt nicht enttäuschen.«
Trotz der guten Nachrichten dröhnte mir immer noch der Kopf. Ich konnte es kaum abwarten, endlich nach Hause zu

kommen und mich ins Bett zu legen. Ich brauchte einen gesunden, geregelten Tagesablauf, um vernünftig arbeiten zu können.

An diesem Abend entschuldigte ich mich bei Carlos.

Als Juanita das hörte, schaltete sie sich ein: »Ich glaube, wir müssen uns bei dir entschuldigen.»

»Wofür denn?« meinte ich. »Ich habe mich schließlich einfach aus dem Staub gemacht, ohne daß ihr wußtet, wo ich war.«

»Vielleicht. Aber es ist auch nicht richtig von uns, zu erwarten, daß du jeden Abend zu Hause verbringst. Du bezahlst Miete und hast das Recht, zu kommen und zu gehen, wie es dir gefällt.«

Ich lächelte. »Wenn ich das nächste Mal später nach Hause komme, werde ich versuchen, euch Bescheid zu sagen.«

»Wir haben uns Sorgen um dich gemacht, Juan«, sagte Paco. »Weißt du nicht, daß du für uns zur Familie gehörst?«

»Danke, Paco.« Ich drückte ihn an mich. »Das bedeutet mir sehr viel.«

Als Juanita und die Jungen sich zum Abendessen setzten, ging ich zu Bett.

In den folgenden Wochen widmete ich mich ausschließlich der Arbeit im Restaurant. Ich übte, was Fidel mir beibrachte: zu lächeln, den Gast spüren zu lassen, daß er wichtig ist, und erstklassigen Service zu bieten. Während dieser Zeit ging mir auf, daß sich dieselben Grundsätze auch auf den Verkauf von Eseln anwenden ließen. Der einzige Unterschied bestand darin, daß ich bei »Pedro's« auf ein williges Publikum traf, während ich beim Verkauf der Esel mein Publikum erst für mich einnehmen mußte.

Während der Weihnachtszeit feilte ich weiter an meinen Fertigkeiten. Doch leider mußte ich erkennen, daß ich auch mit

dem Gehalt eines Kellners nie reich werden würde. Daher nahm ich am zweiten Sonntag im Januar meine Besuche bei den Bauern wieder auf.
Ich verkaufte an diesem Sonntag zwar keinen Esel, behielt aber trotzdem meine positive Einstellung. Auf dem Heimweg dachte ich darüber nach, wie sehr ich mich in dieser kurzen Zeit verändert hatte. Ich war viel umgänglicher geworden. Indem ich meine persönlichen Gefühle außen vor ließ, konzentrierte ich mich zugleich stärker auf die Bauern und ihre Bedürfnisse. Und was noch viel wichtiger war: ich glaubte endlich an mich und an meine Fähigkeit, Esel zu verkaufen.
Meine Geduld und Beharrlichkeit wurden auf eine harte Probe gestellt, denn weitere drei Monate zogen ins Land, ehe ich endlich Erfolg hatte. Mein erstes Gespräch mit Señor Gonzalez war dann allerdings beispielhaft für den Verlauf des ganzen Tages.
Ich strahlte ihn an, als ob ich einen langjährigen Freund begrüßte. »Guten Morgen, Señor.«
Gonzalez sah zu mir hoch, während er seine Augen vor der Sonne abschirmte.
»Wo hast du gesteckt? Ich habe dich schon vermißt.«
Ich sprang vom Pferd. »Ich habe bloß meine übliche Runde gemacht. Wie ist es Ihnen ergangen?«
»Bin froh, daß der Winter vorbei ist.« Er klopfte sich auf den Bauch. »Viel zuviel gegessen!«
»Ja, ich weiß, was Sie meinen«, erwiderte ich fröhlich, während ich im stillen dachte, daß wir uns bei Juanita über zu prall gefüllte Bäuche kaum beklagen konnten. »Señor, der Frühling ist da! Haben Sie noch mal über einen neuen Esel nachgedacht?«
»Um die Wahrheit zu sagen … Neulich erst habe ich zu mei-

ner Frau gesagt, daß ich mein Glück bei dir versuchen würde, solltest du noch einmal vorbeikommen.«

Vor Freude hätte ich am liebsten einen Luftsprung gemacht. Unzählige Male hatte ich meine Frage schon gestellt und immer die gleiche abschlägige Antwort bekommen.

»Vielen Dank für Ihr Vertrauen, Señor«, sagte ich und schüttelte ihm die Hand. »Ich besorge Ihnen so schnell wie möglich Ihren Esel.«

An diesem Tag erhielt ich sechs Bestellungen, vier davon auf Ratenzahlung und zwei mit einer fünfzigprozentigen Anzahlung. Am liebsten hätte ich die guten Neuigkeiten sofort Hector berichtet, doch da es schon dunkel wurde, ritt ich nach Hause. Nach dem Abendessen versammelten wir uns um die Feuerstelle und lasen ein neues Märchen. Ich bekam, glaube ich, nicht sehr viel davon mit, denn ich versuchte fieberhaft mir auszurechnen, wie schnell ich die bestellten Esel ausliefern konnte.

Mein Hochgefühl hielt sich auch noch bis zum nächsten Tag. Obwohl montags normalerweise nicht viel los war, bekam ich zwanzig Pesos Trinkgeld. Pedro zahlte mir meinen Lohn, außerdem hatte ich Anzahlungen von insgesamt tausend Pesos erhalten.

Ich fühlte mich reich. Nachdem ich Juanita die Miete gezahlt hatte, ging ich einkaufen. »Es gibt Weihnachtsgeschenke im April«, verkündete ich meiner Familie, während ich die Geschenke hereintrug. Ich hatte für uns alle neue Kleidung und Schuhe gekauft.

Am Samstagabend, zum Auktionsbeginn, besaß ich nur noch siebenhundert Pesos, kaum genug, um zwei Esel zu bezahlen und ein Pferd zu mieten. Nachdem ich vier schöne Esel ins

Auge gefaßt hatte, betrat ich die Auktionshalle, in der bereits dichtes Gedränge herrschte.
Die Atmosphäre in der Halle war geladen. Jetzt, im Frühjahr, war die Nachfrage nach Eseln deutlich gestiegen. Kaum hatte die Auktion begonnen, schossen die Gebote durch die Luft wie Rennpferde, die beim Startschuß aus ihren Boxen stürmen. Als mein erster Kandidat nach vorn geführt wurde, boten zahlreiche Männer geradezu kampflustig mit, und schlagartig stand der Preis bei hundertfünfzig.
Ich hob die Hand.
Der Auktionator nickte. »Hundertsiebzig sind geboten, wer bietet hundertachtzig?«
Ich fühlte mich ganz benommen; dieses Tempo war mir zu schnell.
Bei zweihundertsiebzig forderte der Auktionator schon zweihundertneunzig.
»Zweihundertachtzig«, bot ich. »Zweihundertneunzig«, rief jemand.
Ich machte eine Pause und ließ den Auktionator sagen: »Zweihundertneunzig. Zweihundertneunzig zum ersten, zum zweiten ...«
»Dreihundert«, sagte ich.
»Die letzte Gelegenheit, Leute! Dreihundert, dreihundert sind geboten – dreihundertfünf jemand? Zum ersten, zum zweiten ... Der Zuschlag geht an den jungen Mann mit der schwarzen Lederjacke.«
Mir entfuhr ein Stoßseufzer. Womöglich hatte ich endlich durchschaut, wie die Auktionen abliefen. Ich mußte bloß warten, bis die Gebote stagnierten, und dann den Preis um eine geringe Summe erhöhen. Meine Theorie probierte ich beim nächsten Esel aus.

»Zweihundertfünfundzwanzig, zweihundertfünfzig«, rief der Auktionator und zeigte in die Menge. Schweigen. »Zweihundertfünfzig«, wiederholte der Auktionator, »zweihundertfünfzig zum ersten, zweihundertfünfzig zum zweiten ...«
»Zweihundertsechzig«, rief ich und rechnete fest damit, diesmal mit einem billigen Esel davonzuziehen. Doch statt dessen leitete mein Gebot eine weitere Runde ein.
»Zweihundertsiebzig, zweihundertfünfundsiebzig«, rief der Auktionator, während er in die Menge deutete. »Wer bietet zweihundertachtzig? Zweihundertachtzig sind geboten. Zweihundertneunzig, zweihundertneunzig.«
Ich wollte mich nicht durch die Erregung zu unbedachten Geboten hinreißen lassen. Zweihundertfünfundsiebzig war meine absolute Obergrenze für dieses Tier. Es wurde für dreihundert verkauft. Beobachtete man mich etwa? Die Leute schienen viel eifriger mitzubieten, sobald ich an einem Esel interessiert war.
Während der nächsten Runde hielt ich mich völlig zurück und gab mein zustimmendes Nicken erst bei dreihundertfünfundzwanzig Pesos. Ich erhielt den Zuschlag. Da ich die Tiere bekommen hatte, die ich wollte, blieb ich noch da, um auch den Rest der Auktion zu beobachten. Meine zweite Erwerbung blieb der teuerste Esel des ganzen Abends. Soviel zu meinen Theorien.

Am nächsten Morgen war es so windig, daß ich eine zusätzliche Feldflasche und ein Stück Chinawurzel einpackte. Ich hatte gehofft, der Wind würde abnehmen, statt dessen verschlechterte sich das Wetter. Die Sicht ging gegen Null. Mein Pferd strauchelte mehrmals in den Schlaglöchern. Ein Pferd mit gebrochenem Bein fehlte mir gerade noch! Ich würde

Señor Johnson eine astronomische Entschädigung bezahlen müssen!
Schließlich ließ ich die Esel vorausgehen. Esel bewegen sich sicherer auf ihren vier Beinen als Pferde und haben ein schärferes Auge. Das Pferd lenkte ich einfach hinter ihnen her.
Zwei Stunden später erreichte ich windgepeitscht und staubig meinen ersten Kunden. »Heute morgen haben Sie noch die Wahl, Señor«, begrüßte ich ihn.
»Oh, gut. Bring die Esel in den Stall!«
Ich führte die Tiere in den windgeschützten Stall. Der Bauer untersuchte sie eingehend und wählte den teuersten Esel aus. Diese Kerle würden zwar nie zu einer Auktion gehen, doch sie hatten durchaus ein Auge für Qualität. »Eine gute Wahl, Señor.«
»Ich bin ganz überrascht, dich so schnell wiederzusehen«, sagte er, während er mir fünfhundert Pesos auszahlte. »Dein schneller Service gefällt mir. Du solltest dein Glück auch mal auf der Plantage zwanzig Meilen weiter nördlich versuchen.«
»Plantage? Ich dachte, dort wäre bloß eine kleine Siedlung.«
»Das war mal. Irgend so ein Kerl – Hernandez heißt er, glaube ich – hat die Rancherías aufgekauft. Die Leute verkaufen ihr Land und ziehen in die Stadt.«
Mein Blut geriet in Wallung. Konnte es wirklich derselbe Mann sein? Wenn ja, dann stahl er gerade den Leuten ihr Land. »Vielen Dank für den Tip, Señor. Ich werde mich mal dort erkundigen.«
Vielleicht lag hier die Ursache für das, was augenblicklich in der Stadt passierte. Als ich vor einiger Zeit neu nach Mexiko City gekommen war, lebte Juanita in der ärmsten Gegend. Doch kürzlich war mir aufgefallen, daß nördlich von uns Stadtviertel aus dem Boden schossen. Verglichen mit den Zu-

ständen, die dort herrschten, kamen wir uns vor wie die Mittelklasse.

Während ich weiterritt, kreisten meine Gedanken um Hernandez. »Geh in die Stadt!« hatte er zu mir gesagt, weil er mich loswerden wollte. Inzwischen gab er vermutlich anderen genau den gleichen Rat. Als ob das Leben in der Stadt auch nur einen Deut besser war! Er selbst residierte vermutlich auf einer Hazienda und ließ sich in einer Kutsche umherfahren. Eines Tages, irgendwie, würde ich mich schon rächen! Er sollte für das bezahlen, was er mir angetan hatte!

Als ich meine nächste Station erreichte, war ich so wild entschlossen, Hernandez eines Tages in seiner Position zu übertreffen, daß ich den Bauern wahrscheinlich selbst dann überredet hätte, den Esel zu kaufen, wenn er ihn gar nicht gewollt hätte.

»Hier ist der Esel, den Sie bestellt haben!« sagte ich mit einem strahlenden Lächeln. »Sie ist ein besonders schönes Tier. Ich habe sie extra für Sie ausgesucht.«

»*Gracias.* Wie komme ich zu einem so guten Service?« Er betrachtete den Esel wohlgefällig. »Warte hier, ich hole dein Geld.«

Nachdem er bezahlt hatte, sagte ich: »Ich schaue in ein paar Wochen wieder vorbei, um zu sehen, wie sie sich macht.«

»Bueno, bueno«, sagte er und nickte.

Ich fragte ihn nach weiteren möglichen Käufern, worauf er mir drei nannte. Ich bedankte mich und suchte die Interessenten gleich auf. Zwei waren leider nicht zu Hause, doch der dritte bestellte einen Esel.

Plötzlich fühlte ich mich vollkommen ausgelaugt. Ich hatte keine Lust mehr weiterzuarbeiten und trat den Heimweg an. Mein Kopf schmerzte, und ich war vom trockenen Wind ganz ausgedörrt. Ich kaute auf einem großen Stück Chinawurzel herum, was zwar meinen Durst löschte, aber die Kopfschmerzen auch nicht linderte. Hernandez ließ meine Gedanken einfach nicht los. Ich mußte zu Reichtum und Macht kommen. Wie sonst sollte ich mich an ihm rächen?

Auch die Tatsache, daß ich zwar fünf Bestellungen, aber nur tausend Pesos hatte, belastete mich schwer. Selbst durch Überstunden konnte ich das erforderliche Geld kaum aufbringen. In einer Woche – also erst nach der nächsten Auktion – konnte ich weitere Raten einsammeln. Falls ich mir einen Ruf für schnellen, zuverlässigen und erstklassigen Service aufbauen wollte, mußte ich lernen, besser mit meinem Geld umzugehen.

Am folgenden Samstag war die Auktion relativ schlecht besucht. Ich hoffte, diesmal drei Esel zu ersteigern. Als mein erster Wunschkandidat zur Versteigerung angeboten wurde, sagte der Auktionator: »Na – ist sie nicht ein Prachtexemplar, Leute?« Er legte eine effektheischende Pause ein. »Heute setzen wir das Mindestgebot auf zweihundert Pesos fest. Wer bietet zweihundertfünfundzwanzig?«

Ich schluckte. So hoch hatten sie noch bei keinem Esel angefangen, doch ich wollte das Tier unbedingt haben. Ich hob die Hand.

»Zweihundertfünfundzwanzig sind geboten, höre ich irgendwo zweihundertfünfzig? Zweihundertfünfzig sind geboten, zweihundertfünfzig. Wer bietet zweifünfundsiebzig?«

Ich nickte.

»Dreihundert, dreihundert. Höre ich irgendwo dreihundert?«

Mitten im Raum trötete plötzlich ein Mann: »Dreihundertfünfundzwanzig!«

Dieses Gebot sollte wohl den Rest der Leute zum Schweigen

bringen, und einen Moment lang herrschte tatsächlich verblüffte Stille. »Dreihundertfünfzig«, konterte ich dann. Ich wollte diesen Esel unbedingt.
»Dreihundertfünfundsiebzig«, sagte der Mann. Inzwischen hatte er sich kampfbereit von seinem Platz erhoben.
Mein Herz raste. Auch ich stand jetzt auf. »Vierhundert«, sagte ich. Die ganze Halle schien mit mir zusammen den Atem anzuhalten.
»Vierhundert zum ersten, zum zweiten ...« Der Auktionator blickte auffordernd zu meinem Widersacher hinüber. »Die letzte Gelegenheit, Leute!« Dann schlug der Hammer auf den Tisch. »Verkauft«, sagte er. »Der Zuschlag geht an den Herrn mit der schwarzen Lederjacke.«
Erschöpft setzte ich die beiden folgenden Runden aus, mein Konkurrent übrigens ebenso. Als der nächste Esel versteigert wurde, machte ich wieder ein Gebot. Ich bot zwei Runden lang mit und stieg dann aus. Er ebenso. Zuerst dachte ich ja, er überbot mich aus reinem Vergnügen, doch dann verwarf ich diese Vermutung und entschied, daß er sich wahrscheinlich einfach gut mit Eseln auskannte.
Als der nächste Esel, auf den ich ein Auge geworfen hatte, an die Reihe kam, hielt ich mich zuerst zurück. Bei dreihundert hob ich schließlich die Hand.
Der Auktionator sagte: »Dreihundert, dreihundert sind geboten. Bietet jemand dreihundertfünfundzwanzig?«
Mein Herausforderer wurde plötzlich wieder munter. Aus dem Augenwinkel sah ich, daß er den Zeigefinger hob.
»Dreihundertfünfundzwanzig ...«, sagte der Auktionator.
Ich nickte.
»Dreihundertfünfzig ...«, sagte der Auktionator.
Mein Konkurrent hob den Finger.

Wir standen bei dreihundertfünfundsiebzig. Es war allein meine Entscheidung. Nur die Esel, die ich wollte, wurden so teuer verkauft. Die anderen gingen für zweihundertsiebzig bis dreihundert weg. Ich hatte schweißnasse Hände. Der Auktionator wollte gerade seinen Hammer senken. »Vierhundert«, sagte ich.

Mein Gegner ließ es dabei bewenden. Ich bekam den Zuschlag für den Esel. Zwei Esel für achthundert Pesos. Mir schwirrte der Kopf. Wie sollte ich bloß weiterhin im Geschäft bleiben? Ich würde niemals genug Geld haben.

Vor dem Kassenschalter drehte ich mich um und sah, daß mein Herausforderer mich beobachtete. Als ich an ihm vorbeiging, sagte er spöttisch: »Hartes Geschäft, was, Junge?«

»Zweifellos!« erwiderte ich und fragte mich, ob er überhaupt einen Esel gekauft hatte. Nächstes Mal würde ich besser auf ihn achten. Ich schüttelte den Kopf; ein weiteres Problem konnte ich im Augenblick nicht gebrauchen. Ich arbeitete bereits täglich zwölf Stunden, besuchte jeden Samstag die Auktion, und sonntags lieferte ich Esel aus und versuchte, neue Kunden zu gewinnen.

Plötzlich fühlte ich mich total erledigt. Das zusätzliche Geld war ja ganz nett, doch ich hatte genug davon, mich die ganze Zeit über abzuplagen. Ich erwog ernsthaft, die offenen Bestellungen auszuliefern und dann nach einer anderen Möglichkeit Ausschau zu halten.

Auch nach einer erholsamen Nachtruhe hatte sich meine Einstellung nicht gebessert; dennoch ging ich meiner üblichen Sonntagsbeschäftigung nach. Ich lieferte die Esel aus und besuchte halbherzig einige Bauern. Wieso sollte ich neue Aufträge an Land ziehen, wenn es mich ein Vermögen kostete, sie zu erfüllen?

Vielleicht wußte Hector Rat. Gemächlich machte ich mich auf den Weg zu seiner Villa. Es war ein schöner Tag. Die Vögel sangen, und die Sonnenstrahlen wärmten mein Gesicht. Träge beobachtete ich einen Geier dabei, wie er am Himmel Kreise um seine Beute zog, und fragte mich, ob auch ich gestern abend vielleicht für irgend jemanden eine leichte Beute gewesen war.

Doch dann tat ich meine düsteren Gedanken mit einem Achselzucken ab. Die Vorstellung schien geradezu lächerlich. Wieso sollte sich jemand um mich, den Sohn eines armen Pächters, scheren?

Hectors Augen leuchteten auf, als er mich sah.

»Warum arbeiten Sie so schwer, wenn Sie sich doch einen Verwalter leisten können?« fragte ich ihn.

Hector hämmerte einen Nagel in den Zaun. »Die Übung hält mich fit.« Er trug wieder denselben komischen Strohhut. Das Loch wurde immer größer. Ich konnte einfach nicht verstehen, weshalb er sich wie ein armer Mann anzog. Ich hätte alles darum gegeben, mich wie die Reichen kleiden zu können. Ich senkte den Kopf und scharrte mit meinem Fuß lustlos auf dem Boden herum.

Hector beobachtete mich. »Miguels weltberühmte *horchata* steht bereit. Sie schmeckt bestimmt großartig zu ein paar Sandwiches.«

Ich wurde wieder munter. »Ich bin wirklich sehr hungrig und durstig. Können Sie Gedanken lesen?«

Hector warf den Kopf zurück und lachte. Dann legte er mir den Arm um die Schulter und führte mich ins Haus. Im verglasten Erker aßen wir gemeinsam ein Sandwich. »Wie laufen die Geschäfte?« fragte er.

Ich starrte stumm auf mein Getränk, während ich das Glas

träge in der Hand herumdrehte. Schließlich sagte ich: »Ich will aufhören.«
Hector zog eine Augenbraue empor. »Immer noch keine neuen Bestellungen?«
»Ein paar, doch ich habe genug davon, die ganze Zeit über zu arbeiten … Noch dazu habe ich gar kein Geld!«
»Tatsächlich.« Hector verschränkte die Arme vor der Brust. »Das scheint doch das Los aller arbeitenden Menschen zu sein.«
»Ach, es ist alles meine Schuld. Ich habe zuviel Geld für mich und meine Familie ausgegeben.«
»Das ist sehr großzügig«, sagte er. »Doch du mußt nicht nur lernen, wie man zu Geld kommt, sondern zugleich auch, wie man damit umgeht. Du kannst nicht alle deine augenblicklichen Bedürfnisse und Wünsche befriedigen und gleichzeitig erwarten, daß deine Zukunft davon nicht berührt wird.«
»Ich weiß. Ich habe schon Lehrgeld zahlen müssen.«
»Hast du schon mal daran gedacht, einen Haushaltsplan aufzustellen?«
Ich kaute auf meiner Unterlippe herum. »Ich konnte einfach nicht anders. Ich bin in eine Art Kaufrausch geraten.«
»Ein Haushaltsplan wird dir helfen, dich zu disziplinieren. Du weißt dann, wieviel du verdienst und wieviel du ausgibst. Und was noch viel wichtiger ist: mit einem Haushaltsplan wirst du lernen zu sparen.«
»Sparen? Ich komme ja so schon kaum über die Runden!«
»Ich weiß, es hört sich schwierig an. Aber du solltest immer zuerst etwas Geld zurücklegen und dann lernen, mit dem Rest auszukommen.«
Miguel brachte mir noch ein Sandwich, und ich schluckte den ersten Bissen hinunter. »Wie kann ich einen Haushaltsplan

aufstellen, wenn der Preis für die Esel nicht vorhersehbar ist?«
»Wenn du lernst, vorausschauend mit Geld umzugehen, kannst du großzügig sein und dich dennoch auf unverhoffte Ausgaben einstellen.«
»Ich habe das Gefühl, meine Probleme nehmen überhand.«
»Ehe du sie nicht in den Griff bekommst, wirst du nie reich werden.«
»Sie haben mir geraten, eine Geschäftsidee zu entwickeln. Das habe ich getan. Ich habe den Bauern empfohlen, die Esel von mir zu kaufen. Sie brauchen erst zu bezahlen, wenn ich ihnen den Esel liefere. Ich biete ihnen sogar an, das Geld zurückzuerstatten, falls sie nicht zufrieden sind.«
»Das klingt doch soweit ganz gut.«
»Klar, für die Bauern ist es ja auch von Vorteil«, sagte ich. »Doch ich habe kein Bargeld, und gestern abend konnte ich nur zwei Esel kaufen, weil der Preis so hoch war.«
»Ich verstehe.« Hector nickte. »Das also bereitet dir in Wahrheit Kopfzerbrechen, oder?«
»Nur die, die mir gefielen, wurden anscheinend so teuer verkauft.«
»Vielleicht waren sie von besserer Qualität.«
»Das waren sie – aber dafür gleich hundert Pesos mehr bezahlen?«
Hector blickte aus dem Fenster. Schließlich fragte er: »Wie viele Esel hast du schon verkauft?«
»Zehn«, erwiderte ich. »Drei auf Raten, zwei wurden sofort voll bezahlt, und fünf sind vorbestellt.«
»Das ist doch ausgezeichnet. Du solltest stolz auf dich sein.«
»Das bin ich auch, aber es wird ziemlich lange dauern, bis ich sie liefern kann.«

»Wie wäre es, wenn ich einen Esel bestellte?« meinte Hector mit einem listigen Lächeln. »Ich zahle dir jetzt tausend Pesos in bar und nehme den Esel in vier Monaten entgegen.«
»Das wäre Ihnen gegenüber aber nicht redlich.«
»Warum denn nicht? Ich brauche den Esel nicht dringend. Davon abgesehen finde ich, daß du eine Belohnung für deine gute Arbeit verdient hast.«
Der Besuch bei Hector hatte meine Lebensgeister wieder geweckt, und das zusätzliche Geld ermöglichte es mir, drei Esel zu kaufen. Dennoch gab es nach wie vor Schwierigkeiten. Ein weiterer Konkurrent nötigte mich, bis zu vierhundertfünfundzwanzig Pesos pro Esel zu bieten.
Da mir klargeworden war, daß ich meine Einnahmen und Ausgaben schärfer kontrollieren mußte, kaufte ich mir ein Notizheft, um meine Geschäftsvorgänge festzuhalten. Unterdessen ging die anstrengende und hektische Arbeit im Restaurant weiter.

VERTRAUEN LERNEN

Der Sommer verging wie im Fluge. Durchschnittlich alle zwei Wochen erhielt ich eine neue Bestellung und sammelte die ausstehenden Raten zweimal im Monat ein.

Komischerweise war es José, der mich auf eine neue Idee brachte. Eines Abends im August zog er mich beiseite. »Neulich war ich bei den Silberminen in der Nähe von Pachuca, um mir Arbeit zu suchen.«

»Und? Hat's geklappt?«

»Noch nicht. Aber wußtest du schon, daß sie dort eine Menge Esel zur Erzförderung einsetzen? Vielleicht solltest du versuchen, dort ins Geschäft zu kommen.«

»Das ist eine prima Idee«, meinte ich und fragte mich, wie es wohl sein würde, wieder nach Pachuca zu kommen. »Ich werde mich mal erkundigen.«

Am nächsten Tag suchte ich Pedro auf. »Wie findest du meine neue Erscheinung?« fragte er mich und deutete auf sein rot-weiß gestreiftes Jackett.

Ich wußte nicht recht, was ich sagen sollte. »Es ist mal etwas anderes«, erklärte ich schließlich vorsichtig.

»Meine Frau hatte die Idee. Sie meint, ich sehe damit sommerlich aus!« Er setzte den weißen Strohhut auf, der inzwischen zu seinem Markenzeichen geworden war, und deutete auf das neue rote Band, das den Hut verzierte. »Ich finde, ich sehe eher aus wie das Werbeschild eines Friseursalons!«

»Drehen Sie sich mal um«, neckte ich ihn. »Gut so, immer weiterdrehen. Ja, Sie haben recht!«

»Paß auf, was du sagst! Deine Tage hier könnten gezählt sein, Junge«, warnte Pedro lachend. Er nahm seinen Hut wieder ab, setzte sich hin und zwinkerte mir zu. »Was kann ich für dich tun?«

»Ich habe mir etwas überlegt«, sagte ich und setzte mich ebenfalls. »Ich würde mir gern einige Zeit frei nehmen.«

Pedro faltete die Hände auf dem Tisch. »Wie lange?«

»Tja ... montags ist nie viel los. Vielleicht ein paar Montage.«

Pedro schien erleichtert. »Ich dachte schon, du meintest wochenlang. Aber trotzdem – wie soll ich ohne dich zurechtkommen?«

»Wie wär's, wenn Sie Juanitas Sohn José einstellen würden? Ich kann ihn gern einarbeiten.«

»Wenn er auch so fleißig ist wie Juanita ... Meinetwegen, ich versuch's mal mit ihm.«

In der nächsten Woche arbeitete José ein paar Tage mit mir zusammen. Er lernte so schnell, daß Pedro ihm eine Teilzeitstelle anbot.

Da ich mir nun einen zusätzlichen freien Tag verschafft hatte, fühlte ich mich auch genötigt, in dieser Zeit mehr Esel zu verkaufen. Am nächsten Wochenende ritt ich nach Pachuca, einer kleinen Stadt, die auf drei Seiten von Bergen umgeben war. Während ich über den Zócalo schlenderte, mußte ich an meine Eltern denken. Ich sah meine Mutter noch vor mir, wie sie sich darüber freute, daß die Leute ihre Stickereien kauften, und fühlte mich plötzlich sehr einsam. Glücklicherweise war ich von dem langen Ritt müde und schlief an diesem Abend schnell ein.

Am nächsten Morgen begab ich mich in aller Frühe zur Silbermine und sprach den Vorarbeiter an. »Ich werde meinen Chef mal fragen«, sagte er, während er mich mit seinen schwarzen Knopfaugen musterte. »Du bist erheblich billiger als Trujillo.«

Ich nickte. Ich hatte zwar keine Ahnung, wer dieser Trujillo war, nahm mir aber vor, es herauszufinden.

Nachdem ich dem Grubenleiter mein Verkaufsangebot unterbreitet hatte, fragte ich: »Wie viele Esel brauchen Sie denn?«

»Wir bauen die Mine gerade weiter aus«, erwiderte er und strich sich nachdenklich mit dem Finger über die Lippen. »Machen wir es so: Du bringst mir einen Esel, und wenn er mir gefällt, bestelle ich vier weitere.«

Ich erläuterte ihm meine Zahlungsbedingungen.

»Ich bezahle bar bei Lieferung«, erklärte er.

Dagegen erhob ich keine Einwände, denn die Aussicht auf eine große Bestellung war mir Anreiz genug.

Am Samstag rannte ich direkt nach der Arbeit zur Auktion in der Hoffnung, nicht nur meine drei Bestellungen erfüllen zu können, sondern auch einen Esel für Hector zu finden. Ich sah etliche Esel, die in Frage kamen, doch Hectors Esel sollte ein ganz besonderes Tier sein. Daher wandte ich mich an einen der Stallburschen und erkundigte mich, ob er zufällig von weiteren Tieren wußte, die zum Verkauf standen.

»Ein Fremder hat gerade sechs Esel hereingebracht. Ich habe sie nur flüchtig angeschaut. Ich weiß nicht, ob sie deinen Ansprüchen genügen.«

»Meinst du, daß diese Tiere heute noch versteigert werden?«

»Weiß nicht. Wahrscheinlich sind sie so spät hereingekommen, daß sie für heute nicht mehr registriert werden können.«

»Kannst du mir die Esel zeigen?«
Er führte mich zu dem Pferch, in dem die Eigentümer ihre Tiere unterstellten, während sie sie zur Versteigerung anmeldeten. Dort sah ich sie: die erste Eselin, die es mit Teresa aufnehmen konnte.
Ich schaute sie mir genau an. Ihr kastanienbraunes Fell erinnerte mich an meine liebe alte Freundin. Ich fragte mich, ob sie wohl schon als Arbeitstier eingesetzt worden war. Ihr Gewicht und ihre Zähne schienen in bestem Zustand zu sein. Ich schätzte ihr Alter auf etwa vier bis sechs Jahre.
Während ich dort stand und sie bewunderte, tauchte ihr Besitzer auf.
»Sie ist eine richtige Schönheit, was?«
»Ja, Señor, das ist sie. Wird sie heute abend versteigert?«
»Leider war ich zu spät, um sie noch registrieren zu lassen.«
»Ich würde sie gern kaufen. Ich werde Ihnen einen guten Preis bezahlen.«
»Für zweitausendfünfhundert Pesos kannst du sie haben.«
Ich versuchte seinem bohrenden Blick standzuhalten, was mir nicht leichtfiel. Irgendwie war mir in seiner Gegenwart unbehaglich zumute. Ich hätte verschwinden sollen, doch ich wollte den Esel unbedingt haben. »Dieser Esel würde Ihnen selbst auf dem freien Markt nicht soviel Geld bringen«, sagte ich.
»Du scheinst dich mit Eseln auszukennen. Mach mir doch ein Angebot!«
Ich hatte den Eindruck, daß der Mann mich eher herausfordern wollte, als mir einen ernstzunehmenden Vorschlag zu machen. »Siebenhundert«, sagte ich.
Er starrte mich lange an und drehte seine dicke Zigarre im Mund herum. »Warum willst du gerade diesen Esel haben?«
»Er soll für einen ganz besonderen Kunden sein.«

»Der Auktionsleiter hat mir erzählt, daß sie ständig nach neuen Eseln suchen müssen, weil irgend so ein Bengel die Tiere am laufenden Band aufkauft. Bist du das vielleicht?«

»Das weiß ich nicht. Mag sein. Jedenfalls kann ich Ihnen die siebenhundert bezahlen.«

Er zündete seine Zigarre an. »Du hast recht, sie ist etwas ganz Besonderes. Doch weil ich dir kaum etwas vormachen kann, lasse ich sie dir für tausend Pesos.«

Das entsprach genau der Summe, die ich von Hector erhalten hatte. Hector hatte viel für mich getan; wenn ich also bei diesem Handel keinen Gewinn machte, dann war es in Ordnung. Doch als ich den Mund öffnete, um das Geschäft zu besiegeln, entfuhr mir: »Siebenhundertfünfzig.«

»Neunhundertfünfzig«, sagte der Mann.

»Achthundertfünfzig. Das ist mein letztes Angebot.«

»Gut, damit hast du deinen Esel«, sagte der Mann und stellte mir eine Verkaufsurkunde aus.

Den Rest des Abends wartete ich darauf, daß die anderen Esel meiner Wahl versteigert wurden. Die Preise waren weiter gestiegen, und nachdem ich schon soviel für Hectors Esel ausgegeben hatte, konnte ich nur noch einen weiteren Esel kaufen. Als ich schließlich meine beiden Tiere abholte, betrachtete ich Hectors Esel wohlgefällig. Ich war höchst zufrieden mit mir: ein sehr schönes Tier zu einem akzeptablen Preis. Und ein Gewinn von hundertfünfzig Pesos.

Ich band die beiden Esel mit einem Strick aneinander, stieg auf eines der Tiere und trat den Heimweg an. Kurz nachdem ich den Zócalo passiert hatte, merkte ich, daß mir zwei Männer auf Pferden folgten. Die klappernden Hufe der Pferde hallten über das Kopfsteinpflaster, während die Männer an meine Seite ritten.

»Entschuldigung, junger Mann«, sagte einer von ihnen. »Würden Sie bitte mal kurz anhalten?«

Ich blickte zu ihnen hinüber und sah, daß einer von ihnen das wohlbekannte *kepi* auf dem Kopf trug. »Was ist denn so wichtig?« Ich hatte gewisse Gerüchte über die Gendarmen gehört: Angeblich wahrten sie nur die Interessen der Reichen und hackten bei jeder sich bietenden Gelegenheit auf den Armen herum. »Ich habe es ziemlich eilig.«

»Dieser Herr hier hat mir mitgeteilt, daß Sie gerade einen seiner Esel aus der Stadt führen.«

»Kann nicht sein. Ich habe die beiden Esel gerade auf der Auktion gekauft.«

Ich zeigte ihm die Verkaufsurkunden, die er eingehend studierte. »Nun gut, sie scheinen ordnungsgemäß ausgefüllt zu sein. Doch der Herr behauptet, daß dieser Esel hier« – er zeigte auf Hectors Esel – »vor zwei Wochen gestohlen wurde. Daß der Esel seinem ältesten Sohn gehört.«

»Wieso glauben Sie, daß er Ihnen die Wahrheit sagt?«

Der Gendarm stieg von seinem Pferd. »Er sagt, daß sein Esel ein doppeltes Kreuz auf der Innenseite des linken Hinterbeins eingebrannt hat, gleich über dem Huf. Sie haben doch sicher nichts dagegen, wenn wir mal nachschauen?«

»Nein.« Auch ich stieg von meinem Esel ab.

Mit einer Laterne in der Hand trat der Gendarm hinter den Esel und hob das linke Hinterbein an. Da war es: das doppelte Kreuz, das als Erkennungsmarke diente. »Sie müssen diesen Esel sofort seinem rechtmäßigen Besitzer zurückgeben!«

»Aber ich habe gerade erst achthundertfünfzig Pesos für den Esel bezahlt!«

Der Gendarm übergab den Strick an den Besitzer, der den Esel davonführte. Dann wandte er sich an mich: »Ich schlage vor, wir gehen zur Auktion zurück und suchen nach dem Mann, der Ihnen angeblich den Esel verkauft hat.«

Wir ritten zurück, doch die Auktionshalle war bereits geschlossen.

»Was jetzt?« fragte ich den Gendarmen.

»Ich fürchte, Sie müssen ins Gefängnis, bis ich Ihre Geschichte überprüft habe.«

»Ins Gefängnis? Ich bin gerade um achthundertfünfzig Pesos betrogen worden! Warum soll ich ins Gefängnis?«

»Sie sind schließlich mit einem gestohlenen Esel aufgegriffen worden, Señor!«

Ich kämpfte gegen meine Wut und Angst an und fragte: »Aber was geschieht mit meinem anderen Esel?«

»Wir binden ihn im Innenhof an.«

Während wir das Polizeigebäude betraten, betrachtete ich den Gendarmen. Er war etwa so groß wie ich, vielleicht ein bißchen älter. Er führte mich zu seinem Vorgesetzten, der hinter einem Schreibtisch saß.

»Name?«

»Juan Gomez.«

»Vergehen?« Der Vorgesetzte sah mich überhaupt nicht an.

»Diebstahl eines Esels«, sagte der Gendarm.

»Beschäftigung?«

»Kellner.«

»Haben Sie Geld oder irgendwelche anderen Wertsachen bei sich?«

»Dreihundert Pesos, und draußen habe ich noch einen Esel.«

Ohne von seinen Papieren hochzublicken, streckte der Mann hinter dem Schreibtisch die Hand aus. »Geben Sie mir das Geld. Ich nehme es für Sie in Verwahrung.« Er nickte dem Gendarmen kurz zu. »Du kümmerst dich um den Esel.«

Der Gendarm führte mich zu einer dunklen, feuchten und überfüllten Zelle. Er schloß die Tür auf, schob mich hinein und sagte. »Wir kümmern uns morgen früh um Ihren Fall.«
Ich ließ mich auf einer Strohmatte nieder. Der Gestank in der Zelle drehte mir beinahe den Magen um. Ich hatte schon von Leuten gehört, die auf Nimmerwiedersehen im Polizeiapparat verschwanden. Wie lange konnten sie mich hier zu Unrecht festhalten?
Heiße Tränen liefen mir übers Gesicht. Es konnte ewig dauern. Das war nun bei meiner ganzen harten Arbeit herausgekommen!
Als der Morgen dämmerte, kam der Gendarm wieder.
»Gomez«, flüsterte er, »komm mal her!«
Ich trat an das Gitter.
»Ich sehe nicht viel Hoffnung für dich«, sagte er. »Wahrscheinlich wirst du entweder bei einem Fluchtversuch erschossen … Oder man schickt dich in die Strafkolonie!«
Beim Klang seiner tiefen, rauhen Stimme lief mir ein kalter Schauer über den Rücken. Falls er versuchte, mir Angst einzujagen, machte er seine Sache gut.
»Da ich es aber gut mit dir meine«, fuhr er fort, »biete ich dir an, dich freizulassen.«
Ich wollte zwar unbedingt hinaus, doch diesem Kerl traute ich nicht über den Weg. »Was wollen Sie?«
»Deine Lederjacke.«
Langsam zog ich die Jacke aus und hängte sie mir über den Arm. Sie sollte dort bleiben, bis ich den Ausgang sicher erreicht hatte.
Schlüssel rasselten, dann wurde die Zellentür geöffnet. Der Gendarm brachte mich zu einer geöffneten Pforte an der Seite des Gebäudes.

Während ich nach draußen floh, riß er mir unter brüllendem Gelächter die Lederjacke weg.
Zitternd versteckte ich mich hinter einem Baum und wartete. Offenbar folgte mir niemand. Ich schwang mich auf meinen Esel und ritt nach Hause.
Vielleicht hätte ich dankbar sein sollen: nur dreihundert Pesos und meine heißgeliebte Jacke im Tausch gegen meine Freiheit. Doch ich war außer mir vor Zorn. Ich hatte einen Haufen Geld eingebüßt, ohne daß ich irgend etwas verbrochen hatte!
Juanita sprang auf, als ich hereinkam. »Was ist passiert? Ich habe auf dich gewartet!«
»Ich kann jetzt nicht darüber reden«, erwiderte ich und stürmte in den Schlafraum. Ich zog frische Kleidung an, nahm meine letzten dreißig Pesos vom Regalbrett und machte mich auf den Weg zu Eloy Chavez, dem Leiter der Auktion.
»Können Sie sich noch an den Mann erinnern, der gestern abend spät kam und versuchte, sechs Esel für die Auktion zu melden?«
Eloy kratzte sich am Kopf.
»Groß und dünn«, sagte ich. »Er hatte einen buschigen Schnurrbart und eine Zigarre zwischen den Zähnen.«
»Ja, jetzt erinnere ich mich. Ich sagte ihm, daß er zu spät sei und am nächsten Tag noch mal wiederkommen solle.«
»Haben Sie sich zufällig Namen und Adresse aufgeschrieben?«
»Da wir ohnehin keine Geschäfte machen konnten, habe ich mich nicht darum gekümmert. Was soll die Fragerei?«
»Ich habe ihm einen Esel abgekauft – und es hat sich herausgestellt, daß der Esel gestohlen war.«
Eloy war entsetzt. »Das tut mir leid, Juan. So ein Problem haben wir bis jetzt noch nie gehabt.«

»Ich wollte Sie auch nur warnen, falls er sich hier wieder blikken läßt.«
»Danke für den Hinweis.« Eloy stand auf. »Ich hoffe nur, daß dieser Vorfall keinen Einfluß auf unsere gute Geschäftsbeziehung hat.«
Ich schleppte meinen müden Körper in ein Straßencafé, wo ich eine Tasse Kaffee bestellte und überlegte, was ich als nächstes tun sollte. Hector den verbliebenen Esel zu geben würde mir kein zusätzliches Bargeld einbringen, und ich brauchte sofort etwas.
In diesem Augenblick betraten zwei Gendarmen das Café. Mir blieb fast das Herz stehen. Sie kamen genau auf mich zu. Starr vor Angst versteckte ich mich hinter der Speisekarte und verharrte dort vollkommen unbeweglich. Sie setzten sich an den Nebentisch. Ich atmete erleichtert auf – sie waren bloß gekommen, um einen Kaffee zu trinken.
Ich verließ das Café, mietete mir ein Pferd und ritt nach Pachuca. Als der Vorarbeiter der Silbermine mich erblickte, kam er aus seinem Häuschen gelaufen.
»Ich dachte, ich schaue mal vorbei, ob Sie da sind«, sagte ich. »Ich habe Ihnen einen Esel mitgebracht!«
Er funkelte mich böse an. »Mit Dieben mache ich keine Geschäfte.«
»Was?« stieß ich hervor. Mein Gesicht brannte vor Scham. Ich wußte nicht, was ich erwidern sollte, denn seine Anschuldigung traf mich völlig unvorbereitet. »Dieser Esel ist nicht gestohlen«, sagte ich schließlich. »Ich versichere Ihnen ...«
»Verlaß dieses Gelände, bevor ich dich rausschmeißen lasse! Und laß dich hier bloß nicht wieder blicken!«
Ich starrte ihn fassungslos an. Wie hatte er bloß davon erfahren? Und warum schämte ich mich auch noch? Offensichtlich

war er nicht willens, mich anzuhören, daher ritt ich davon. Nachdem ich den Esel bei einem meiner anderen Kunden abgeliefert hatte, wäre ich am liebsten nach Hause zurückgekehrt. Doch ich mußte noch etwas erledigen.

Es war schon spät, als ich Hectors Villa erreichte. Beim Anblick seines gütigen Gesichts brach ich in Tränen aus. Hector schob mich in seine Bibliothek, wo ich in einen der Ledersessel sank. Miguel servierte uns heißen Kakao. Das warme Getränk half mir, mich wieder etwas zu beruhigen.

»Es ist schon spät«, stellte Hector fest. »Kannst du hier übernachten?«

»José übernimmt morgen meine Schicht.« Ich verkrampfte mich wieder. »Vielleicht sollte ich lieber nach Hause gehen.«

»Was ist los, Juan?«

»Der Tag gestern war eine Katastrophe! Ich bin so ein Idiot! Und wie Sie sehen, habe ich Ihnen auch keinen Esel mitgebracht. Aber ich werde Ihnen einen beschaffen, versprochen!«

»Wegen des Esels habe ich keine Bedenken«, meinte Hector. »Ich mache mir vielmehr Sorgen um dich!«

»Das ist mehr, als ich verdient habe. Ich habe Sie enttäuscht!«

»Juan, ich vertraue dir – und ich glaube nicht, daß du mein Vertrauen ausnutzt.«

»Vertrauen! Das hat mich überhaupt erst in diese fatale Situation gebracht. Ich habe jemandem vertraut, dem ich nicht hätte trauen dürfen.« Ich erzählte ihm die ganze Geschichte – wie begeistert ich darüber gewesen war, mit dem Esel ein so gutes Geschäft zu machen, nur um ihn ein paar Stunden später wieder an seinen rechtmäßigen Besitzer zu verlieren.

»Es tut mir leid, daß du eine so schmerzliche Lektion lernen mußtest. Es wäre schön, wenn man die Leute, die einem etwas bedeuten, vor solchen Erfahrungen schützen könnte.«

Wieder stiegen mir Tränen in die Augen. Hector gab mir sein Taschentuch und wartete. Schließlich sagte er: »Dein Fehler war doch gar nicht so verheerend. Was hast du im schlimmsten Falle verloren? Achthundertfünfzig Pesos?«
»Und den Esel, den ich Ihnen bringen wollte: einen ganz besonderen Esel für einen ganz besonderen Freund.«
»Aber du hast doch meine Freundschaft nicht verloren. Und dein Fehler wird dich lehren, dein Urteilsvermögen zu schärfen.«
»Ich hätte auf meinen Instinkt vertrauen sollen. Dieser Mann kam mir gleich so unheimlich vor.«
»Wahrscheinlich. Aber du darfst auch nicht jedem, den du triffst, sofort mißtrauen. Es gibt auf der Welt immer noch mehr ehrliche als unehrliche Menschen.«
»Der Mann machte auf mich einen verschlagenen und wenig vertrauenerweckenden Eindruck. Doch er hatte einen so schönen Esel!«
»Es heißt immer: ›Im Zweifel für den Angeklagten.‹ Vielleicht wußte er gar nicht, daß der Esel gestohlen war?«
Ich lachte, doch die Worte »Im Zweifel für den Angeklagten« schmerzten. Mir hatte man diesen Rechtsgrundsatz nicht zugestanden. Mir hatte man gleich unterstellt, daß ich schuldig war.
»Dort draußen hat dich jemand gelehrt, den Menschen nicht mehr zu trauen«, sagte Hector. »Es gibt Gelegenheiten, bei denen ein gesundes Mißtrauen angebracht ist, aber normalerweise fördert das Vertrauen, das man selbst den anderen Leuten entgegenbringt, deren Vertrauenswürdigkeit.«
Ich senkte den Kopf und sagte leise: »Es ist aber noch viel mehr passiert.«
»Ich höre.«

Wieder brannten mir die Tränen in den Augen, und diesmal konnte ich sie nicht zurückhalten. »Ich habe die Nacht im Gefängnis verbracht«, sagte ich schließlich. »Die Gendarmen haben mir mein Geld und meine schöne Lederjacke abgenommen und mich dann durch eine Seitentür fliehen lassen. Jetzt muß ich wieder ganz von vorn anfangen.«
»Wahrscheinlich erfährt niemand etwas davon.«
»Das habe ich auch zuerst gedacht, doch es hat sich schon herumgesprochen.« Ich erzählte ihm von dem Vorfall an der Silbermine. »Womöglich verliere ich meine Stelle. Meinen guten Ruf habe ich wahrscheinlich schon verloren.«
»Vielleicht hat dir jemand eine Falle gestellt?«
»Mir? Ich bin ein Niemand, ein armer Junge. Wieso sollte sich jemand die Mühe machen?«
»Juan, versteh mich richtig: Dein Erfolg verursacht zwangsläufig Neid. Sei dir dessen bewußt, doch laß nicht zu, daß Unmut und Haß dich von innen her auffressen.«
»Hector, ich habe Angst. Wenn die Gendarmen genauso betrügerisch sind wie der Mann mit der Zigarre, habe ich keine Chance.«
»Du hast nichts verbrochen.«
»Das weiß ich. Die Gendarmen glauben aber, daß ich das hätte, der Minenbesitzer denkt es – und wer weiß, wer es inzwischen noch alles glaubt.« Ich fuhr mir mit den Fingern durchs Haar. »Ich habe keine Ahnung, was ich jetzt machen soll.«
»Behalte weiterhin das Vertrauen in andere Menschen, und du wirst merken, daß auch sie versuchen werden, dir entgegenzukommen.«
Ich schnaubte verächtlich. »Das klingt zu schön, um wahr zu sein!«
»Es ist wahr – und wenn du das begreifst, dann wirst du mit

vielen neuen Gelegenheiten, mit wachsendem Glück und Erfolg belohnt.«
»Oder die anderen bekommen all meinen Besitz, und ich lande im Gefängnis!«
»Behalte immer gute Absichten im Herzen, oder Mißtrauen, Haß, Unzufriedenheit und Neid werden dich ruinieren – seelisch und finanziell.«
Einige Minuten lang schwiegen wir beide. Das knisternde Kaminfeuer verbreitete eine angenehme Wärme im Zimmer, und ich schloß die Augen.
Irgendwann stupste Hector mich an und meinte: »Komm mit.« Er führte mich durch das Wohnzimmer, eine breite Treppe hinauf und in ein blaues Schlafzimmer. Er zündete die Lampe auf dem Nachttisch an. »Du kannst heute nacht hier schlafen.«
Ich hatte noch nie in einem richtigen Bett geschlafen. »Hector ...«
»Pssst, wir reden morgen weiter.«
Ich sank auf das Bett nieder und fiel erschöpft in einen tiefen Schlaf.
Am nächsten Morgen weckte mich das Sonnenlicht, das durch das Fenster hereinflutete. Ich rollte mich auf den Rücken und verschränkte die Hände hinter dem Kopf. Das hier war das wahre Leben: ein geräumiges Zimmer, ein Bett, weiße Spitzengardinen, eine Patchwork-Decke und Gemälde an den Wänden! In dieser friedlichen Umgebung schien Mexiko City sehr weit entfernt zu sein. Meinen Mitmenschen zu trauen kam mir plötzlich ganz einfach vor. Vielleicht waren die Gendarmen und der Mann mit der Zigarre ja gar nicht so schlimm.
Vom Bett aus fiel mein Blick immer wieder auf die beiden Türen, die in die gegenüberliegende Wand eingelassen waren.

Schließlich gewann meine Neugier die Oberhand. Hinter der ersten Tür befand sich ein richtiger Einbauschrank – bei Juanita verstaute ich meine Sachen immer auf einem einfachen Regalbrett. Die zweite Tür führte zu einem voll eingerichteten Badezimmer. Ich rieb mir die Augen: eine Badewanne, ein Waschbecken, ja sogar eine Toilette.

Nachdem ich mein ganz privates Bad benutzt hatte, ging ich die Treppe hinunter und betrachtete dabei die Gemälde, die an der Wand hingen. Am Fuß der Treppe befand sich ein langer Korridor. Ich spähte in den Salon. Obwohl ich die echten Perserteppiche und die französischen Stilmöbel damals noch gar nicht einordnen konnte, war mir klar, daß sie sehr teuer sein mußten. Der Salon führte zu einem kleineren, weniger formell eingerichteten Wohnraum, der seinerseits in das repräsentative Speisezimmer überging. Ölgemälde und Aquarelle schmückten die Wände. Die meisten waren signiert, doch die Namen sagten mir nichts. Schließlich erreichte ich die Küche, wo Miguel schon den Tisch in dem verglasten Erker gedeckt hatte.

Mit einer Tasse Kaffee in der Hand lehnte ich mich gemütlich in meinen Stuhl zurück. Der Tag war kristallklar, und die zerklüfteten Bergspitzen zeichneten sich scharf vor einem wolkenlosen blauen Himmel ab.

»Guten Morgen«, begrüßte Hector mich. »Wie hast du geschlafen?«

»Wunderbar«, erwiderte ich und blickte ihn an. »Doch ich fühle mich immer noch nicht ganz wohl in meiner Haut.«

»Geh nicht so hart mit dir ins Gericht!« Hector setzte sich.

»Auf meinem Weg hierher habe ich jemandem einen Esel geliefert. Der hätte eigentlich rechtmäßig Ihnen zugestanden.«

»Warum hast du ihn mir dann nicht mitgebracht?«

»Um ehrlich zu sein … Ich brauchte das Geld. Ich habe Ihre

Freundschaft mißbraucht – und dennoch haben Sie mich so fürstlich empfangen.«

Hector trank seinen Kaffee aus und sagte: »Ich habe es mir zum Prinzip gemacht, niemals die Notlage eines anderen Menschen zu meinem Vorteil auszunutzen.«

»Dazu fällt mir auch etwas ein ...«

Hector erhob sich. »Laß uns ein Stück spazierengehen. Ich würde dir gern das Gelände zeigen.«

Wir schlenderten durch ein bewaldetes Landstück. »Eine Frage beschäftigt mich, Hector. Wie kann ich sichergehen, daß ich nicht eines Tages so ende wie Sie: reich, aber einsam?«

»Ich habe dem gesellschaftlichen Leben den Rücken gekehrt, weil es nicht in meine ehrgeizigen Pläne zu passen schien. Du wirst hoffentlich nicht den gleichen Fehler machen. Verfolge engagiert deine Ziele, doch lasse dich davon nicht aufzehren!«

»Im Augenblick arbeite ich nur noch. Ich kenne überhaupt niemanden in meinem Alter.«

»Setze Prioritäten bei den Dingen, die du im Leben unbedingt erreichen willst, zum Beispiel geschäftlichen Erfolg, Freundschaften und so weiter. Wenn du deinen vorrangigen Wunsch erfüllt hast, gehe zum nächsten über.«

»Ich hoffe, daß Sie recht haben, wenn Sie sagen, daß man das, was man sich am meisten wünscht, auch bekommen kann. Doch ich habe so viele Wünsche. Manchmal habe ich Angst, daß ich im Bemühen, sie alle zu erfüllen, in ein paar Jahren den Erschöpfungstod sterben werde!«

Hector lachte herzhaft. »Mein Junge«, sagte er, »du bringst soviel Freude in mein Leben.«

Ich lächelte. Ich fühlte mich Hector so nah, wie ich mich dem

eigenen Vater nie gefühlt hatte. Vater und ich hatten nie die Zeit, einfach nur spazierenzugehen und uns zu unterhalten.
Ein paar Minuten später sagte Hector: »Du wolltest mir vorhin noch etwas erzählen. Was war es?«
»O ja. Vor nicht allzu langer Zeit gab mir ein Mann den Auftrag, ihm einen Esel zu besorgen. Es schien ihm ziemlich eilig zu sein, daher habe ich ihn ganz oben auf meine Liste gesetzt. Als ich ihm den Esel brachte, hat er seine erste Rate bezahlt. Doch im folgenden Monat hat er mir mitgeteilt, daß er im Augenblick nicht zahlen könne; er flehte mich aber an, den Esel trotzdem nicht wieder mitzunehmen.«
»Wie hast du reagiert?«
»Ich ließ ihm den Esel, obwohl ich ihn hätte weiterverkaufen können.«
Hector nickte beifällig. »Du hast das einzig Richtige getan.«
»Ich mußte an diesen Mann denken, als Sie mir sagten, daß man nie die Notlage eines anderen zum eigenen Vorteil ausnutzen soll. Doch ich frage mich, ob er mich womöglich reingelegt hat.«
»Warum quälst du dich mit dieser Frage? Wenn du dein Herz von Mißtrauen regieren läßt, werden andere das spüren und keine Geschäfte mehr mit dir machen.«
»Manchmal bin ich voller Zorn darüber, daß ich meine Eltern verloren habe. Besonders schlimm ist es immer, wenn ich sehe, wie andere Familien zusammen arbeiten, spielen und essen.«
Hector klopfte mir auf die Schulter. »Und was ist mit deiner neuen Familie?«
»Juanita und die Jungen sind phantastisch. Doch sie verlassen sich ganz auf mich, und manchmal … Mit der ganzen anderen Verantwortung, die ich trage …«

»Ich verstehe«, meinte Hector. »Ich finde, daß du deine Sache ganz großartig machst.«
Ich schluckte verlegen. Hectors Bestätigung bedeutete mir sehr viel.
»Kannst du zum Frühstück bleiben?«
»Wenn ich Ihnen je diesen Esel besorgen soll, dann mache ich mich jetzt besser auf den Weg, um meine Raten einzusammeln. Vielen Dank für Ihre Gastfreundschaft.«
Kaum hatte ich den Stadtrand erreicht, brach der Himmel auf, und es begann zu schütten. Nachdem ich das Pferd in den Mietstall zurückgebracht hatte, lief ich zu Fuß nach Hause. Doch da es schon dunkel war, trat ich ab und zu versehentlich in eine Pfütze. Als ich Juanitas Haus erreichte, stank ich drei Meilen gegen den Wind nach dem fauligen Wasser.
Juanita und die Jungen hatten ihren Spaß an meinen bespritzten Hosenbeinen, bevor sie mir saubere Kleidung brachten. Im Haus wurde mir wieder einmal der Unterschied zu Hectors Villa bewußt. Juanitas Wohnraum, Eßecke und Küche waren zusammen kleiner als das Schlafzimmer, in dem ich bei Hector übernachtet hatte.
Ich ging in unseren gemeinsamen Schlafraum und stellte meine Satteltaschen ab. Juanita folgte mir. »Ich habe mir solche Sorgen gemacht. Ich habe gehört, was passiert ist«, flüsterte sie.
Meine gute Laune war wie weggeblasen. »O nein!« sagte ich. »Wissen die Jungen schon davon?«
Sie schüttelte den Kopf. »Nein, aber es wird ziemlich schwierig sein, es vor José geheimzuhalten.«
»Ich werde es ihm morgen selbst erzählen.«
Ich setzte ein vergnügtes Gesicht auf und gesellte mich zu den Jungen an die Feuerstelle. Paco legte mir die Arme um den Hals. »Ich habe dich heute auf dem Markt vermißt, Juan! Es

macht solchen Spaß, dir zuzusehen, wenn du mit den Leuten handelst.«

Ich nahm Paco auf den Schoß. »Ich werde dir beibringen, wie man das macht! Dann kannst du selbst handeln.«

Ich wandte mich José zu: »Wie ist es gelaufen?«

»Prima! Mir gefällt's im Restaurant wirklich gut.«

Juanita lächelte. »Er hat auch Talent dazu.«

Als ich zu Bett ging, hatten meine friedlichen Gefühle wieder die Oberhand gewonnen. Wenn ich mein Leben recht betrachtete, war es alles in allem gar nicht so übel. Ich hatte ein expandierendes Geschäft, ein paar zuverlässige Freunde und etwas Geld in der Tasche. Was wollte ich mehr?

IDEEN ENTWICKELN

Mein zufriedenes Gefühl hielt genau bis zu dem Moment an, in dem wir das Restaurant für die Frühstücksgäste öffneten. Obwohl »Pedro's« eigentlich ein teures Speiselokal war, herrschte morgens eine ungezwungene Atmosphäre, denn der Speiseraum wurde dann zum Treffpunkt für Bauern und Rancher.

An diesem Tag entdeckte ich unter den Gästen zahlreiche bekannte Gesichter – alles Leute, denen ich Esel verkauft hatte. Ich schnappte mir meinen Notizblock und steuerte den ersten Tisch an.

»Du warst gestern gar nicht hier, Junge«, rief ein alter Rancher. »Ich dachte schon, du sitzt womöglich immer noch im Kittchen!«

Das Blut schoß mir ins Gesicht. Ich zitterte, und meine Füße schienen am Boden festgeleimt.

»Den Service lob' ich mir!« sagte ein anderer hinter mir. »Meinen Nachbarn hast du bestohlen und mir dann den Esel verkauft!«

Ich wendete mich um und versuchte mich zu rechtfertigen: »Das ist nicht wahr ... Fragen Sie ...«

»Und auch noch zu einem so guten Preis«, fuhr wieder ein

anderer dazwischen. »Besser, wir halten uns an Trujillo. Vielleicht bezahlt man dort ein paar Pesos mehr, doch man muß wenigstens keine Angst haben, Diebesgut zu kaufen!«

Schließlich fand ich meine Stimme wieder. »Ich habe den Gendarmen meine Verkaufsurkunde gezeigt. Ich habe diesen Esel nicht gestohlen!«

Doch niemand hörte auf mich. Ich traute mich kaum, an den nächsten Tisch zu treten, denn alles, was mir entgegenschallte, war: »Streich meine Bestellung wieder!«, »Bemüh dich nicht, mir einen geklauten Esel zu liefern!« oder »Mit einem Dieb mache ich keine Geschäfte.«

An diesem Morgen lief ich mir die Füße wund. Zehn Leute bestellten ihre Esel wieder ab, und Trinkgeld erhielt ich auch keines.

Ehe ich die Tische für das Mittagessen eindeckte, zog ich mich in die Küche zurück. »Was für ein Morgen!« seufzte ich und rieb mir die Schläfen.

»Tut mir leid, Kleiner«, sagte Juanita, während sie mir eine Tasse Kaffee eingoß. »Ich sage es dir nur ungern, aber Pedro will dich sprechen.«

Ich vergrub das Gesicht in den Händen und kämpfte mit den Tränen. Vor nur zwei Tagen war ich noch obenauf gewesen, nun schien ich vom Pech verfolgt zu sein. Ich suchte Pedro in seinem Büro auf. »Wollen Sie mich rauswerfen?« fragte ich vom Türrahmen aus.

Er betrachtete mich skeptisch. »Vielleicht solltest du dir einige Zeit frei nehmen.«

»Nein ... bitte ...«, stieß ich hervor und trat in sein Büro. »Die ganze Situation ist mir schon peinlich genug. Wenn ich jetzt auch noch klein beigebe und davonlaufe, sieht das wie ein Schuldgeständnis aus.«

»Ich dachte auch nur so lange, bis sich die Wogen wieder geglättet haben; aber du hast wahrscheinlich recht. Was ist denn überhaupt passiert?«

Als ich ihm erzählt hatte, was vorgefallen war, meinte ich: »Dieser Gendarm hat mir die Freiheit im Tausch gegen meine Lederjacke wiedergegeben.«

»Das verstehe ich nicht ganz. Wer hat denn dann die Geschichte verbreitet?«

»Keine Ahnung.« Ich zögerte. »Haben Sie schon mal von einem Mann namens Trujillo gehört?«

»Trujillo ist ein ziemlich gebräuchlicher Name.«

»Er ist vermutlich im Eselhandel tätig.«

»Das könnte Art Trujillo sein.«

»Kennen Sie ihn?«

Pedro lehnte sich in seinen Sessel zurück. »Hab' den Mann nie persönlich kennengelernt. Er ist allerdings ziemlich bekannt – hat seine Finger überall drin. Warum fragst du?«

»Etliche Leute haben schon erwähnt, daß meine Esel billiger seien als seine.«

»Möglich, daß Trujillo etwas mit dem Gerücht zu tun hat ... Andererseits – ein Mann, der soviel Geld hat wie Trujillo ...?« Pedro schüttelte den Kopf.

»Wahrscheinlich haben Sie recht«, sagte ich. Trujillo schien mir zu wichtig, als daß er sich um einen armen Jungen wie mich scheren könnte.

»Sieh es doch mal so«, meinte Pedro. »Vielleicht hat dir das Schicksal einen Wink gegeben, aus dem Geschäft mit den Eseln auszusteigen.«

»Aber ich habe doch soviel Spaß daran!«

»Ich mache mir ohnehin Sorgen, wenn du dich nachts allein auf der Straße herumtreibst.«

»Wenn die *bandidos* mich nicht überfallen, dann schnappen mich bestimmt die Gendarmen!«
Pedro schlug mit der Faust auf den Tisch. »Das ist überhaupt nicht witzig, Juan! Ich will dich nicht verlieren!«
»Tut mir leid, Pedro. Ich fühle mich bloß so in die Enge getrieben.«
»Du hast doch immer noch deine Arbeit im Restaurant. Du könntest die Buchhaltung erlernen, bis sich die Lage wieder beruhigt hat.«
»Nein. Wenn ich bleibe, dann will ich auch weiter kellnern. Ich bin unschuldig. Ich werde schon mit den Leuten fertig!«
»Und der Eselhandel?«
»Ich kann jetzt unmöglich aussteigen. Ich habe noch Bestellungen offen … Aber ich werde mal drüber nachdenken.« Dann stand ich auf. »Jetzt gehe ich am besten wieder in die Höhle des Löwen zurück!«
»Juan, ich habe Fidel ausrichten lassen, daß er etwas eher kommen soll. Ich möchte, daß du einige Sachen für mich vom Markt abholst und dann nach Hause gehst.«
»Danke, Pedro«, sagte ich und nahm die Liste entgegen. »Bis morgen früh dann, in alter Frische.«
An diesem Abend brachte Juanita ihre Spezialität aus dem Restaurant mit: *guajolote* mit *molé*-Soße. »Wie war deine Unterredung mit Pedro?« erkundigte sie sich, während sie mir einen gefüllten Teller reichte.
»Ich habe meine Arbeit zum Glück noch!«
»Wieso bist du dann so niedergeschlagen? Wenn es das Geld ist – ich habe ein paar hundert Pesos gespart.«
»Danke, Juanita.« Ihr gutgemeintes Angebot trieb mir die Tränen in die Augen. »Aber es ist nicht das Geld.«
»Was dann?«

»Alle denken, daß ich ein Dieb bin.« Ich zögerte. »Danke für das leckere Essen, aber ich habe gar keinen Hunger.«
Ich verließ das Haus und lief unruhig durch die Straßen. Ich fragte mich, ob Pedro nicht doch recht hatte. Vielleicht war es an der Zeit, mit dem Eselhandel aufzuhören. Ob ich nun im Geschäft blieb oder nicht: auf jeden Fall mußte ich meinen beschädigten Ruf wiederherstellen. Ich wußte bloß nicht, wie. Als ich in der kühlen Nachtluft zu frieren begann, kehrte ich schließlich nach Hause zurück und legte mich schlafen.
Am nächsten Morgen verlor ich weitere zehn Aufträge. Die Bauern schienen sich zu sagen: »Wir zeigen es dem Kellner mal so richtig, solange er ganz unten ist und ehe er womöglich erfolgreicher ist als wir.« Hector hatte mir geraten, mich vor Neid in acht zu nehmen, doch ich hatte geglaubt, daß er damit meine eigenen Neidgefühle meinte und nicht die der anderen.
Am Samstag ging ich wieder zum Auktionsgelände. Ehe ich mir die Tiere anschaute, stattete ich dem Auktionsleiter einen Besuch ab.
»Wie läuft's, Junge?« meinte Eloy und klopfte mir auf die Schulter. »Willst du neue Esel kaufen?«
»Ich habe nur eine Bestellung.«
»Wie kommt's? Laufen die Geschäfte schlecht?«
»Erinnern Sie sich noch an den Kerl mit dem gestohlenen Esel?«
Eloy kratzte sich am Kopf. »Hab' ihn seitdem nicht mehr gesehen.«
»Nun, die Geschichte hat sich rumgesprochen. Die Bauern haben ihre Bestellungen wieder rückgängig gemacht. Sie glauben, daß ich gestohlene Esel verkauft habe.«
»Das ist doch lächerlich!«

Ich nickte traurig. »Es sieht so aus, als ob ich heute abend meinen letzten Esel kaufe.«
»Das tut mir leid, Juan. Kann ich irgend was tun, um dir zu helfen?«
Ich schnaubte. »Sie könnten den Bauern sagen, daß ich unschuldig bin.«
»Wie das? Soll ich mich als Marktschreier betätigen?«
»Das vielleicht nicht. Aber Sie könnten mit der Geschichte an die Zeitung herantreten«, sagte ich, halb im Scherz.
Eloy lächelte. »Vielleicht werde ich genau das tun!«
»Wahrscheinlich haben sie gar kein Interesse an der Geschichte. Irgend jemand hat dieses häßliche Gerücht über mich verbreitet. Es hat nie eine offizielle Anklage gegeben. Trotzdem vielen Dank, Eloy«, sagte ich und ging mir die Tiere anschauen.
Einen Auftrag mußte ich noch erledigen – den von Hector, und mein Geld reichte gerade eben dazu. Kaum hatte ich mich an der Versteigerung beteiligt, begann jemand, gegen mich zu bieten. Da ich inzwischen im Eselhandel erledigt war, schien mein ursprünglicher Verdacht um so lächerlicher. Die Leute wußten wahrscheinlich nur, daß ich ein Auge für Esel besaß. Sobald ich Interesse an einem Esel zeigte, schlossen sie, daß es sich um ein gutes Tier handeln mußte. Dennoch gelang es mir, einen schönen Esel für vierhundert Pesos zu bekommen.
Am nächsten Tag lieferte ich den Esel bei Miguel ab, da Hector sich auf einer Geschäftsreise befand. Ich war froh, daß ich diese Schuld endlich beglichen hatte. Trotzdem fühlte ich mich auf dem Rückweg niedergeschlagen, denn mir wurde klar, daß ich wieder genau da stand, wo ich angefangen hatte: Meinen ersten Esel hatte ich verkauft, kurz nachdem ich Hector kennengelernt hatte, und nun hatte ich ihm meinen letzten gebracht.

Während der nächsten Woche kümmerte ich mich ausschließlich um das Restaurant. Die Leute starrten noch immer hinter mir her und flüsterten, doch Pedros wortlose Unterstützung gab mir Mut.

Am folgenden Sonntag arbeitete ich ebenfalls, da einer der Kellner ausgefallen war. Kurz vor meiner Pause kam Juanita mit einem zufriedenen Lächeln auf dem Gesicht in die Küche getanzt.

»Was machst du denn hier?« fragte ich sie.

Sie umarmte mich stürmisch. »Ich freue mich so für dich!«

»Warum?« meinte ich verständnislos.

»Hast du denn die Morgenzeitung nicht gesehen?«

»Nee«, erwiderte ich und belud mein Tablett. »Bin gleich wieder da.« Ein paar Minuten später kam ich zurück.

»Hier, lies das«, forderte sie mich auf.

Auf Seite neun stand es – das Interview mit Eloy Chavez. Er berichtete, wie ich jeden Samstag auf der Auktion Esel gekauft hatte. Die fragliche Nacht betreffend bestätigte er meine Version der Geschichte.

Ich sah Juanita an. »Glaubst du, daß ich wieder ins Geschäft komme?«

»Es würde mich nicht wundern. Der Artikel sollte eigentlich einige dieser Großmäuler zum Schweigen bringen.«

Nach dem Erscheinen des Artikels ging ich bei meiner Arbeit wieder ein Stück aufrechter, trotzdem gewann ich keine der Bestellungen zurück. Pedro begann mich in die Geheimnisse der Buchhaltung einzuweihen.

Obwohl ich gut beschäftigt war, schien etwas Wichtiges in meinem Leben zu fehlen. Als dieses Gefühl der Unzufriedenheit immer weiter an mir nagte, beschloß ich, etwas dagegen zu unternehmen: Ich ging wieder zur Auktion.

Es war, als käme ich nach einer längeren Reise wieder nach Hause zurück. Hier gehörte ich hin. Je lebhafter die Gebote wurden, desto entschlossener wurde ich.

Es war höchste Zeit für eine Veränderung. Wenn ich reich werden wollte, dann mußte ich mich stärker bemühen. Ich durfte nicht länger den sicheren Weg wählen, auch wenn Pedro es von mir erwartete.

Am nächsten Morgen sprach ich mit Pedro.

»Was führt dich am Sonntag morgen zu mir?« erkundigte er sich.

»Tut mir leid, Pedro«, platzte ich heraus. »Ich kann das nicht mehr.«

»Ist dir der Restaurantbetrieb nicht mehr aufregend genug?« fragte er, als wir in seinem Büro Platz genommen hatten. »Ich kann dir mehr zu tun geben.«

»Pedro ... Es hat keinen Zweck. Ich muß mir etwas eigenes aufbauen!«

»Dann willst du kündigen?«

Kündigen? Der Gedanke war mir überhaupt nicht gekommen.

»Ich möchte bloß die Sonntage und Montage frei haben.«

»Das ist aber keine gute Entscheidung.«

»Vielleicht – aber ich muß es versuchen.«

An den folgenden Wochenenden besuchte ich meine ehemaligen Kunden. Ich hoffte, es würde leichter sein, sie von meiner Unschuld zu überzeugen, wenn ich mit jedem einzelnen sprach. Das war es leider nicht.

Obwohl viele der Bauern sich teilnahmsvoll zeigten, bestellte niemand einen Esel. Einige sagten, sie wollten lieber noch bis zum nächsten Jahr warten, andere behaupteten, sie hätten schon woanders einen Esel gekauft, und einige wenige befahlen mir sogar, ihr Grundstück zu verlassen.

Da hielt ich meine Bemühungen für fehlgeschlagen und gab auf. Ich hatte alles getan, was in meiner Macht stand – nun lag die Entscheidung bei meinen Kunden. Ich konnte es mir nicht leisten, weiterhin meine Zeit zu verschwenden.

Am nächsten Wochenende mietete ich mir ein Pferd und ritt nach Süden, in Richtung Cuernavaca. Es war ein wunderschöner Herbsttag, die Blätter nahmen gerade einen goldenen Farbton an. Ich durchquerte das Vorgebirge und ritt den Paß hinauf, der über Tres Cumbres führt, während ich die frische, klare Waldluft einatmete.

Bei den drei Bergspitzen, die dem Ort den Namen gaben, hielt ich an, um den herrlichen Panoramablick zu genießen. Meine Sorgen waren plötzlich wie weggeblasen, und mein Optimismus kehrte zurück. Ich würde mein Geschäft schon wieder aufbauen!

Kurz vor Cuernavaca wandte ich mich nach Osten und ritt in ein fruchtbares Tal hinunter, in dem Reis, Zuckerrohr und tropische Früchte angebaut wurden. Sonntag nacht verbrachte ich in Cuautla. Im Laufe dieser zwei Tage besuchte ich etwa dreißig Bauernhöfe, konnte aber nur eine Bestellung gewinnen.

Einer der Bauern meinte zu mir: »Wir Kleinbauern sterben allmählich aus! Durch die neuen Plantagen gilt inzwischen der Grundsatz: ›Je größer, desto besser und billiger.‹ «

Wieder mußte ich an Hernandez denken und fragte mich, wie reich er inzwischen wohl war. Die Konzentration des Grundbesitzes konnte sich allerdings auch zu meinem Vorteil auswirken, denn unter Umständen brachte mir ein Gespräch mit einem Großgrundbesitzer mehr Bestellungen ein als zwanzig Besuche bei den Kleinbauern. »Señor«, sagte ich. »Ich würde gerne mit Ihnen ins Geschäft kommen, aber ich verlange eine Anzahlung von einhundert Pesos.«

Er zögerte.
»Einige meiner Kunden zahlen zwar nichts an … Doch Sie kämen damit ganz oben auf meine Liste.«
Ich fühlte mich bei dieser Notlüge etwas unwohl, da er momentan mein einziger Kunde war, doch ich brauchte das Geld dringend, um meine zusätzlichen Kosten zu bestreiten. Schließlich versuchte ich einen Neubeginn in einer Gegend, die weit von der Stadt entfernt lag.
Während der nächsten drei Monate verbrachte ich die meisten Sonntage und einige Montage damit, meine Beziehungen zu den Bauern in der Gegend von Cuernavaca aufzubauen. Ich erhielt lediglich eine weitere Bestellung.
Ich versuchte mich damit zu trösten, daß es auch beim letzten Mal sechs Monate gedauert hatte, bis ich erste Erfolge verzeichnen konnte, doch innerlich ärgerte ich mich schwarz darüber, daß ich wieder von vorn anfangen mußte. Ohne den Zwischenfall mit dem gestohlenen Esel hätte ich mittlerweile sicherlich längst ein florierendes Geschäft!
Während ich über Land ritt, badete ich manchmal so tief in meinem eigenen Unglück, daß ich an gar nichts anderes mehr denken konnte. Diese Stimmung übertrug sich auch auf meine Arbeit im Restaurant, wo ich dann auf irgendeinen Bauern losging, der es immer noch für notwendig hielt, mich zu verspotten.
An einem Dienstagmorgen, nach einem weiteren Wochenende ohne Bestellungen, johlte ein Rancher durch den Speisesaal: »Ich habe gehört, du bist aus dem Eselgeschäft ausgestiegen! Findest wohl niemanden mehr zum Bestehlen, was?«
Ich preßte die Zähne zusammen. Wie der Blitz schoß ich zu seinem Tisch, zog ihn am Kragen hoch und schrie: »Ich habe diesen Esel nicht gestohlen!«

Plötzlich packte mich jemand mit festem Griff am Unterarm. »Ich glaube, du vergißt dich, mein Sohn!« Pedros Augen blickten mich ruhig und streng an. »Geh und fülle die Kaffeekanne auf!«
Auf dem Weg zur Küche hörte ich noch, daß ein anderer Mann namens Salas, der mich auch schon des öfteren verspottet hatte, rief: »Wieso lassen Sie den kleinen Dieb noch weiter hier arbeiten?«
»Spielen Sie sich nicht so auf«, sagte Pedro gelassen. »Sie glauben doch gar nicht wirklich, daß er etwas verbrochen hat.«
»Sie haben sich vom Charme des Eselmanns einwickeln lassen!«
Ich verschwand durch die Pendeltür und lauschte von draußen.
»Meinen Sie Juan?« fragte Pedro.
»Keine Ahnung, wie er heißt. Wir nennen ihn immer nur den Eselmann.«
»Juan arbeitet seit über einem Jahr bei mir, und wenn Sie sich die Zeit nehmen würden, ihn so genau kennenzulernen, wie ich ihn kenne, dann würden Sie ebenfalls an seine Unschuld glauben!«
Ich mußte grinsen. Salas hatte es die Sprache verschlagen. Und im vollbesetzten Speisesaal herrschte ebenfalls Totenstille.
Einen Moment später stieß Pedro schwungvoll die Pendeltür auf und rannte mich dabei fast über den Haufen. »Danke«, sagte ich.
»Ich habe nur gesagt, was ich denke! Jetzt geh wieder in den Speisesaal, die Gäste wollen bedient werden.«
Von diesem Tag an verstummte der Spott. Möglicherweise hatten Salas und die anderen sich nur in Anwesenheit des Großmauls stark genug gefühlt, um sich über mich lustig zu machen. Das Großmaul ließ sich nicht mehr blicken, und die anderen Männer behandelten mich respektvoll. Der Name Eselmann blieb allerdings an mir hängen, obwohl ich mir nicht erklären

konnte, weshalb. Zu diesem Zeitpunkt war ich alles andere als ein Eselmann.

Einige Wochen später kam Señor Salas allein ins Restaurant und setzte sich an einen der Tische. Mit dem Notizblock in der Hand trat ich zu ihm. »Sie sind spät heute morgen«, sagte ich und versuchte, den Kloß in meinem Hals zu ignorieren. »Ihre Freunde sind schon wieder auf und davon.«

»Ich weiß«, sagte er. »Bring mir bitte das Übliche, Eselmann!«

»Kann sein, daß das Gebäck schon ausgegangen ist, aber ich werde nachsehen.« Ohne seine Kumpel kam Salas mir beinahe schüchtern vor. »Sie haben Glück«, sagte ich, während ich Kaffee und ein Stück Kuchen vor ihn hinstellte. »Das hier war das letzte.«

»Können wir uns unterhalten?«

»Ich hätte einen Augenblick Zeit.«

Salas schaute sich unsicher um, dann beugte er sich zu mir. »Ich möchte noch einen Esel bei dir bestellen!« sagte er.

»Tatsächlich?« Ich konnte meine Überraschung kaum verbergen. »Wie kommt denn das?«

»Der Esel, den du mir verkauft hast, ist mein bester.«

»Häßlich sei er, haben Sie mal gesagt!«

Salas lachte. »Besorge mir noch mal genau so einen! Hier ist meine Anzahlung.« Er legte fünfhundert Pesos auf den Tisch.

»Am Sonntag haben Sie ihn«, sagte ich. Äußerlich beherrscht ging ich in die Küche, doch mein Herz raste. Was hatte das zu bedeuten? Würde er mit den anderen Bauern sprechen, wenn ich ihm einen guten Esel beschaffte? Vielleicht konnte ich ja auf diese Weise ein paar meiner alten Kunden zurückgewinnen.

Als ich am Samstagabend zur Auktion ging, rechnete ich schon damit, daß wieder irgend etwas schieflaufen würde. Doch alles ging gut. Niemand bot gegen mich, und ich erhielt problemlos den Zuschlag für zwei Esel zu dreihundertfünfundsiebzig und dreihundertfünfzig Pesos.

Als ich Salas den Esel brachte, sagte er augenzwinkernd: »Dieser ist auch häßlich!«

Ich lachte. »Wenigstens können Sie sicher sein, daß er niemand anderem gehört!«

»Diese Woche ist mir etwas dazwischengekommen. Kann ich dir noch mal hundert geben und den Rest in Raten abzahlen?«

Obwohl ich eigentlich keinen Grund hatte, ihm entgegenzukommen, erwiderte ich: »Sicher. Bringen Sie mir die Raten ins Restaurant.« Froh darüber, daß Salas meinem Vorschlag nicht widersprach, fuhr ich fort: »Ich bin neugierig, Señor. Wieso dieser plötzliche Sinneswandel?«

»Aus verschiedenen Gründen.« Er strich sich über das Kinn. »Das Interview in der Zeitung; weil Pedro dich weiterbeschäftigt hat.«

»Trotzdem haben Sie sich an den Schikanen gegen mich beteiligt.«

»Ich weiß, und es tut mir leid. Ich schätze, ich war wütend und habe es an dir ausgelassen.«

»Wütend? Worüber denn?«

»Vielleicht ist es nur ein Zufall, aber als du nicht mehr zu den Auktionen kamst, sind die Preise für Esel in den Himmel geschossen. Ich brauchte dringend einen, konnte es mir aber nicht leisten.«

»Deshalb haben Sie also beschlossen, wieder Geschäfte mit mir zu machen, obwohl Sie mich für einen Dieb hielten?«

»Nein. Weil du den Mumm hattest, dich gegen die ganzen öffentlichen Demütigungen zu wehren – nun, da dachte ich, daß du vielleicht eine zweite Chance verdient hättest.«
»Ich bin Ihnen dankbar«, sagte ich. »Ich versichere Ihnen, daß dieses Tier genauso gut ist wie das letzte, das Sie von mir bekommen haben. Sollten Sie aus irgendeinem Grund unzufrieden damit sein ...«
»Rechtschaffenheit ...«, meinte er und nickte. »Das ist auch einer der Gründe. Ein unehrlicher Mensch hätte die Gelegenheit benutzt, um mich zu betrügen.«
Überglücklich verließ ich Salas. Vielleicht würde er mit den anderen sprechen. Pedro würde sich vermutlich nie vergeben, wenn er wüßte, daß sein beherztes Eintreten für mich dazu geführt hatte, daß ich nun wieder im Geschäft war. Ich lächelte. Pedro sorgte sich um mich. Das wußte ich zu schätzen.

Meine nächste Anlaufstelle lag in der Nähe von Cuernavaca. Señor Baca kam aus seinem Haus gelaufen und rang die Hände. »Ich wußte nicht, wie ich dich erreichen sollte«, sagte er zur Begrüßung.
»Was ist denn los?«
»Ich kann den Esel nicht nehmen.«
»Aber warum denn nicht?« sagte ich, enttäuscht darüber, daß ich eine so lange Reise für nichts und wieder nichts gemacht hatte.
Baca stieß einen tiefen Seufzer aus. »Weil ich ihn nicht bezahlen kann.«
Was sollte ich mit einem Esel, den ich nicht gebrauchen konnte? »Wir können andere Zahlungsbedingungen vereinbaren.«
»Nein – ich kann ihn wirklich nicht nehmen. Bitte frag mich nicht weiter!«

Müde und enttäuscht trat ich den Heimweg an. Es war ein schöner, sonniger Nachmittag. Nach einigen Stunden machte ich eine kleine Pause unter einem Baum und schlief beinahe augenblicklich ein.

Wenig später sprach mich ein fliegender Händler namens Manuel an. »Was für ein schönes Tier!« meinte er, während er den Hals des Esels tätschelte.

Ich öffnete ein Auge und musterte den ungepflegten Mann. »Würden Sie den Esel gern kaufen?« fragte ich halb im Scherz.

»Würde ich gern, aber ich habe kein Geld.« Er deutete auf eine Decke, die ausgebreitet unter einem großen Baum lag, und fuhr fort: »Da drüben habe ich allerdings sehr schönen handgearbeiteten Schmuck. Vielleicht können wir ja ins Geschäft kommen.«

Ich wollte dem Mann gerade entgegnen, daß ich kein Interesse an seinem Schmuck hatte, als mir wieder Hectors Worte einfielen: »Gelegenheiten bieten sich überall.« Ich setzte mich auf. »Kann ja nichts schaden, wenn ich mal schaue!«

Im Schatten des Baumes kniete ich mich hin und betrachtete Manuels Waren. Ein Armreif sprang mir besonders ins Auge. Ich nahm ihn in die Hand und untersuchte ihn genauer. Es handelte sich um ein sehr schön gearbeitetes Stück aus Silber, in das Türkise und Perlen eingelassen waren. Ich hatte mir aus Schmuck eigentlich nie viel gemacht, doch nachdem ich den Armreif anprobiert hatte, wollte ich ihn am liebsten nicht mehr ablegen. »Was soll er kosten?« erkundigte ich mich.

»Für dieses gute Stück würde ich normalerweise dreihundert Pesos verlangen.«

»Señor«, meinte ich, »meinen Esel kann ich locker für tausend Pesos verkaufen – und das in bar!«

»Von dem anderen Schmuck gefällt Ihnen nichts?«

Ich schaute mir die Waren auf der Decke noch einmal an. »Eigentlich nicht.«
Manuel verzog die Lippen. »Wie wär's damit: Der Armreif und fünfhundert Pesos sofort, den Rest zahle ich Ihnen in zwei Wochen?«
»Woher weiß ich, daß Sie das Geld dann haben?« Selbst wenn ich den Händler nie wieder traf, würde ich immer noch einen Gewinn machen.
Das Gesicht des alten Mannes verzog sich zu einem durchtriebenen Grinsen: »Mein Herr, wir haben Ostern! Mein Geschäft läuft auf Hochtouren!«
Nun mußte ich ebenfalls grinsen, denn zweifellos war der Alte ein Spinner. Doch das machte gar nichts; Hauptsache, ich war den Esel los. Daher nahm ich den Armreif und die fünfhundert Pesos, ging zu meinem Pferd zurück und holte meine Feldflasche und ein paar Tortillas aus den Satteltaschen. Ich ließ mich wieder unter meinem Baum nieder und beobachtete Manuel dabei, wie er weiter auf Kundenfang ging. Vielleicht hatte ich ihn unterschätzt. Bis ich weiterritt, hatte er schon drei Leuten Schmuckstücke verkauft.
Ich trug meinen Armreif ständig und überall. Einige Tage später plauderte ich gerade mit Juanita in der Küche, als Pedro hereinkam. »Ein Amerikaner im Speiseraum will dich sprechen.«
Während ich Pedro an einen unserer besten Tische folgte, fragte ich mich, was der Ausländer wohl von mir wollte. Leute, die sich nach mir erkundigten, wollten für gewöhnlich Esel bestellen – früher jedenfalls. Dieser Mann sah allerdings kaum so aus, als ob er einen Esel suchte.
Pedro stellte mich ihm vor. Er hieß Señor Taylor, trug ein weißes Seidenhemd, weiße Hosen und sehr viel Schmuck.

Taylor blieb auf seinem Stuhl sitzen. Er war groß und dünn, hatte lockiges blondes Haar, blaue Augen und trug ein dürres Bärtchen. Kaum war ich an seinen Tisch getreten, griff er mit seinen langen knochigen Fingern nach meinem Handgelenk.
»Wo hast du diesen Armreif her?«
Ich mußte sofort daran denken, wie mir der Gendarm befohlen hatte, meinen Esel zurückzugeben. Ich zog meine Hand weg. »Señor«, sagte ich, »diesen Armreif habe ich von einem fliegenden Händler gekauft.«
»Immer mit der Ruhe, Söhnchen!« sagte der Texaner in seinem breiten, schleppenden Akzent. »Ich habe dir gar nichts unterstellen wollen. Der Armreif ist mir bloß aufgefallen.«
»Tut mir leid«, erwiderte ich und atmete wieder etwas ruhiger. »Auch mir gefällt er sehr gut. Er ist unverkäuflich.«
»Du verstehst mich nicht … Ich will vielleicht einige davon kaufen. Darf ich ihn mir mal näher ansehen?«
»Einige?« sagte ich, während ich ihm vorsichtig den Armreif gab. »Ich kann mich nicht erinnern, daß es noch mehr von der Sorte gab.«
Taylor untersuchte das Schmuckstück eingehend. Schließlich fragte er: »Wo kann ich diesen fliegenden Händler finden?«
»Señor«, fragte ich zurück, »leben Sie hier in der Gegend?«
»Ich komme ziemlich regelmäßig hier runter. Warum?«
Ich zog mir einen Stuhl heran und setzte mich. »Nun, ich denke, dieser Armreif ist wirklich einzigartig. Leider ist der Händler aber ziemlich schwierig. Vielleicht sollte ich an Ihrer Stelle mit ihm verhandeln.«
»Das ist doch wohl nicht dein Ernst«, meinte der Texaner. »Ich kann von jedem in dieser Stadt kaufen, wenn ich will – und habe das seit Jahren getan. Wozu sollte ich dich brauchen?«
»Zuerst einmal lebt Manuel nicht in der Stadt«, entgegnete

ich. »Zweitens ist dieser Armreif zwar von guter Qualität, aber Sie können nicht sicher sein, ob die anderen Stücke, die er produziert, genauso aussehen werden.«
Der Texaner lehnte sich in seinen Stuhl zurück. »Wohl wahr«, räumte er ein. »Ich habe in der Vergangenheit schon etliche Geschäfte abgeschlossen und dann, als ich den Schmuck abholen wollte, leider feststellen müssen, daß entweder nicht genug Teile hergestellt worden waren oder daß sie schlampig gefertigt waren.«
»Wenn Sie mich engagieren«, sagte ich, »garantiere ich Ihnen Qualität und eine rechtzeitige Lieferung.«
»Und wenn mir das Produkt nicht gefällt?«
»Dann bezahlen Sie auch nichts.«
Der Texaner untersuchte den Armreif eine Ewigkeit lang, wie es schien. Dann bedachte er mich mit einem dünnen Lächeln. »Kannst du mir in zwei Wochen hundert Stück liefern?«
»Selbstverständlich«, erwiderte ich, während ich mich fragte, ob ich überhaupt den fliegenden Händler je wiederfinden würde, und im Kopf schnell ein paar Zahlen überschlug. Manuel hatte gesagt, der Armreif sei dreihundert Pesos wert. Doch nach meiner Erfahrung mit den Eseln zu urteilen … »Es wird Sie sechshundert pro Stück kosten«, sagte ich.
Der Texaner biß sich auf die Lippe. »Vierhundert«, sagte er.
»Fünfhundert«, entgegnete ich. »Mein letztes Angebot.«
»Abgemacht«, meinte er und schlug ein.
»Señor, ich werde eine Anzahlung brauchen«, erklärte ich.
Taylor zog seine Hand wieder weg. »Wofür denn das?«
»Der fliegende Händler ist arm. Er wird Geld brauchen, um das nötige Material zu kaufen.«
»Du bist aber ein ganz schön harter Verhandlungspartner, Junge!«

Taylor zog ein dickes Bündel Scheine aus der Tasche und zählte fünftausend Pesos ab. Ich starrte ihn ungläubig an. Er hatte mir gerade den Gegenwert von fünf Eseln ausgezahlt. »Am besten mache ich mich gleich auf den Weg, um mit dem Händler zu sprechen.«

Ich lief schnell zu Pedro, um ihm mitzuteilen, daß ich dringend weg mußte. »Wir haben aber heute sehr viele Gäste«, sagte er. »Ich brauche dich hier!«

Mein Herz sank. Ich wollte so schnell wie möglich den alten Händler wiederfinden.

»Warum siehst du denn so betrübt aus?« fragte Juanita, als ich ihr eine Bestellung brachte.

»Ich habe gerade eine einmalige Gelegenheit bekommen, gutes Geld zu verdienen, aber Pedro will mich nicht gehen lassen!«

»In ein paar Minuten müßte José kommen«, sagte Juanita.

Kaum war José aufgetaucht, bedrängte ich ihn: »Kannst du jetzt gleich für mich einspringen?«

»Ich bin gerade auf dem Weg ins Badehaus!«

»Wie schnell kannst du wieder hier sein?«

Wahrscheinlich stand mir die Verzweiflung ins Gesicht geschrieben, denn er versprach, sich zu beeilen.

Unruhig schaute ich alle paar Minuten auf die Uhr. Ich war ganz nervös. Wenn ich Manuel nun nicht finden konnte? Ich wollte mir diese Gelegenheit, viel Geld zu verdienen, auf keinen Fall entgehen lassen.

Eine Stunde später kehrte José aus dem Badehaus zurück, und ich schoß davon. Nachdem ich mir ein Pferd gemietet hatte, galoppierte ich mit halsbrecherischer Geschwindigkeit in Richtung Süden. Als ich den Abschnitt des Weges erreichte, an dem ich Manuel begegnet war, verlangsamte ich mein Tempo.

Da die Straße völlig ausgestorben schien, ritt ich suchend ein Stück auf und ab.
Schließlich setzte ich mich unter einen Baum, um zu warten, und schlief ein. Einige Zeit später wurde ich durch die Stimmen zweier feilschender Männer geweckt. Ich rieb mir die Augen. Einer von ihnen war tatsächlich Manuel.
Nachdem der Händler sein Geschäft abgeschlossen hatte, eilte ich zu ihm.
»Manuel, Manuel!« rief ich. »Ich habe wunderbare Neuigkeiten für Sie! Ich möchte einhundert Armreifen bestellen, genauso wie der, den ich habe. Sie sollen in zwei Wochen geliefert werden.«
Manuel zog sein dickliches Gesicht in nachdenkliche Falten. Dann kicherte er. »Vollkommen unmöglich!« sagte er kategorisch.
»Aber ... Ich dachte, Sie würden sich freuen!«
»Ich bin bloß ein Ein-Mann-Betrieb! Allerhöchstens könnte ich vielleicht ... vierzig herstellen.«
»Vierzig?« wiederholte ich. »Aber ich brauche einhundert. Ich werde Ihnen auch dreihundert pro Stück zahlen.«
»Soviel könnte ich höchstens anfertigen, wenn ich das Verkaufen ganz drangeben würde – gerade das macht mir aber am meisten Spaß!«
»Und wenn ich Ihnen dreihundertfünfzig pro Stück biete?«
»Klingt sehr verlockend, Señor.« Er zuckte mit den Schultern. »Dafür könnte ich vielleicht fünf Armreifen mehr machen, aber das ist es dann auch!«
»Dann fünfundvierzig, aber sie müssen von bester Qualität sein!« Entmutigt händigte ich dem störrischen alten Mann eine Anzahlung aus. Zu schade, daß ich ihn nicht hatte überzeugen können, mehr Armreifen herzustellen.

Als ich später wieder im Restaurant war, erzählte ich Juanita von Manuel. »Es hat mich krank gemacht, mit ansehen zu müssen, wie uns das ganze Geld durch die Lappen ging!«

»Was ist denn mit dem los?« meinte Juanita plötzlich und blickte an mir vorbei. Ich drehte mich um. Pedro hatte seine Schürze abgenommen und wischte sich in gebückter Haltung eifrig das Mehl von den Schuhen ab. »Pedro. Was machen Sie denn da?« fragte ich.

»Ich bin so froh, daß du wieder da bist!« sagte er und seufzte tief.

»Was ist denn los?«

»Ich kann es kaum glauben!« Er schlug sich theatralisch mit der Hand vor die Brust. »Er ist gekommen! Hierher, in mein Restaurant – nach all den Jahren! Ich hatte mich wirklich schon gefragt, ob er noch lebt!«

»Von wem sprechen Sie?«

»Ich habe ihm den besten Platz angeboten. Sieh bloß zu, daß er den allerbesten Service bekommt! Und was immer er bestellt – es muß besonders schön angerichtet werden!«

Ich schaute zu Juanita hin und zuckte verständnislos mit den Schultern. Nicht einmal der mexikanische Präsident hatte ihn so aus der Ruhe gebracht. »Pedro! Wer ist denn so wichtig?«

»Nur der reichste Mann in ganz Mexiko«, sagte er und stolzierte durch die Küche wie ein Pfau, der sein Gefieder zur Schau stellt. »Hector Ortega, um den geht es!«

»Hector Ortega? Der reichste Mann ...«

»Laß ihn bloß nicht warten! Los jetzt! Kümmere dich um ihn!«

»Ich will mir erst noch schnell die Haare kämmen!« rief ich, während ich ins Badezimmer eilte. Mir war ganz flau im Ma-

gen. »Es ist doch bloß Hector«, versuchte ich mein Spiegelbild zu beruhigen. »Du warst sogar schon Gast in seinem Haus.« Wieso hatte ich in Hector bisher nur den reichen Einsiedler, nicht aber die stadtbekannte Persönlichkeit gesehen?
Pedro hämmerte gegen die Tür. »Juan, Juan! Beeil dich!«
Ich rückte meine Fliege zurecht. »Komme ja schon!«
»Hast du die Speisekarte? Einen Notizblock? Mach bloß keinen Fehler!«
»Pedro, du machst mich ganz nervös!« Er schob mich durch die Pendeltür in den Speisesaal.
Ich erblickte Hector sofort. Er trug einen weißen Leinenanzug, dazu ein rotes Hemd aus reiner Seide. Sein frisch geschnittenes Haar hing ihm wellig über die Ohren. Plötzlich wirkte er so mächtig und unnahbar, daß ich mich ganz befangen fühlte. Dann jedoch begegneten seine Augen den meinen und leuchteten auf.
Während ich die Speisekarte vor ihn hinlegte, lächelte ich ihn an. »Guten Tag, Señor, darf ich Ihnen etwas zu trinken bringen?«
»Wie schön, dich zu sehen, Juan!«
Am liebsten hätte ich mich zu ihm an den Tisch gesetzt und mich mit ihm unterhalten. »Was führt Sie in die Stadt?«
»Ich bin gekommen, um dich zu sehen.« Hector errötete und starrte verlegen in die Speisekarte. »Es ist so lange her ...«
Ich hatte einen Kloß im Hals. Der berühmte Einsiedler verließ seine Klause, nur um mich zu treffen? »Kann ich Ihnen einen heißen Tee bringen?«
»Ja, bitte«, sagte er. »Und vielleicht auch einen dieser frischen Kuchen, die du immer nachts in deinem Schuppen gerochen hast?«

Ich lachte. »Mal sehen, ob wir noch welche da haben.«
Kaum hatte ich die Küche betreten, stürzte Pedro auf mich zu. »Was will er?« rief er aufgeregt.
»Tee und Kuchen«, erwiderte ich. Ich brachte es nicht über mich, Pedro zu sagen, daß Hector nur gekommen war, um mich zu treffen.
Pedro prüfte die übriggebliebenen Desserts und suchte das vielversprechendste heraus. Er entschied sich für ein Stück mehrschichtige Schokoladentorte mit Himbeerfüllung. Dann legte er den Kuchen auf einen Teller, den er zuvor liebevoll mit einem Zierdeckchen dekoriert hatte.
Hector liebte Schokolade. »Eine gute Wahl«, stellte ich fest.
Als ich den Kuchen servierte, lud Hector mich ein, mit ihm zusammen in seinem Hotel zu Abend zu essen.

Um Viertel nach acht stand ich vor dem Hotel »El Presidente«, dessen gewaltige Sandsteinfassade einen ganzen Häuserblock einnahm. Eine riesige grüne Markise reichte von der Vordertür bis zur Straße. Langsam folgte ich dem roten Teppich durch die Eingangstür und schritt über den glänzenden Parkettboden, vorbei an schweren Ledermöbeln und Kristalleuchtern.
Bis ich den Empfangschef hinter der Rezeption aus Mahagoniholz erreicht hatte, stand mir der Mund weit offen. Soviel Luxus und Eleganz! »Juan Gomez«, sagte ich und starrte verlegen auf das Aquarell, das hinter ihm hing. »Ich bin hier, um Hector Ortega zu treffen.«
Der Empfangschef prüfte seine Notizen. »Ah, ja. Er erwartet Sie bereits.« Dann beschrieb er mir, wie ich zu Hectors Zimmer gelangte.
Vor Hectors Tür holte ich noch einmal tief Luft und klopfte an.

»Komm herein!« rief Hector. »Ich bin ja so froh, daß du kommen konntest.« Er führte mich zu einem breiten braunen Ledersofa.
»Hector«, meinte ich, während ich mich in der geräumigen Suite umschaute, »ist es Ihnen eigentlich peinlich, mit mir gesehen zu werden?«
Hector warf den Kopf zurück und lachte. »Natürlich nicht! Wie kommst du denn auf diese Idee?«
»Nun ...« Plötzlich kam ich mir albern vor. »Weil wir das Abendessen ganz zurückgezogen auf Ihrem Zimmer einnehmen.«
»Juan, bitte setz dich doch.« Hector sah mich entschuldigend an. »Ich wollte dich nicht in Verlegenheit bringen«, sagte er dann.
»Wieso sollten Sie mich in Verlegenheit bringen?« meinte ich. »Sie sind doch nicht arm.«
»Du hast doch gesehen, wie Pedro sich heute nachmittag angestellt hat.« Hector schüttelte traurig den Kopf. »Manchmal eilt einem der eigene Ruf so weit voraus, daß man ihm gar nicht mehr folgen kann.«
Ich wollte ihn gerade fragen, weshalb sich jemand, der so reich war wie er, überhaupt um die Meinung der anderen Leute kümmerte, doch da erschien der Zimmerservice mit unserem Abendessen. Bald erfüllte der Geruch nach Lammbraten und Rosmarin das Zimmer und ließ mich alles andere vergessen.
Nachdem der Kellner gegangen war, sagte Hector: »Ich habe jeden Sonntag nach dir Ausschau gehalten.«
Ich starrte auf meinen Teller und murmelte verlegen: »Ich war sehr beschäftigt.«
»Zu beschäftigt, um kurz vorbeizuschauen?«

Die Tränen traten mir in die Augen. »Ich wollte Ihnen nicht lästig fallen. Sie haben schon so viel für mich getan ...«
»Im Gegenteil, Juan. Du weißt gar nicht, wie sehr ich mich immer gefreut habe ...« Hector schloß die Augen.
»Wie geht's dem Esel?« fragte ich nach einer langen, gefühlsgeladenen Stille.
»Du meinst Jessica?« Sein Gesicht hellte sich auf. »Sie und Jesse verstehen sich prächtig.«
Ich beobachtete genau, wie Hector Messer und Gabel benutzte, und versuchte seine Bewegungen nachzumachen. »Und Ihre Geschäftsreise?«
»Die verlief leider nicht so gut, wie ich gehofft hatte ...« Hector senkte den Kopf und starrte auf die Tischplatte. »Doch lassen wir das! Schließlich bin ich hergekommen, um zu sehen, wie es dir geht!«
»Nach dem Fiasko mit dem gestohlenen Esel habe ich innerhalb von drei Tagen fünfundzwanzig Bestellungen verloren. Zu meinem Glück hat Pedro mir wenigstens geglaubt!«
Hector tupfte sich den Mund mit seiner Serviette ab. »Bist du noch im Geschäft?«
»Zuerst habe ich all die Leute einzeln besucht, die ihre Esel abbestellt hatten. Doch selbst als sie das Interview mit Chavez in der Zeitung gelesen hatten, waren sie nicht bereit, mir eine zweite Chance zu geben.«
»Ich habe diesen Artikel auch gelesen. Ich dachte, er hätte deinen guten Ruf wiederhergestellt.«
»Nein, das hat er nicht. Die Leute glauben offenbar lieber an das Böse.«
»Du hast also aufgegeben?«
»Das nicht gerade. Ich habe versucht, weiter südlich neue Kunden zu finden.«

Ich schnitt ein Stück Fleisch ab. »Es schmeckt köstlich.«
Hector lächelte. »Ich freue mich, daß es dir schmeckt. Dies ist eines meiner Lieblingsgerichte.« Er nahm einen Bissen und ließ ihn im Mund zergehen. »Zum Glück hast du die ganze Geschichte jetzt hinter dir gelassen.«
»Manchmal habe ich das Gefühl, daß die Gendarmen mich immer noch beobachten ... Das macht mich ziemlich nervös!«
»Hab nur Geduld. Wenn du nur lange genug im Geschäft bleibst, werden die Leute schon wieder an deinen guten Ruf glauben.«
»Es ist so schwer! Ich könnte verrückt werden, wenn ich an die ganzen Geschäfte denke, die mir entgangen sind ... Und dann hat Manuel die Dinge noch schlimmer gemacht!«
Hector stand auf und winkte mich zum Sofa. »Wer ist Manuel?« erkundigte er sich, während er uns Kaffee eingoß.
Ich erzählte ihm von dem Armreif, dem Texaner und dem dickköpfigen alten Straßenhändler. »Es ist eine großartige Gelegenheit, aber Manuel will nicht mitziehen.«
»Nun, zuerst einmal«, Hector nippte an seinem Kaffee, »darfst du nie etwas für selbstverständlich halten. Du hast unterstellt, daß der fliegende Händler seine Lage genau kannte und analysiert hat. Du wußtest nicht, daß der Großteil der Welt sich in eng begrenzten Bahnen bewegt.«
»Wie meinen Sie das?«
»Viele Menschen setzen sich unwissentlich selbst enge Grenzen. Wenn sie sich die Zeit nähmen, richtig nachzudenken, würden sie begreifen, daß sie in Wahrheit unbegrenzte Möglichkeiten haben.«
»Ich habe Manuel mehr Geld angeboten.«
»Geld ist kein Thema für ihn – Zeit ist sein Problem. Der

fliegende Händler glaubt, er allein könne diese Armreifen anfertigen.«
Verblüfft über Hectors treffende Analyse meinte ich: »Er hat gesagt: ›Ich bin bloß ein Ein-Mann-Betrieb.‹ Doch was kann ich daran ändern?«
»Entwickle du die Ideen, die ihm fehlen. Frag ihn, ob er eine Familie oder Freunde hat, die ihm bei der Herstellung der Armreifen helfen können. Dann kann er deiner Bestellung nachkommen und seine Waren trotzdem noch auf der Straße feilbieten.«
»Wenn Sie das sagen, klingt es so einfach!« sagte ich und erhob mich.
»Mußt du gehen?«
»Es ist schon spät. Vielleicht kann ich José noch überreden, morgen meine Schicht zu übernehmen.«
»Ich verstehe«, sagte er.
»Daß Sie ... in die Stadt gekommen sind ...« Ich schluckte und wußte nicht weiter.
Hector legte mir den Arm um die Schulter. Einen Moment lang glaubte ich, Tränen in seinen Augen zu sehen.
»Ich werde Sie bald besuchen, das verspreche ich«, sagte ich, als ich mich verabschiedete. Kaum hatte ich das Hotel verlassen, rannte ich den ganzen Weg bis nach Hause. Juanita wartete schon auf mich.
»Wo warst du?« wollte sie wissen. »Ich habe mir solche Sorgen gemacht!«
»Ich habe im ›El Presidente‹ zu Abend gegessen«, sagte ich und versuchte, wieder zu Atem zu kommen. Ich setzte mich neben sie auf den Lehmboden. »Mit Hector Ortega.«
»Du meinst doch nicht etwa diesen reichen Typen von heute nachmittag?«

Ich nickte. »Ich kenne ihn schon seit einer ganzen Weile. Er hat mir mit seinen Ratschlägen dabei geholfen, das Eselgeschäft aufzubauen. Ich glaube, heute abend hat er mir eine Lösung für das Problem mit den Armreifen verraten.«
»José kann deine Schicht übernehmen«, sagte Juanita eifrig. »Er hat sowieso schon gesagt, daß er gar nicht weiß, was er morgen mit sich anfangen soll.« Sie sah mich aus schrägen Augen an. »Wieso hast du Pedro nicht erzählt, daß du ihn kanntest?«
»Weiß nicht. Ich hatte irgendwie das Gefühl, es wäre nicht richtig«, erwiderte ich, völlig erschöpft von den Ereignissen des Tages. »Gute Nacht, Juanita. Hoffentlich kann ich schlafen!«

Am nächsten Morgen mietete ich mir ein Pferd. Ich hoffte, Manuel diesmal schneller wiederzufinden. Nach einem wilden Ritt traf ich ihn in der Nähe der alten Stelle an, umgeben von zahlreichen Leuten, die seinen Schmuck kauften. Als er endlich einen Moment Ruhe fand, sprach ich ihn an: »Ich glaube, ich habe eine Lösung für unser Problem gefunden.«
»Ich wußte gar nicht, daß wir ein Problem haben.«
»Manuel, ich brauche einhundert Armreifen. Sie haben gesagt, Sie könnten nur fünfundvierzig anfertigen.«
»Ach das!« Manuel blickte mich mißmutig an. »Ich glaube nicht, daß ich die Zeit habe, fünfundvierzig zu machen.«
Ich schnappte nach Luft. Ich wollte mehr Armreifen, nicht noch weniger. »Was sagen Sie da?«
»Ich hab' mit Ihrer Bestellung noch gar nicht anfangen können. Sie sehen ja selbst, was hier los ist! Solchen Andrang hab' ich schon seit Wochen.«
»Manuel, Sie haben eine Vereinbarung geschlossen!«

»Ja, ich weiß, ich hab' ja auch noch über eine Woche Zeit. Ich werde eben nachts an Ihrer Bestellung arbeiten müssen. Aber …«, er schüttelte resigniert den Kopf, »es wird sehr anstrengend werden!«
»Genau darüber wollte ich mit Ihnen sprechen.«
»Sie machen sich Sorgen um meine Gesundheit?«
»Ich sehe für uns beide die Gelegenheit, sehr viel Geld zu verdienen. Ich will diese Chance nicht verpassen!«
»Wieso soll ich mein Leben ändern? Es macht mir Spaß, meinen Schmuck auf der Straße zu verkaufen. Für mich läuft's gut, so wie es ist!«
»Und wenn ich Ihnen eine Lösung anbiete, wie Sie beides vereinbaren können?«
Manuel zog die Augenbrauen empor. »Ich höre.«
»Wie wäre es, wenn Sie Ihre Familie oder Freunde für die Herstellung der Armreifen einspannen würden?«
Manuel kratzte sich nachdenklich am Kopf. »Aber das würde mich ja noch mehr Zeit kosten! Ich müßte die faule Bande ständig auf Trab bringen!«
»Sie könnten weiterhin tagsüber Ihren Schmuck verkaufen. Sie haben gerade gesagt, daß Sie die Armreifen ohnehin nachts anfertigen würden. Wieso lernen Sie nicht in einem Teil dieser Zeit Ihre Familie an?«
»Das hört sich ja sehr einfach an, aber ich bezweifle, daß meine Leute überhaupt Talent haben.«
»Das können Sie doch gar nicht wissen, ehe Sie es nicht mal mit ihnen versucht haben.«
»Das klingt mir alles nach sehr viel Arbeit – zuviel Arbeit! Auch ich bin, ehrlich gesagt, ein bißchen faul.«
Ich lachte. »Gerade deshalb würde diese Regelung Ihnen nur Vorteile bringen.«

Manuel blinzelte argwöhnisch. »Wie denn das?«
»Nun, wenn Sie einmal Ihre Leute eingearbeitet haben, können die zu Hause weiterarbeiten, während Sie draußen den Schmuck verkaufen – und an den Abenden hätten Sie dann frei.«
Manuel starrte mich lange Zeit unverwandt an. Schließlich verzogen sich seine Mundwinkel leicht nach oben. »Sie sind ein kluger junger Mann!« meinte er. »Ich habe eine große Familie. Wir werden Ihre hundert Armreifen herstellen!«

DAS GELD MEHREN

Nachdem ich die Sorge um die Armreifen los war, dachte ich, ich könne mich endlich ein bißchen ausruhen, doch die Woche nach Ostern war sogar noch hektischer. Im Restaurant herrschte Hochbetrieb.

Am Mittwoch marschierten vier Rancher aus Salas' Clique herein und bestellten Kaffee.

Nachdem ich sie bedient hatte und gerade wieder Richtung Küche ging, rief einer von ihnen: »Hey, Eselmann! Hab' gehört, daß Salas wieder einen Esel bei dir bestellt hat.«

Abrupt blieb ich stehen und kehrte an ihren Tisch zurück, während ich mich fragte, was sie wohl jetzt wieder für mich auf Lager hatten. »Stimmt.«

»Ich möchte auch einen bestellen, aber einen gestohlenen Esel kann ich nicht gebrauchen!«

»Ich schlage vor, Sie begleiten mich zur nächsten Auktion«, sagte ich und schaute ihm dabei fest in die Augen. »Dort kaufe ich nämlich alle meine Esel.«

»Haben sich deine Verkaufsbedingungen geändert?«

»Nein. Tausend Pesos in bar, elfhundert bei Ratenzahlung.«

»Na, dann muß ich's wohl wagen. Du bist der nämlich der einzige, bei dem ich mir einen Esel leisten kann.«

Zu diesem Zeitpunkt war ich mehr um meinen guten Ruf als um eine mögliche Konkurrenz besorgt. »Bisher hat noch keiner meiner Kunden auch nur einen Peso verloren!«

»Das ist gut«, meinte er. »Wir wollen nämlich jeder einen Esel kaufen!«

Ich schaute von einem zum anderen, und alle vier nickten. »Vier Esel?« vergewisserte ich mich. »Es könnte eine Weile dauern, sie aufzutreiben, es sei denn, Sie wären mit einer Anzahlung einverstanden.«

Sang- und klanglos zahlte mir jeder von ihnen dreihundert Pesos. »Ich werde versuchen, sie bis nächsten Sonntag zu bekommen.«

Als ich Juanita wenig später traf, führte ich einen regelrechten Freudentanz auf. »Gerade habe ich vier Bestellungen angenommen! Vielleicht komme ich doch wieder richtig ins Geschäft!«

»Das freut mich für dich!« sagte sie und drückte mir fest die Hand.

»Ich glaube, es war richtig, mich von ihnen nicht kleinkriegen zu lassen«, meinte ich mehr zu mir selbst. Doch ich war zu glücklich, um meine Situation genauer zu analysieren.

Am Wochenende rief Pedro mich in sein Büro. »Ich zahle allen eine Prämie von zwanzig Prozent.«

»Prima«, erwiderte ich fröhlich. »Das Geld kann ich gut gebrauchen!«

»Für jemanden, der achtundvierzig Stunden am Stück gearbeitet hat, bist du aber ganz schön munter. Hast du heute abend noch eine Verabredung?«

Kichernd antwortete ich : »Ja. Sie hat graue Haare und ziemlich lange Ohren.«

»Wieso gehst du mit ihr aus, wenn sie so häßlich ist?«

»Pedro! Ich gehe zur Auktion!«
»O nein!« Sein Gesicht verdüsterte sich. »Warum denn das?«
»Ich habe plötzlich vier neue Aufträge bekommen.« Ich schnippte mit den Fingern. »Einfach so.«
»Ich wünschte, ich könnte dir sagen, daß es mich freut ... Aber ehrlich gesagt hatte ich gehofft, daß die Eselgeschäfte für dich erledigt sind.«
»Das waren sie auch – aber nur, weil alle ihre Bestellungen rückgängig gemacht hatten.«
»Mein Junge«, sagte er und beugte sich zu mir, »ich habe Angst um dich!«
Pedros übertriebene Fürsorglichkeit stimmte mich ein bißchen ungehalten. »Es wird schon gutgehen«, brummelte ich. »Was soll schon groß passieren?«

Nachdem ich die vier bestellten Esel ohne irgendwelche Zwischenfälle ausgeliefert hatte, atmete ich viel befreiter.
Während ich den letzten Esel ablieferte, begann es zu regnen. Da ich ganz in der Nähe von Hectors Anwesen war, beschloß ich, ihm einen Besuch abzustatten. Er saß in seinem Wohnzimmer und las ein Buch. »Komm und wärm dich am Feuer!« begrüßte er mich.
Miguel brachte mir eine Wolldecke, und ich wickelte mich darin ein.
»Ich bringe Ihnen Ihre Bücher zurück. Vielen Dank, wir haben sie wirklich gern gelesen.«
»Du mußt wieder ein paar neue mitnehmen.«
Ich ließ meine Blicke durch den Raum schweifen. »Erzählen Sie mir bitte etwas über Kunst.«
»Was willst du denn wissen?« Hector legte ein Lesezeichen in sein Buch und klappte es zu.

»Kunst scheint irgendwie mit Geld einherzugehen – Pedro hat Bilder in seinem Restaurant, im Hotel ›El Presidente‹ hängt überall Kunst herum, und Sie haben Ihr ganzes Haus damit geschmückt.«

»Kunst kann eine sehr gute Geldanlage sein.«

»Wie entscheiden Sie denn, was Sie kaufen?«

»Ich kaufe das, was mir gefällt.«

»Warum haben Sie das da gekauft?« Ich deutete auf das Gemälde einer Wiese, die mit bunten Wildblumen übersät war.

»Es erinnert mich immer an den Frühling, und ich fühle mich glücklich, wenn ich es betrachte.«

»War es sehr teuer?«

»Damals, als ich es gekauft habe, nicht. Der Künstler war noch völlig unbekannt.«

Ich stand auf und betrachtete auch die anderen Bilder. »Mir gefällt Ihr Geschmack.«

Hector lächelte. »Mit der Zeit wirst du auch herausfinden, was dir gefällt und was nicht.«

»Es spielt ohnehin keine Rolle. Ich habe das nötige Kleingeld gar nicht.«

»Apropos Geld. Wie ist denn dein Besuch bei dem Straßenhändler verlaufen?«

Ich lachte. »Der alte Mann hat sich zuerst ziemlich dickköpfig angestellt, doch schließlich hat er eingesehen, wie klug Ihr Vorschlag ist.«

»Schön für dich«, meinte Hector. »Du hast die Situation so gut durchschaut, daß du sie ihm verdeutlichen konntest.«

»Es ist aufregend – das ganze zusätzliche Geld«, sagte ich, während ich mit dem Kleingeld in meiner Tasche herumspielte. »Ich glaube, ich werde das meiste davon sparen. Es ist ein beruhigendes Gefühl, zu wissen, daß es da ist.«

Hector beobachtete die Flammen. Schließlich sagte er: »Weißt du, Juan, es gibt auf der Welt drei Arten von Menschen: Menschen, die Geld ausgeben, Menschen, die Geld anhäufen, und Menschen, die ihr Geld mehren. Ich denke, du bist jetzt bereit zu lernen, wie man sein Geld mehrt.«

»Wie stelle ich das an?«

»Indem du dich mit offenen Augen in der Welt umsiehst. Du wirst unzählige Gelegenheiten entdecken, zu größerem Reichtum zu kommen.«

»Gut, wo fange ich an?«

»Hier oben«, entgegnete Hector und tippte sich an die Stirn. »Du mußt eine gesunde Einstellung zum Geld entwickeln. Betrachte es lediglich als eine Art Düngemittel, das dein Leben besser und einfacher gedeihen läßt – nicht mehr und nicht weniger.«

»Woher weiß ich, wie ich mein Geld anlegen soll?«

»Wenn du eine Idee hast oder sich dir eine Gelegenheit bietet, prüfe sie, analysiere sie, und spiele sie gedanklich durch – und wenn dir das Risiko dann angemessen erscheint, nimm die Sache in Angriff.«

»Und wenn ich einen Fehler mache? Dann könnte ich alles verlieren.«

»Jeder macht mal einen Fehler, doch du kannst dein Risiko verringern, indem du dein Kapital auf verschiedene Anlagemöglichkeiten verteilst.«

Ich hätte Hector gern noch mehr Fragen gestellt, doch er gähnte. Im verblassenden Abendlicht sah er sehr alt aus. Plötzlich bekam ich Angst. Ich hatte ihn schon häufig angeschaut, allerdings immer durch die bewundernden Augen eines jungen Aufsteigers. Als er sich nun zurücklehnte und die Hände im Schoß faltete, betrachtete ich sein runzliges Gesicht und fragte mich, wie alt er wohl war. Ich betete, daß er mir noch lange Zeit erhalten bleiben würde.

Beim Frühstück am nächsten Morgen traten die Falten in seinem Gesicht schon weniger deutlich hervor. Vielleicht hatte er bloß eine erholsame Nachtruhe gebraucht. Nachdem wir gegessen hatten, machten wir einen Spaziergang über das Gelände. Er zeigte mir verschiedene Teile seines Grundbesitzes und erzählte mir, wie er sie erworben hatte. »Wenn du das nächste Mal kommst«, sagte er, »nehmen wir die Pferde. Ich würde dir gern die westliche Grenze meines Grundstücks zeigen.«

»Hector«, sagte ich, »ich verstehe zwar nicht, weshalb Sie mir damals soviel Interesse entgegengebracht haben, aber ich bin froh darüber.«

»Ich auch.« Hector legte mir den Arm um die Schulter. »Ich freue mich immer sehr auf deine Besuche. Kannst du heute zum Abendessen bleiben?«

»Tut mir sehr leid, aber ich habe Juanita schon versprochen, heute abend früh zu Hause zu sein.«

»Dann suchen wir jetzt noch ein paar Bücher für dich aus.« Wir betraten die Bibliothek, und Hector erzählte mir irgend etwas über Homers Klassiker. Ich dagegen betrachtete wieder neugierig das Porträt über dem Kamin und fragte schließlich: »Wer ist sie? Haben Sie sie gekannt?«

Hector hielt inne. »In Paris – vor vielen, vielen Jahren.«

»Paris?« wiederholte ich ungläubig. »Wie sind Sie denn dann hier gelandet?«

Hector starrte auf die Frau mit den bezaubernden Augen und trat wie in Trance auf das Bild zu. »Meine Eltern waren spanische Dienstboten, die für eine reiche französische Familie gearbeitet haben. Ihr Arbeitgeber, Herr DuBois, hat meine künstlerische Begabung erkannt und mir dabei geholfen, ein Stipendium für die Sorbonne zu bekommen.«

Kein Wunder, daß Hector gar nicht mexikanisch aussah. Ich trat neben ihn an den Kamin und betrachtete das Bild ebenfalls genauer. Die Frau war farbenfroh gekleidet und hatte ein orangerotes Band in ihre dicken schwarzen Zöpfe geflochten. Sie hatte hohe Wangenknochen, eine zierliche Nase und schöne, volle Lippen. Ihre Brauen waren sanft geschwungen, ihre Augen schwarz wie die Nacht.

»Haben Sie das gemalt?« fragte ich.

»Ich habe es aus der Erinnerung gemalt. Es sollte ein Hochzeitsgeschenk sein.«

»Wie haben Sie sie kennengelernt?«

»In einem Café. Carmen war aus Mexiko gekommen, um den Sommer in Paris zu verbringen.«

»Wußte sie über Ihre Stellung Bescheid?«

Hector nickte. »Wir hatten keine Geheimnisse voreinander.«

Ich wußte, daß Hector nie geheiratet hatte. »Was ist dann passiert?« erkundigte ich mich.

»Ehe sie Paris wieder verließ, schmiedeten wir Pläne, daß ich nach Mexiko kommen sollte, um ihre Familie kennenzulernen. Doch ich bekam Angst. Ich befürchtete, daß sie mich nicht akzeptieren würden, weil ich ihrer Tochter nichts bieten konnte.«

Hector hielt inne und setzte sich. »Ich verschob die Reise und bat DuBois um Hilfe. Mit seiner Unterstützung baute ich verschiedene Geschäfte auf und verkaufte sie wieder.«

»Das muß Sie einige Zeit gekostet haben. Warum haben Sie sie nicht zu sich nach Frankreich geholt?«

»Ich war nicht reich genug. Leider war ich so besessen von der Idee, Geld zu verdienen, daß mir gar nicht auffiel, wie lange ich schon nichts mehr von ihr gehört hatte.«

Ich ließ mich auf der Kante des anderen Ledersessels nieder. Hector holte tief Luft. »Wie auch immer. Fünf Jahre später buchte ich schließlich die Überfahrt auf einem Schiff und wollte sie überraschen. Als ich hier ankam, war sie bereits verheiratet.«

»Und seitdem haben Sie dieses Bild an der Wand hängen? Das finde ich aber seltsam – sich immerfort an etwas so Schmerzvolles erinnern zu lassen!«

»Nun, ganz so war es nicht. Das Gemälde blieb jahrelang eingelagert.« Hector rieb sich die Stirn. »Als mir aufging, daß mein Geld hier drüben so viel mehr wert war als in Frankreich, nahm ich das zum Anlaß, meine Geschäfte auszubauen.«

»Haben Sie gehofft, sie zurückzugewinnen?«

»Nein. Sie war verheiratet.«

Als ich den Schmerz in Hectors Gesicht sah, sagte ich: »Sie brauchen nicht weiterzuerzählen.«

»Ich begegnete ihr andauernd bei irgendwelchen gesellschaftlichen Anlässen. Es war sehr quälend. Ich hatte all das Geld, nur sie hatte ich nicht bekommen. Schließlich zog ich aufs Land und kaufte diesen Besitz hier.«

»Aber das Haus ist doch ganz neu.«

»Ich habe es für sie gebaut.«

»Jetzt verstehe ich überhaupt nichts mehr.«

»Sechs Monate nachdem ihr Mann gestorben war, kamen wir wieder zusammen. Es ging sehr schnell ... Wir beschlossen zu heiraten.« In seinen Augen standen die Tränen. »Ich war so glücklich.«

Ich streckte die Hand aus und berührte Hectors zusammengeballte Faust.

Nach längerem Schweigen trafen sich unsere Blicke. »Sie starb ein paar Monate, bevor ich dich kennengelernt habe.«

Deshalb war Hector mir damals so einsam vorgekommen – er trauerte. »Ich kann heute nacht gern hierbleiben, wenn Sie möchten«, schlug ich vor.
»Ehrlich gesagt möchte ich lieber allein sein, Juan«, erwiderte Hector und wischte sich die Augen.
Ich legte ihm die Hand auf die Schulter und sagte: »Ich sehe Sie dann in ein paar Wochen.« Als ich die Tür hinter mir schloß, hörte ich Hector drinnen weinen.
Ich verließ das Haus durch die Küche. Da mir auffiel, daß das Tablett mit heißem Kakao auf dem Küchentisch stand, sprach ich Miguel an. »Haben Sie eben mitgehört ...?«
»Ich wollte gerade das Tablett hereinbringen. Ich bin so froh, daß er endlich geredet hat.«
Auf dem ganzen Heimweg hatte ich Hectors schmerzerfüllte Stimme noch im Ohr. Er tat mir sehr leid. Manchen Leuten spielte das Schicksal wirklich übel mit.
»Juan, Juan! Wir haben auf dich gewartet!« rief Paco, als ich eintrat. »Du bist zu spät!«
»Mir ist etwas dazwischengekommen«, entgegnete ich. Dann fiel mein Blick auf die halbleere Gebäckschüssel.
Juanita und José starrten mich vorwurfsvoll an.
»O nein!« sagte ich und schlug erschrocken die Hand vor den Mund. »Juanita, das habe ich ganz vergessen! Wo ist er?«
»Nebenan«, erwiderte sie.
Mein Herz klopfte, als ich mich neben Carlos setzte. Er lag bäuchlings auf seiner Matte und hatte das Gesicht in den Armen vergraben. Ich rieb mir die Schläfen. »Carlos«, begann ich, »es tut mir wirklich sehr leid.«
»Du hast versprochen, daß du da sein würdest.«
»Ich weiß«, sagte ich. Die Enttäuschung, die aus seiner Stimme klang, trieb mir fast die Tränen in die Augen. »Jemand –

ein Freund – hat mich dringend gebraucht. Ich bin bei ihm geblieben, um ihm zu helfen.«

»War er verletzt?«

»Nein, nicht körperlich. Aber sein Herz hat ihm weh getan – genau so, wie dir deines jetzt weh tut.«

»Du hättest ihm sagen können, daß du zu einer Geburtstagsfeier eingeladen warst!«

»Wenn du weinen mußt, kannst du dann warten?«

»Es passiert einfach«, sagte Carlos und drehte sich auf den Rücken.

»Bei Erwachsenen ist es oft ganz genauso. Meinem Freund ging es schlecht, da konnte ich ihn nicht einfach allein lassen.«

Carlos wischte sich die Nase mit dem Handrücken ab. »Mein neues Hemd und die neuen Hosen gefallen mir sehr gut. Vielen Dank!«

»Hat deine Mutter dir erzählt, daß du auch noch ein paar passende Schuhe bekommst?«

Carlos warf mir die Arme um den Hals. »Ich bin nicht böse auf dich«, sagte er. »Ich wollte bloß so furchtbar gern, daß du mit mir feierst!«

»Es tut mir ja selbst leid. Aber schau mal: Ich habe wieder ein neues Buch für uns mitgebracht.«

An diesem Abend lasen wir zwei Kapitel. Nachdem alle zu Bett gegangen waren, setzte ich mich vor das Haus und brachte im Licht der Laterne, abgespannt und mit schweren Lidern, meine Buchhaltung auf den neuesten Stand.

Am nächsten Tag ritt ich zu meiner Verabredung mit Manuel. Ich hatte ihn nicht mehr gesehen, seit ich ihm Hectors Vorschlag unterbreitet hatte, und machte mir daher Sorgen. Vielleicht hatte ich zuviel dem Zufall überlassen. Womöglich hatte ich dem Texaner zuviel versprochen, als ich ihm garantierte,

daß die Armreifen alle von gleicher Qualität sein würden. Wenn Manuel nun den Auftrag gar nicht fertigstellen konnte, sich meine Anzahlung einfach einsteckte und verjubelte?
Die Stelle, an der wir uns immer getroffen hatten, war wie ausgestorben. Hector hatte mir geraten, den Menschen Vertrauen entgegenzubringen, aber er hatte auch gesagt, daß man sein Urteilsvermögen richtig gebrauchen solle. Unruhig lief ich um den Baum herum. Wo sollte ich die Grenze ziehen? Woher sollte ich wissen, welches Verhalten in dieser Situation angebracht war? Ich blickte die Straße entlang. Kein Manuel in Sicht. Ich schaute auf meine Uhr: Er war unpünktlich. Viel länger konnte ich nicht warten, sonst würde ich Pedros geballten Zorn auf mich ziehen.
Ein paar Minuten später hörte ich aus der Ferne Hufe auf den harten Boden donnern. Kurz darauf kam Manuels Planwagen mit hoher Geschwindigkeit auf mich zu gerumpelt. Ich entspannte mich – etwas zumindest.
Kaum war Manuel bei mir angekommen, lächelte er unbekümmert, als hatte er alle Zeit der Welt. »Schön, Sie wiederzusehen!« grüßte er seelenruhig und ließ die Zügel los.
Am liebsten hätte ich ihn angebrüllt: »Haben Sie die Armreifen?« Doch ich riß mich zusammen, begrüßte ihn mit der gebotenen Höflichkeit und überließ es ihm, das Tempo unseres Gesprächs zu bestimmen.
Manuel schlurfte gemächlich zur Rückseite seines Planwagens. »Die letzten zwei Wochen waren ganz schön anstrengend.«
Am liebsten ware ich ihm an die Gurgel gesprungen. »Wie meinen Sie das?« fragte ich, jedes Wort wählend.
»Die Arbeit hat gar kein Ende genommen! Ich habe viele Leute angelernt und trotzdem weiter meine Ware verkauft.«

Worauf wollte er hinaus? Verlangte er etwa eine Belohnung? Ich biß mir auf die Lippen und sagte gar nichts.
Manuel zog zwei Bündel aus dem Wagen.
Das Herz schlug mir bis zum Hals, als er sie mir reichte.
Er bedachte mich mit einem schelmischen Grinsen. »Ich hoffe, sie sind zu Ihrer Zufriedenheit ausgefallen!« Er hockte sich auf den Boden und rollte im Zeitlupentempo die Wolldecken auseinander.
Mit einem Blick hatte ich die Menge erfaßt. »Wo ist der Rest?«
»Es tut mir leid, Señor. Ihr Vorschlag war zwar gut und richtig – aber meine Verwandten haben noch nie zuvor Schmuck hergestellt. Wir mußten mehrmals wieder von vorn anfangen.«
Ich kniete mich hin. »Die Armreifen sind sehr schön geworden! Ich bin beinahe versucht, meinen gegen einen von diesen einzutauschen!«
»Ich bin auch sehr zufrieden.« Manuels Gesicht glühte vor Stolz. »Ich wußte gar nicht, daß meine Familie soviel Talent hat!«
Ich zahlte Manuel, was ich ihm schuldete. »Ich nehme an, fünfzig Armreifen sind besser als nichts!«
Manuel zuckte mit den Schultern. »Ich wußte nicht, wie ich Sie erreichen sollte, um Ihnen Bescheid zu geben.«
Damit hatte er zwar recht, doch seine unbekümmerte Einstellung brachte mich etwas aus der Fassung. Ich beschrieb ihm, wie er mich in Zukunft erreichen könne.
Dann fiel mir ein, was Hector mir einmal gesagt hatte: »Im Handel und bei Tauschgeschäften bekommst du mal mehr, und mal gibst du mehr.« Plötzlich wollte ich Manuel gern zeigen, daß ich seine Arbeit schätzte, und erließ ihm den Restbetrag, den er mir noch für den Esel schuldete.

»Morgen treffe ich den Käufer der Armreifen. Wie lange würde es dauern, wenn er auch den Rest will?«

»Eine Woche.«

»Haben Sie Interesse, weiterzumachen?«

Manuel grinste. »Das würde ich ja gern, nur ...« Er hielt inne und taxierte mich. »Die Leute zu beschäftigen und anzuleiten nimmt sehr viel von meiner kostbaren Zeit in Anspruch. Ich müßte dann schon mehr Geld pro Armreif bekommen.«

Ich mußte im stillen lachen. Der alte Kerl war wirklich gerissen. »Wie wäre es mit dreihundertfünfundsiebzig pro Armreif?«

Manuel nahm seinen ramponierten Hut ab und kratzte sich am Kopf. »Vierhundert wären eigentlich noch besser.«

Diesmal lachte ich laut heraus. Irgendwie mochte ich den alten Händler. »Abgemacht!«

Manuel bedachte mich mit einem zahnlosen Grinsen. »Ich werd' Sie nicht hängenlassen, Señor!«

In halsbrecherischem Tempo ritt ich in die Stadt zurück. Mein Herz schien genauso schnell zu galoppieren wie das Pferd. Den ganzen Nachmittag über hastete ich durch das Restaurant, gerade so, als ob meine eiligen Bewegungen die Zeit schneller vergehen lassen würden. Ich konnte es kaum abwarten, den Texaner wieder zu treffen. Ich hoffte nur, daß die Kunstfertigkeit der Armreifen die Tatsache wettmachte, daß ich ihm nur fünfzig Exemplare liefern konnte.

Als der Texaner am folgenden Nachmittag um zwei Uhr das Restaurant betrat, herrschte gerade wenig Betrieb. Ich leitete seine Bestellung an Juanita weiter und holte die Armreifen. Behutsam legte ich das erste Bündel vor ihn hin und wickelte die Decke auseinander.

Der Texaner stieß einen leisen Pfiff aus. »Nicht schlecht!« stellte er fest.

Ich lächelte und nickte. »Mein Silberschmied hat sich selbst übertroffen!«

»Zeig mir den Rest!«

»Ich habe jeweils fünfundzwanzig in eine Decke gewickelt«, sagte ich, während ich das zweite Bündel auseinanderfaltete.

»Fünfundzwanzig? Ich habe doch hundert bestellt!«

»Das haben Sie, Señor. Doch ich wußte nicht, wie ich Sie erreichen konnte.« Genauso wie ich zuvor Manuel, mußte der Texaner nun mir einräumen, daß ich recht hatte.

Nachdem er die Armreifen einen Moment lang nachdenklich betrachtet hatte, sah er auf und sagte: »Ich habe gewisse Verbindlichkeiten.«

»Geben Sie uns noch eine Woche – seine Leute sind jetzt eingearbeitet und können richtig loslegen.«

Der Texaner lehnte sich in seinem Stuhl nach vorn und untersuchte bedächtig die Armreifen.

Ich hielt den Atem an. Wenn er sie nun nicht nahm? Ich würde ihm die Anzahlung zurückgeben müssen!

Schließlich sagte er: »Ich bestelle fünfzig monatlich. Allerdings erwarte ich eine pünktliche Lieferung.« Er schrieb einen Lieferplan nieder. Dann zog er eine Geldklammer aus der Tasche, die ein dickes Bündel mit ordentlich gefalteten Scheinen zusammenhielt.

Ehrfürchtig staunend sah ich ihm zu. Würde ich so etwas auch eines Tages tun können? Er zählte zwanzigtausend Pesos ab und gab mir das Geld. Ich faltete die Scheine und steckte sie in meine Hosentasche. »Es ist eine Freude, mit Ihnen Geschäfte zu machen«, sagte ich und lächelte.

Am liebsten wäre ich durch das ganze Restaurant getanzt. Einen Gewinn von siebentausendfünfhundert Pesos machte ich nicht jeden Tag.

DIE GELEGENHEIT ERGREIFEN

Plötzlich Geld übrig zu haben stellte mich vor ein neues, ungewöhnliches Problem. Da ich aus armen Verhältnissen stammte, wollte ich mein Geld am liebsten horten. Doch ich wußte, daß ich eine Anlagemöglichkeit finden mußte, um es zu mehren.

Das Geschäft mit dem Texaner war in finanzieller Hinsicht ein Wendepunkt für mich. Es gab mir neuen Auftrieb und bestärkte mich in dem Vertrauen in meine Verkaufsfähigkeiten. Als Manuel sich nach einigen Monaten als pünktlicher Lieferant erwiesen hatte, fragte ich den Texaner, ob er seine Bestellung nicht erhöhen wolle. Daraufhin bestellte er hundert Armreifen im Monat.

Während der Frühling in den Sommer überging, entwickelte sich der Eselhandel zu einem florierenden Geschäft. Ich erhielt wieder Aufträge. Von fünfundzwanzig stornierten Bestellungen konnte ich immerhin einundzwanzig zurückgewinnen, und viele meiner Kunden nannten mir weitere Interessenten.

Mein Ruf als »der Eselmann« verbreitete sich rasch weiter. Einerseits freute mich das, andererseits bereitete es mir auch Sorge. Viele Leute versuchten mich bei den Auktionen zu

überbieten, und ich mußte mittlerweile fast fünfhundert Pesos für einen Esel bezahlen.
Nicht nur mein Einkommen wuchs, auch die Überwachung nahm zu. Die Gendarmen verließen die wohlhabenderen Viertel, um mir auf meinem Heimweg zu folgen. Damals hatte ich zwar nichts gegen ihren Schutz einzuwenden, doch es störte mich, daß sie mich aus dem Verborgenen beobachteten. Es kam mir nie in den Sinn, daß ich reich wurde. Ich sah mich selbst immer noch als Sohn eines armen Pächters.
Eines Morgens erschien ein Plantagenbesitzer, der in der Stadt lebte, in Pedros Restaurant und bestellte vier Esel, die noch am folgenden Wochenende geliefert werden sollten.
Eigentlich wollte ich ihm zuerst sagen, daß noch andere vor ihm auf der Warteliste standen, doch die Aussicht, mit den richtig dicken Fischen ins Geschäft zu kommen, war einfach zu verlockend. »Wie möchten Sie bezahlen?« fragte ich.
»Bei Lieferung«, erwiderte er und malte mir eine Wegbeschreibung zu seiner Ranch auf. Sie lag in der Nähe von Cuernavaca. Wie praktisch – ich mußte sowieso Manuel einen Besuch abstatten.
Am Samstag nach der Arbeit ging ich zur Auktion, um die vier Tiere zu kaufen. Da die Esel inzwischen so teuer geworden waren, fragte ich mich, ob der Eselhandel sich für mich überhaupt noch lohnte. Pedro hatte sich dagegen gesträubt, mir jeden Montag freizugeben, so daß ich nur den jeweils ersten Montag im Monat freihatte. Diesen Tag verbrachte ich ausschließlich damit, die fälligen Raten einzusammeln. Daher wollte ich gern mit den Plantagenbesitzern ins Geschäft kommen, denn das bedeutete größere Aufträge, kein Eintreiben der Raten mehr – also weniger Zeit, die ich mit Reisen verbringen mußte.

In dieser Nacht fiel ich erschöpft in einen tiefen Schlaf. Als ich am nächsten Morgen aufwachte, fühlte ich mich fiebrig. Doch ich mußte meine Esel ausliefern und zwang mich aus dem Bett. Mit dröhnenden Kopfschmerzen ritt ich auf einem der Tiere zum Mietstall. Nachdem ich mir ein Pferd geliehen hatte, folgte ich dem inzwischen schon wohlvertrauten Paßweg über Tres Cumbres. Ich bemühte mich, wach zu bleiben, doch das Fieber machte mich schläfrig.
Während ich die sanfte Hügellandschaft hinunterritt, wurden die Esel plötzlich unruhig. Ich schaute mich um, konnte aber nichts entdecken und schloß daher, daß sie wahrscheinlich eine Schlange gesehen hatten.
Kurz darauf hörte ich eine Stimme hinter mir: »Sie haben aber ein paar schöne Esel, Señor!«
Ich fuhr zusammen und blickte mich um. »Danke.« Woher waren sie bloß gekommen? Drei Männer auf Pferden, die Gewehre trugen und ihre Gesichter hinter *panuelos* versteckt hatten. »Was wollen Sie?« fragte ich.
Sie umringten mich mit ihren Pferden. »Absteigen!« befahl einer von ihnen. Ein anderer ergriff die Zügel der Esel, während der dritte mit seinem Gewehr in die Luft schoß. Mein Pferd galoppierte davon.
Ich starrte sie ängstlich an, während sie von ihren Pferden herunterstiegen. »Was haben Sie vor?«
»Nichts Besonderes«, meinte der, der mir direkt gegenüberstand. Um seine Augen bildeten sich kleine Fältchen, so als ob er hinter seinem Taschentuch lachte.
»Schön, dann wünsche ich eine gute Weiterreise«, sagte ich mit gespielter Tapferkeit. »Nehmen Sie die Esel mit.«
Mein Trick funktionierte nicht. Einer umklammerte von hinten meine Arme und rammte mir das Knie in die Nierenge-

gend. Ich krümmte mich vor Schmerzen. Ein Gewehrkolben schlug auf meinen Kopf. Kurz darauf traf mich ein schneller Tritt in die Magengrube. Bevor ich wußte, wie mir geschah, wand ich mich auf dem Boden und wurde von allen Seiten mit Faustschlägen traktiert.

Ich erinnere mich noch daran, daß mir Blut aus der Nase spritzte und mir einer der Männer einen heftigen Schlag vor die Brust versetzte, ehe die Gratispackung Prügel endete. »Danke für die Esel!« rief einer unter schallendem Gelächter und trat mich noch einmal kräftig in die Rippen. »Wir werden sie in Ehren halten!«

Ich verlor das Bewußtsein. Ich weiß nicht, wie lange ich dort gelegen hatte, doch als ich wieder zu mir kam, stand die Sonne schon sehr weit im Westen. Meine Hände und meine Kleidung waren mit Klümpchen aus geronnenem Blut gesprenkelt. Über mir kreisten die Geier. Die Banditen hatten mich zum Sterben im Unterholz liegen lassen.

Ich schleppte mich zitternd in Richtung Straße und hoffte, dort jemanden auf mich aufmerksam zu machen. Kurz bevor ich die Lichtung erreichte, verlor ich wieder das Bewußtsein.

»Ich glaube, er kommt zu sich!«

Ich versuchte, die verschwommenen Umrisse eines Mannes zu erkennen. »Wo bin ich?« fragte ich.

»Allerhöchste Zeit, mein Junge!« dröhnte von irgendwoher eine Stimme. »Ich habe mich schon gefragt, ob du ...«

»Pedro?« Ich versuchte mich aufrecht hinzusetzen. »Ist das ... Ooohh.« Ich sank wieder zurück.

»Ruhig, ganz ruhig, mein Junge! Du bist ziemlich schwer verletzt.«

»Hier, trink ein bißchen von der warmen Brühe.« Juanitas

Hand stützte meinen Kopf. »Du bist in Sicherheit. Du bist im Restaurant, Juan.«

Ich sank zurück in den Schlaf und wachte erst am nächsten Morgen wieder auf. Pedro war bei mir, als ich die Augen öffnete. »Fühlst du dich besser?« fragte er.

Ich setzte mich auf und hielt mir den Kopf. »Wie bin ich hierhergekommen?«

»Du hast verdammt viel Glück gehabt, Junge. Eine Frau sah dich von der Postkutsche aus und sagte dem Kutscher, er solle anhalten.«

»Haben die mich hierhingebracht?«

»Der Kutscher fragte dich, wo du wohnst, und du hast immer nur wiederholt: ›Pedro's‹. Zum Glück kannte einer der Fahrgäste das Restaurant.«

»Danke, daß du dich um mich gekümmert hast.«

»Dahinter steckt doch nur wieder dieser verdammte Eselhandel, oder?« meinte Pedro kopfschüttelnd. »Dir fehlt Beschäftigung? Kein Problem: ich kann dir mehr zu tun geben!«

»Pedro, das haben wir doch alles schon mal besprochen.« Ich legte den Kopf zwischen die Knie und rieb mir den Nacken. »Ein paar Bandidos haben bloß versucht, mir Angst einzujagen.«

»Nun – mir haben sie jedenfalls Angst eingejagt! Du hättest tot sein können!«

»Ich weiß«, sagte ich und begegnete seinem Blick. »Wann kann ich wieder arbeiten?« Ich mußte schließlich vier Esel und ein Pferd ersetzen.

»Der Doktor sagt, wann immer du dich besser fühlst. Aber heute ruhst du dich aus. Morgen kannst du dann die Buchhaltung machen.«

Ich versuchte aufzustehen. Pedro stürzte herbei, um mir zu

helfen. Im Waschraum betrachtete ich mein Spiegelbild: Mein rechtes Auge war beinahe völlig zugeschwollen. Riesige blauschwarze Prellungen überzogen meine Beine, Arme, die Rippen und den Bauch. Kein Wunder, daß Pedro mich von den Gästen fernhalten wollte.

Vielleicht sollte ich seinem Rat folgen und aus dem Eselgeschäft aussteigen.

In diesem Augenblick klopfte Juanita an. Ich öffnete die Tür und sah, daß ihr die Tränen in den sanften braunen Augen standen. »Ich habe dir noch etwas Brühe gebracht. Der Doktor sagte, daß du viel trinken mußt!«

Ich hob den Arm, um mich auf ihre Schulter zu stützen, und verzog dabei schmerzhaft das Gesicht. »Danke, Juanita.«

Sie führte mich zu einem Stuhl. »Hast du Hunger?«

Ich blickte zu ihr hoch und lächelte.

»Ich weiß, du hast immer Hunger.« Sie ging mein Frühstück holen. Ich kroch zu meiner Matte und schlief wieder ein.

Am nächsten Tag kam Guerrero, der Plantagenbesitzer, vorbei, um mich zu besuchen. »Ich habe schon gehört, was passiert ist.«

»Ich könnte Ihnen die Esel zwar an diesem Wochenende ersetzen. Doch der Doktor meinte, daß ich eine Zeitlang nicht reiten darf – ich kann Ihnen die Tiere also nicht vorbeibringen.«

»Besorg du die Esel, und ich kümmere mich darum, daß sie abgeholt werden.«

»Paßt es Ihnen Sonntag früh?«

Ich beschrieb ihm den Weg zu Juanitas Häuschen. »Da in meinen Preisen die Lieferung normalerweise enthalten ist, gebe ich Ihnen die Esel hundert Pesos billiger.«

Nachdem Guerrero gegangen war, begab ich mich zum Mietstall, um meine Rechnung bei Señor Johnson zu begleichen – tausendfünfhundert Pesos kostete mich das Pferd, weitere zweitausend brauchte ich, um die Esel zu ersetzen. Ein ziemlich teures Wochenende.

Ich schaute kurz beim Arzt vorbei, um mich untersuchen zu lassen, und kaufte mir dann ein Gewehr. Ich hätte nie gedacht, daß ich mich eines Tages gegen einen anderen Menschen verteidigen müßte, doch falls es ein nächstes Mal gab, wollte ich entsprechend gerüstet sein. Pedro zufolge konnte ich froh sein, daß so etwas nicht schon längst passiert war.

Noch Wochen nach diesem Vorfall hatte ich schreckliche Angst zu reisen. Ich benutzte meinen Zustand als Entschuldigung und lieferte sogar einige Esel direkt vor Pedros Restaurant aus. Schließlich mußte ich mich jedoch auf meine Rundreise begeben, denn der Monatserste nahte.

Als es soweit war, sammelte ich meine Raten ohne irgendwelche Zwischenfälle ein und machte auf dem Rückweg bei Hector halt. Ich erzählte ihm nichts von dem Überfall. Statt dessen hielt ich meinen Besuch möglichst kurz, so daß ich noch vor Einbruch der Dunkelheit wieder bei Juanita eintraf. Am darauffolgenden Montag ritt ich dann Richtung Süden, um Manuel aufzusuchen.

Während der nächsten Monate verbrachte ich viel Zeit auf Reisen. Pro Woche gewann ich durchschnittlich drei neue Kunden. Obwohl ich nach wie vor Angst hatte und mich ständig umblickte, ließ ich mich nicht von meinen Reisen abbringen, denn ich war besessen von der Idee, Geld anzuhaufen.

An einem Samstagmorgen, kurz nachdem wir geöffnet hatten, betrat ein Fremder das Restaurant. Er saß stundenlang an seinem Tisch und trank einen Kaffee nach dem anderen. Dann bestellte er Mittagessen und ein Dessert. Als ich am Nachmittag sein letztes schmutziges Geschirr abräumte und er immer noch dasaß, sprach ich ihn an: »Ich will ja nicht aufdringlich sein, Señor, aber erwarten Sie noch jemanden?«

Er schüttelte den Kopf. »Man hat mir gesagt, daß ich ihn hier finden würde.«

»Wen?« fragte ich. »Ich kenne die meisten Gäste. Vielleicht kann ich Ihnen weiterhelfen.«

»Es ist mir sehr unangenehm ... Ich weiß gar nicht, wie er richtig heißt«, sagte der Fremde. »Die Leute haben ihn immer nur den Eselmann genannt.«

Verblüfft trat ich einen Schritt zurück. »Was wollen Sie denn von ihm?«

»Ich möchte ihm ein geschäftliches Angebot machen.«

»Tatsächlich?« Ich lächelte ihn an. »Nun, Señor – er steht vor Ihnen.«

»Du? Aber du bist doch noch ein Junge!«

»Bin ich nicht. Ich bin schon fast zwanzig«, sagte ich und reckte mich.

»Dir geht ja ein ganz schöner Ruf voraus, mein Junge!«

»Wie meinen Sie das?« fragte ich und hoffte, daß er mich nicht auf die gestohlenen Esel ansprechen wollte.

»Alle, mit denen ich geredet habe, halten dich für einen Experten.«

»Was Esel angeht, kaufe ich immer nur die besten.«

»Das habe ich auch gehört. Können wir uns mal in Ruhe unterhalten?«

Ich ging in die Küche und holte mir etwas zum Mittagessen. Während ich mir Reis und Bohnen auf den Teller häufte, fragte ich mich, was er mir wohl vorschlagen wollte. Seine Hände sahen nicht rauh aus wie die eines Bauern, aber vielleicht war er ja Plantagenbesitzer. Ich schenkte eine Tasse Kaffee für ihn ein und kehrte in den Speisesaal zurück. »Ich heiße übrigens Juan Gomez.«

»Juan, ich heiße Buford«, erwiderte er, »Buford Jones. Mein Arbeitgeber, die US-Kavallerie, benötigt für ein ganz besonderes Vorhaben sehr viele Esel.«

»Wie viele denn?« erkundigte ich mich und biß ein Stück von meiner Tortilla ab.

»Zweihundert sofort und dann wahrscheinlich fünfzig im Monat – über einen unbestimmten Zeitraum.«

Die Tortilla blieb mir fast in der Kehle stecken. »Sie wollen, daß ich Ihnen die Esel besorge?«

»Man hat mir gesagt, daß du der beste Mann dafür seist.«

»Ich würde Ihnen ja gern helfen, aber ich weiß noch nicht, wo ich so viele Esel auftreiben kann. Wie schnell brauchen Sie sie denn?«

»Am besten gestern!« Er lachte. »Aber mein Boß wäre schon zufrieden, wenn er im nächsten Monat fünfzig pro Woche bekäme.«

»Ich muß mal rumfragen. Ich bin mir nicht sicher, ob es so viele erstklassige Esel gibt.«

»Das glaube ich gern, und deshalb sind wir auch bereit, zweitausend Pesos pro Stück zu bezahlen.«

Ich riß die Augen auf. »Das ist ein sehr guter Preis, Señor!«

»Das weiß ich, Junge, aber es handelt sich auch um eine sehr große Bestellung.« Buford griff nach seinem Hut. »Sieh zu, was du tun kannst! Montag morgen komme ich wieder, dann erwarte ich eine Antwort von dir.«

Nachdem er gegangen war, brachte ich alle Bestellungen durcheinander und verärgerte dadurch einige Gäste. Bufords Angebot

konnte mein Fahrschein aus der Armut sein. Doch wie sollte ich so viele erstklassige Tiere finden?
Pedro zog mich in der Küche beiseite. »Was ist denn eigentlich los mit dir? Die Leute beschweren sich schon!«
Am Ende eines sehr langen Nachmittags ging ich mit starken Kopfschmerzen zur Auktion und kaufte dort drei Esel. Insgesamt hätte ich vielleicht fünf erstklassige Tiere erwerben können – ich brauchte aber zweihundert. Wo sollte ich bloß so viele Esel auftreiben?
Am nächsten Morgen stand ich mit den ersten Sonnenstrahlen auf und lieferte meine Esel aus. Danach besuchte ich Hector. Miguel öffnete mir die Tür. Obwohl er mich normalerweise höflich und distanziert wie einen Gast behandelte, zog er mich diesmal förmlich ins Haus. »Ich bin so froh, daß Sie dasind!« sagte er.
»Was ist los?«
»Señor Hector hat Lungenentzündung.«
Das Blut wich mir aus dem Gesicht. »Eine Lungenentzündung?«
»Seit Wochen schon ging es ihm nicht gut. Erinnern Sie sich noch, daß ich Ihnen sagte, er sei auf Geschäftsreise, als Sie den Esel vorbeibrachten?« Miguel trat verlegen von einem Fuß auf den anderen. »In Wahrheit war er beim Arzt.«
Mein Herz sank. Hector hatte mir erzählt, daß seine Reise nicht gut verlaufen war. »Kann ich ihn sehen?«
Miguel führte mich die Treppe hinauf. »Señor Hector«, sagte er, während er an die Tür klopfte, »Besuch für Sie!«
Ich fürchtete mich davor, Hector ernsthaft krank zu sehen, doch ich faßte mir ein Herz und trat ein.
Er verzog den Mund zu einem breiten Lächeln und klappte sein Buch zusammen.

Ich atmete erleichtert auf. »Sie sehen besser aus, als ich erwartet hatte.«
»Ich bin auf dem Wege der Besserung.«
»Warum haben Sie nicht nach mir geschickt?«
»Das war nicht nötig. Komm, zieh dir einen Stuhl heran.«
»Nicht nötig? Hector, wenn noch einmal so etwas passiert, dann möchte ich das sofort erfahren!«
»Ja, Chef!« Hector salutierte scherzhaft. »Und jetzt erzähl mir, was dich hierher führt!«
»Ich bin gekommen, um Sie zu besuchen.«
Hector unterdrückte ein Lächeln. »Ich weiß doch, daß du etwas auf dem Herzen hast.«
»Ich will Sie nicht auch noch mit meinen Problemen belasten.«
»Bitte erzähl mir, was dich bedrückt«, sagte Hector. »Mein Gehirn kann ein bißchen Training gut gebrauchen.«
Ich stand auf. »Sie müssen sich noch erholen!«
»Ich bin erholt genug!« sagte Hector. »Los, raus mit der Sprache!«
Ich lief unruhig vor seinem Bett hin und her; schließlich hielt ich inne und sah ihn an. »Ich soll zweihundert Esel für die US-Kavallerie besorgen.«
»Wie aufregend! Das wirst du doch machen, oder?«
»Ich glaube kaum. Ich weiß nicht, wo ich so viele Esel herbekommen soll, und ich habe gar nicht die Zeit, danach zu suchen.«
»Juan, wieviel verdienst du im Monat?«
Ich schwieg und schlug die Augen zu Boden.
Hector winkte ab. »Du brauchst es mir nicht zu sagen, wenn es dir zu persönlich ist.«
»Ich habe es nie richtig ausgerechnet. Die Esel bringen un-

gefähr zehntausend ein und die Armreifen etwa genausoviel.«

»Kannst du dir leisten, zweihundert Esel auf Vorschuß zu kaufen?«

»Wenn ich meine ganzen Ersparnisse aufbrauche.«

Hector blickte einen Moment lang nachdenklich drein, dann leuchteten seine Augen auf. »Es gibt nur eine Lösung«, sagte er. »Du mußt aufhören, im Restaurant zu arbeiten!«

»Aufhören? Das kann ich doch nicht machen!«

»Warum nicht?«

»Diese Leute sind meine Freunde!«

Hector schüttelte langsam den Kopf. »Wenn du dich nicht ganz auf dein Ziel konzentrierst, wirst du niemals reich werden.«

Ich fühlte mich verletzt. »Wie können Sie sagen, daß ich mich nicht auf mein Ziel konzentriere! Ich arbeite von morgens bis abends!«

»Juan, du mußt dein eigener Chef werden. Sieh dich an, du arbeitest täglich zwölf Stunden – und das an sechs Tagen in der Woche. Kein Wunder, daß dir keine Zeit bleibt, Esel zu finden!«

»Aber die Arbeit im Restaurant ist meine Sicherheit«, sagte ich, während ich nach den Pesos in meiner Hosentasche tastete. »Was mache ich, wenn etwas schiefgeht?«

»Du wirst niemals reich, indem du für andere arbeitest. Du wirst bestenfalls über die Runden kommen. Du arbeitest hart für andere – warum arbeitest du nicht genauso hart für dich selbst?«

»Vielleicht weil es so einfacher ist … Ich muß meinen Tag nicht so genau planen.«

»Das ist bloß eine Ausrede. Übernimm endlich Verantwortung für dein Leben! Wenn du für dich selbst arbeitest, bestimmst du, wieviel du verdienst und wie lange du arbeitest. Deinem Erfolg sind keine Grenzen gesetzt, wenn du den Mut hast, dich selbständig zu machen.«

»Es macht mir aber etwas angst. Wenn ich nun scheitere?«

»Und wenn schon! Dann kannst du immer noch zurück in dein altes Leben und Leute bedienen.«

Hectors Worte trafen mich hart. Wenn ich meine Arbeit als Kellner und das Leben, an das ich mich gewöhnt hatte, nicht aufgab, würde ich niemals reich werden. Ich konnte nicht länger beides machen. Ich mußte eine Entscheidung treffen.

NEUE INVESTITIONEN

Als Buford am Montag morgen ins Restaurant kam, trat ich ihm mit klopfendem Herzen entgegen.

»Nun, Eselmann?« sagte er.

Ich holte tief Luft. »Ich bin einverstanden«, erwiderte ich überzeugter, als ich es eigentlich war.

Nachdem wir die Einzelheiten besprochen hatten, gab ich zu: »Ich bin allerdings noch nicht sicher, ob ich so viele Tiere auftreiben kann.«

Buford schrieb mir seine derzeitige Adresse auf. »Halte mich auf dem laufenden, wir werden schon eine Möglichkeit finden.«

Nachdem der Amerikaner gegangen war, blieb ich am Tisch sitzen und starrte aus dem Fenster. Ich mußte unbedingt mit Pedro sprechen. Vielleicht sollte ich ihn sicherheitshalber nur bitten, mir einige Zeit freizugeben. Es kostete mich viel Mut, endgültig im Restaurant aufzuhören, denn ich hatte Angst vor einer so großen Veränderung.

Ich fand Pedro, während er gerade über seiner Buchhaltung brütete. Diese Zahlen hatten immer entscheidenden Einfluß auf seine Stimmung. »Pedro«, begann ich zögernd, »kann ich Sie mal kurz sprechen?«

»Setz dich«, sagte er, ohne aufzublicken.

Ich betrachtete sein mühevoll geglättetes Haar. Meine Neuigkeiten würden vermutlich dafür sorgen, daß ihm das Kraushaar an diesem Morgen noch mehr zu Berge stehen würde als sonst.

Pedro notierte ein paar Zahlen und klappte dann sein Hauptbuch zu. »Was gibt's?«

»Pedro, ich bin hier ...«, ich nahm meinen ganzen Mut zusammen, »um zu kündigen.«

»Was?«

Ich fuhr zusammen. »Ich möchte im Restaurant aufhören. Ich habe einen Kunden gefunden, der ein paar hundert Esel benötigt.«

»Schon wieder diese verdammten Esel!« Pedro donnerte mit der Faust auf den Tisch. »Ich hätte dem Ganzen schon vor langer Zeit ein Ende setzen sollen!«

»Haben Sie es denn versucht?«

»Was glaubst du, warum ich dir laufend Prämien gezahlt habe? Ich wollte, daß du das Schöne am Restaurantgewerbe erkennst!«

»Das tue ich auch, Pedro. Es ist nur so, daß diese Gelegenheit ...«

»Gelegenheit?« Pedro stützte seine Hände auf den Tisch und beugte sich heftig nach vorn. »Wozu? Gelegenheit, dich da draußen in der Einsamkeit zwischen lauter Bandidos rumzutreiben?«

Ich schluckte. Ich hatte bisher nur an das Geld gedacht. Plötzlich malte ich mir aus, wie ich ganz allein durch die Berge reisen mußte. Er hatte recht. Es konnte sehr gefährlich werden.

»Überleg es dir noch mal, Junge! Hier ist es sicher. Wie klingt denn eine Teilhaberschaft in deinen Ohren?«

Ich fühlte nach dem Vertrag in meiner Tasche. Sollte ich die ganze Sache sausen lassen? »Lassen Sie mich noch mal darüber nachdenken. Ich sage Ihnen Bescheid.«

Pedros Vorschlag brachte mich in ein Dilemma. Nach meinem Gespräch mit Hector hatte ich geglaubt, die Antwort gefunden zu haben. Nun war ich mir nicht mehr so sicher. Gedankenversunken ging ich in die Küche.

»Lach doch mal, Kleiner!« sagte Juanita und kitzelte mich.

»Mir ist nicht danach.«

»Was ist los?«

»Ich bin ganz durcheinander«, erwiderte ich. »Ich habe ein Gefühl, als ob mir der Kopf gleich zerspringt!«

Juanita führte mich zu einem Schemel. »Kann ich dir helfen?«

Ich erzählte ihr von dem Kavalleristen und seinem Großauftrag.

»Was für eine wunderbare Gelegenheit für dich, Juan!«

»Ja, das dachte ich auch zuerst – aber Hector meint, daß ich im Restaurant kündigen sollte, und Pedro hält mich für einen kompletten Narren! Er hat mir eine Beteiligung angeboten.«

Juanita schnappte nach Luft. »Und was sagen seine Töchter dazu?«

»Keine Ahnung, aber ich hasse es, ihn zu enttäuschen. Für ihn bin ich der Sohn, den er nie gehabt hat.«

»Was wirst du tun?«

»Ich habe dem Kavalleristen zugesagt…« Ich biß mir auf die Lippen. »Inzwischen bin ich mir nicht mehr so sicher.«

Juanita schwieg einige Zeit lang. Schließlich fragte sie: »Was willst denn du?«

»Wie bitte?« sagte ich. Einen Moment lang hatte sie fast wie Hector geklungen.

»Was willst du am liebsten?«

»Geld«, entgegnete ich. »Viel Geld.«

»Wirst du das hier verdienen?«
»Nun ... Ich hätte ein gesichertes Auskommen.«
Juanita lächelte. »Da hast du deine Antwort«, sagte sie. »Es ist ein Risiko. Hast du den Mut, es einzugehen?«
Ich lächelte zurück und stand auf, um zu gehen.
»Die Jungen und ich werden dich vermissen.«
Ich hielt inne und drehte mich um. Juanita hatte Tränen in den Augen. Wieder einmal hatte ihr praktisches Wesen die Oberhand über ihre Gefühle gewonnen. »Ich hab' dich lieb, Juanita«, sagte ich und umarmte sie.
»Paß auf dich auf«, erwiderte sie.
Ich griff in meine Tasche und gab ihr die Miete für den nächsten Monat sowie dreihundert Pesos, um davon Weihnachtsgeschenke zu kaufen. Dann suchte ich Pedro noch einmal auf.
»Pedro«, begann ich und schluckte, »was hältst du von José als Ersatz für mich?«
Pedro sackte in sich zusammen. »Du hast dich also trotz allem entschlossen, uns zu verlassen?«
Ich nickte. »Versteh mich bitte nicht falsch, Pedro. Ich weiß sehr wohl zu schätzen, was du alles für mich getan hast. Ich mache das nicht, um dir weh zu tun.«
»Du wirst noch auf Knien zurückgerutscht kommen!« sagte er mit mühsam unterdrückter Erregung.
»Dann bin ich gescheitert.«
Pedro sah mir in die Augen. »Ich habe Angst um dich, Juan.«
»Ich habe auch Angst. Aber ich muß es versuchen.«
Pedro trat zögernd einen Schritt auf mich zu, und ich umarmte ihn. Wieder stiegen mir die Tränen in die Augen. »Danke für alles.« Im Türrahmen drehte ich mich noch einmal um und sah, daß Pedro sich lautstark in ein Taschentuch schneuzte. Ich würde das Restaurant sehr vermissen.

Im Mietstall kaufte ich das Pferd, das ich seit dem Raubüberfall immer gemietet hatte – ein großer Schritt für den Sohn eines armen Pächters. Nun bekam ich doch allmählich kalte Füße. Na ja, ich konnte immer noch zurückkehren und mir eine Arbeit suchen – wahrscheinlich überall, nur nicht bei »Pedro's«.

Als erstes hielt ich bei der Auktionshalle an, um Eloy Chavez, dem Geschäftsführer, einen Besuch abzustatten. »Der Artikel in der Zeitung hat den Kerl anscheinend davon abgehalten, sich hier noch einmal blicken zu lassen.«

»Vielen Dank noch mal für das, was Sie getan haben«, sagte ich und blickte dabei verlegen zu Boden. Die ganze Angelegenheit mit dem gestohlenen Esel war mir immer noch peinlich. »Doch ich bin wegen einer anderen Sache hier.«

»Ich habe der Zeitung nur die Wahrheit berichtet.« Vermutlich spürte Eloy meine Verlegenheit. »Also ... Wie kann ich dir helfen?«

»Ich hatte gehofft, Sie könnten mir vielleicht sagen, wo es noch weitere Auktionen gibt.«

»Sind meine Esel nicht mehr gut genug für dich?«

»Die US-Kavallerie will in den nächsten vier Wochen zweihundert Esel von mir beschafft haben.«

Eloy pfiff leise. »Das ist ein großer Auftrag! Aber ich frage mich ...« Nachdem er einen Moment lang geschwiegen hatte, griff er nach einer Landkarte, die hinter ihm auf dem Tisch lag. »Wenn ich du wäre, dann würde ich mich auf diese Ecke konzentrieren.« Er deutete auf einen Bereich im Südosten von Mexiko City.

»Warum?«

»Wegen der Eisenbahn.«

»Das verstehe ich nicht«, sagte ich.

»Ich vermute, die Esel sollen nach Texas gehen. Wie willst du sie dahin schaffen?«
Ich zögerte. »Die Eisenbahn ist doch noch nicht fertiggestellt, oder?«
Eloy schüttelte den Kopf. »Deshalb arbeitest du dich langsam in Richtung Osten vor, verstehst du? Verfrachte sie in einen Zug nach Veracruz, und verschiffe sie dann von dort aus.« Eloy grinste. »Außerdem hat dieser Weg noch einen anderen Vorteil.«
»Welchen denn?«
»Züge lassen sich nicht so leicht ausrauben! Die Postkutsche wird doch dauernd von den Bandidos angehalten. Ein paarmal schon sind die Passagiere splitterfasernackt in der Stadt angekommen!«
Ich lachte. »Danke für Ihre Hilfe.«
Bevor ich ging, sagte Eloy noch: »Ich kann dir einen Pferch anbieten, wenn du die Esel hier unterstellen willst.«
Während ich zu Juanitas Haus zurückritt, entschloß ich mich, nicht mit dem nächsten Zug nach Veracruz zu fahren, sondern zu reiten. Falls ich unterwegs geeignete Esel fand, konnte ich sie dann einfach neben mir her treiben.
Zu Hause angekommen, breitete ich die Landkarte aus und plante meine Reiseroute. Ich packte einige Sachen ein und begab mich dann zu Bufords Büro. »Ich habe inzwischen einiges nachgeprüft, und es sieht so aus, als ob ich einen geeigneten Weg gefunden habe.« Ich erläuterte ihm Eloys Strategie.
»Das wird in der Tat sehr viel Zeit sparen.« Er füllte die nötigen Papiere aus und gab sie mir.
Bevor ich die Stadt verließ, machte ich noch einen kleinen Umweg an Pedros Restaurant vorbei. Ich hielt auf der gegenüberliegenden Straßenseite an und erinnerte mich daran, wie

verängstigt ich gewesen war, als ich es zum ersten Mal gesehen hatte. Inzwischen kannte ich die tägliche Routine auswendig: Die Hilfskellner deckten gerade die Tische für das Abendessen ein, Juanita schmeckte ihre Soßen ab, und Pedro saß in seinem Büro und verbuchte die Einnahmen.
Eine Träne lief mir die Wange hinunter. Nun gehörte ich nicht mehr dazu. Ein neues Abenteuer erwartete mich. Es war mir schwergefallen, mich zu verabschieden. Meine Kollegen waren mir Freunde geworden, besonders Juanita und Pedro.
Ich wischte mir die Tränen ab. Falls ich noch an diesem Abend zur Auktion nach Texcoco gelangen wollte, war es höchste Zeit aufzubrechen.

Der siebenundzwanzig Meilen lange Ritt durch rauhes Gelände dauerte länger, als ich es erwartet hatte. Ich kam gerade noch rechtzeitig vor Auktionsschluß an und kaufte drei Esel. Fehlen nur noch hundertsiebenundneunzig, dachte ich mißmutig. Da ich die Esel nirgendwo unterstellen konnte, ritt ich an den Stadtrand und übernachtete im Freien.
Zur Schlafenszeit lag ich auf dem Rücken und hielt das Gewehr dicht neben mir. Der pechschwarze Nachthimmel war mit Sternen übersät. Es sah wunderschön aus, dennoch fehlten mir die häuslichen Annehmlichkeiten und der seelische Trost, den ich zu Hause fand. Ich fragte mich, ob Hector sich auf seinem Weg zum Reichtum auch so einsam gefühlt hatte.
Meine Zweifel dauerten auch am nächsten Morgen noch an. Ich brauchte so schnell wie möglich weitere siebenundvierzig Esel. Ich packte meine Sachen zusammen und ritt Richtung Osten. Drei Esel über das steile Gelände zu führen hielt mich dabei ziemlich auf. Es mußte noch einen besseren Weg geben.
In der nächsten Stadt band ich die Esel vor einem Restaurant

fest und ging hinein, um etwas zu Mittag zu essen. Ich erkundigte mich bei einem der Gäste nach der Viehauktion.

»Die hat schon vor Wochen dichtgemacht, Señor.«

Entmutigt trank ich Kaffee, sammelte dann meine Esel wieder ein und begab mich auf den mühsamen Weg nach Calpulalpan. Dort bestellte ich ein Sandwich und aß es, während ich zur örtlichen Auktion weiterritt. Bei der Versteigerung erwarb ich zwei Esel zu dreihundertfünfzig Pesos das Stück.

Danach ritt ich mit meinen fünf Eseln südwärts in Richtung Apizaco weiter. Kurz nach Einbruch der Dunkelheit begann eines der Tiere laut zu schreien. Esel sind normalerweise sehr trittsicher, daher war ich überrascht, als ich feststellen mußte, daß einer von ihnen in einer Felsspalte gestrauchelt war und sich das Bein gebrochen hatte.

Ich zog mein Gewehr hervor. Ein verletztes Tier konnte ich nicht gebrauchen. Der Schuß hallte weithin hörbar durch die stille Nacht. Dann ritt ich schnell weiter. Ich wollte Abstand zwischen mir und dem toten Esel schaffen.

Während ich in dieser Nacht am Feuer lag, geriet ich in immer tiefere Verzweiflung. Wie sollte ich je meine Vereinbarung mit Buford erfüllen? Es würde unmöglich sein, mit fünfzig Eseln im Schlepptau durchs Gebirge zu reiten. Schließlich schlief ich ein und träumte von dem Esel, den ich hatte töten müssen.

Die warme Sonne, die am nächsten Morgen hinter den Bergwipfeln hervorguckte, heiterte mich wieder etwas auf. Ich hatte meine Sorgen fast vergessen – bis ich auf die Landkarte schaute: Es waren immer noch hundert Meilen bis Orizaba und von da aus noch einmal ungefähr achtzig bis Veracruz. So ging es einfach nicht weiter. Ich wäre besser zu Hause geblieben und hätte meine Arbeit im Restaurant behalten. Statt daß ich nun Seite an Seite mit meinen Freunden arbeitete, mußte ich mutterseelenallein von einer Stadt zur nächsten reisen.

Ich packte zusammen und ritt weiter. Einsam und verlassen führte ich die Tiere über einen Gebirgskamm nach dem anderen. Und ich hatte die Arbeit im Restaurant zu eintönig gefunden! Vielleicht hatte Pedro recht gehabt: Eine Horde Esel durch gebirgiges Gelände zu zerren und sich ständig um die eigene Sicherheit zu sorgen, das war auch nicht vergnüglicher. Als ich einige Plantagen passierte, spielte ich mit dem Gedanken, meine Esel dort zu verkaufen und nach Hause zurückzukehren. Pedro würde mir meinen Mißerfolg immer wieder unter die Nase reiben – Hector wahrscheinlich ebenso, wenn auch aus anderen Gründen.

Nach zwanzig langen, zermürbenden Meilen schlug ich an diesem Abend mein Lager auf. Die dichte graue Wolkendecke tat ein übriges, um meine Stimmung zu verdüstern. Ich hoffte, daß es regnen würde. Wenn ich mir in durchnäßter Kleidung eine Lungenentzündung holte, wäre ich zu krank, um meine Suche fortzusetzen. Dann könnte ich mich vor der Weiterreise drücken und hätte trotzdem meine Ehre gerettet. Doch der nächste Tag brach an, und ich war vollkommen trocken geblieben. Ich ritt nach Apizaco, wo ich mit den Eseln einen Zug bestieg. Ich hatte endgültig die Nase voll davon, durch das gebirgige Gelände zu klettern und ein Städtchen nach dem anderen abzuklappern.

Gegen Mittag fuhren wir in Orizaba ein, das in einem fruchtbaren, reich bebauten Tal lag. Obwohl es von Bergen umgeben war, bot das auf nur eintausendzweihundertfünfzig Meter Höhe gelegene Tal eine willkommene Abwechslung von dem kargen, gebirgigen Hochland, das ich zuvor durchquert hatte. Doch ich war immer noch niedergeschlagen. Der Zug nach

Mexiko City fuhr allmorgendlich ab. Vielleicht würde ich ja schon im nächsten sitzen. Nachdem ich einen Pferch gemietet hatte, um die Tiere unterzustellen, entspannte ich mich bei einem langen, heißen Bad und hielt ein dringend notwendiges Nickerchen.

An diesem Abend kaufte ich drei weitere Tiere und fühlte mich keinen Deut besser. Ich hoffte, daß wenigstens ein ordentlicher Nachtschlaf meine Stimmung bessern würde.

Dem war nicht so. Inzwischen war bereits Donnerstag; ich hatte erst sieben Esel gekauft und war erbärmlich weit von den fünfzig Tieren entfernt, die ich brauchte. Halb wollte ich schon aufgeben, dennoch machte ich weitere Pläne.

Nachdem ich die Karte zu Rate gezogen hatte, reiste ich nach Córdoba, wo ich am Freitag abend an einer Auktion teilnahm, und kehrte am folgenden Tag wieder nach Orizaba zurück. Bis Samstag abend hatte ich weitere neun Esel erworben.

Ich konnte die sechzehn Esel nehmen, um meine anderen offenen Bestellungen zu erfüllen, und das Geschäft mit der Kavallerie vergessen.

Obwohl dieser Gedanke durchaus verlockend war, schlug ich meinen Stützpunkt in Orizaba auf, reiste von dort aus in die benachbarten Städte und kehrte an den Mittwoch- und Samstagabenden zurück, um die Auktion zu besuchen. Ich erwarb weitere zehn Esel – eine Ausbeute, die ich wohl auch gefunden hätte, wenn ich in Mexiko City geblieben wäre.

Am nächsten Morgen saß ich in meiner Unterkunft, trank Kaffee und starrte trübselig aus dem Fenster. Es hatte keinen Sinn. In einem Zeitraum von zwei Wochen hatte ich nur sechsundzwanzig Esel auftreiben können. Ich wußte nicht, was ich tun sollte – die Reise nach Veracruz fortsetzen oder die Esel mit mir zurück nach Mexiko City nehmen.

Lange Zeit saß ich nur da und war wie gelähmt vor Unentschlossenheit. Schließlich sammelte ich meine Esel ein und kaufte für uns einen Zugfahrschein nach Hause. Während der Zug aus der Stadt herausdampfte, versuchte ich mich damit zu trösten, daß ich nun wenigstens die Feiertage bei meiner Familie verbringen würde.
Was hatte mich nur glauben lassen, daß ich, der Sohn eines armen Pächters, eine so große Verpflichtung auf mich nehmen und Erfolg haben könnte? Es war wohl besser für mich, meinen Platz zu akzeptieren und reumütig zu Pedro zurückzukriechen. Wenigstens hatte ich es versucht.
Doch je weiter sich der Zug von Orizaba fortbewegte, desto deprimierter wurde ich. Ich konnte meine Niederlage nicht so einfach akzeptieren. Während ich in die steilen Schluchten hinunterblickte, formte sich eine Idee in meinem Kopf. Plötzlich sprang ich hoch und zog die Notbremse.
Der Schaffner kam durch das Abteil gelaufen. »Was ist los? Wer hat den Zug angehalten?« fragte er.
»Ich«, sagte ich, während ich mich von meinem Platz erhob. »Ich brauche dringend mein Pferd und muß zurück nach Orizaba!«
»Ich sollte dich rausschmeißen! Weißt du nicht, daß wir an der steilsten Stelle der Steigung sind?«
Ich seufzte tief. »Es tut mir leid, aber es ist sehr wichtig!«
In Orizaba schickte ich ein Telegramm an Eloy ab, in dem ich ihn bat, die Esel bis zu meiner Rückkehr zu versorgen und in dem Pferch unterzustellen, den er mir angeboten hatte.
Am nächsten Morgen wachte ich früh auf und machte mich auf den Weg zum Auktionsgelände. Nachdem ich eine Weile gesucht hatte, fand ich den stellvertretenden Auktionsleiter im Gespräch mit einem seiner Stallburschen.

»Entschuldigen Sie, Señor«, sagte ich. »Darf ich Sie etwas fragen?«
»Worum geht's denn?« meinte er.
Ich biß mir auf die Lippe. Ich haßte es, mich so unsicher zu fühlen. »Gibt es hier in der Gegend einen Eselzüchter?«
»Warum willst du das wissen?«
»Ich suche Arbeit«, log ich.
Der Auktionsleiter starrte mich wütend an. »Du bist hier in einer Kleinstadt, Junge! Ich weiß ganz genau, daß du hier in der Gegend herumgereist bist und Esel gekauft hast! Wieso sollte ich der Konkurrenz einen Kunden schicken?« Dann stolzierte er davon.
Beschämt ließ ich den Kopf hängen. Warum hatte ich ihm auch nicht die Wahrheit gesagt? Jetzt würde ich noch jemanden fragen müssen. Obwohl ich schon so viele erfolgreiche Verkaufsgespräche geführt hatte, fiel es mir immer noch schwer, fremde Leute anzusprechen.
»Señor, Señor, hier drüben!«
Ich blickte mich um und entdeckte den Stallburschen, der mir aus der hintersten Ecke des Stalls Zeichen machte. Unauffällig schlich ich zu ihm hinüber.
»Ich habe zufällig mitgehört. Manchmal ist er wirklich unglaublich stur. Ich gebe Ihnen die Information, die Sie brauchen – gegen eine kleine Anerkennung!«
»Wieviel?« fragte ich.
»Hundert Pesos!«
Ich zog das Geld aus der Tasche.
Der Junge griff danach, noch ehe ich darüber nachdenken konnte, ob die Information vielleicht zu teuer erkauft war. »Francisco Vazquez ist Ihr Mann. Er kommt jeden Montag in die Stadt und frühstückt bei ›Emilio's‹.«

»Um welche Zeit?«
Er zuckte mit den Schultern, als ob meine Frage unwichtig sei. »Am späten Vormittag«, sagte er und verschwand.
Da es schon halb elf war, hastete ich eilig zu Emilios Cantina. Als der Kellner kam, um meine Bestellung aufzunehmen, erkundigte ich mich: »Ist Señor Vazquez schon gekommen?«
»Hab' ihn noch nicht gesehen.«
»Ich würde ihn gern kennenlernen. Könnten Sie ihn mir bitte zeigen, wenn er kommt?«
»Ich werde Señor Vazquez ausrichten, daß Sie ihn treffen wollen. Was dann passiert, bleibt ihm überlassen.«
»Na gut«, meinte ich und machte mich auf eine längere Wartezeit gefaßt.
Nach etwa zwanzig Minuten trat ein Mann an meinen Tisch.
»Ich habe gehört, daß Sie mich suchen?«
Ich stellte mich vor und fragte dann: »Stimmt es, daß Sie Esel züchten?«
»Das stimmt.« Vazquez musterte mich. »Warum?«
»Ich hätte vielleicht ein geschäftliches Angebot für Sie«, sagte ich. »Darf ich Sie zum Frühstück einladen?«
Francisco Vazquez nahm seinen Hut ab, unter dem ein schwarzer, welliger Haarschopf zum Vorschein kam. Er setzte sich rittlings auf den Stuhl und blickte mich so freundlich aus seinen großen braunen Augen an, daß meine Verlegenheit dahinschmolz. Wir waren etwa gleich alt. »Wie groß ist Ihre Ranch?« erkundigte ich mich.
»Nur ein paar Morgen.«
Ich ließ enttäuscht die Schultern hängen. »Dann haben Sie gar nicht viele Esel verfügbar?«
»Ich habe so viele oder so wenige, wie ich brauche.«
»Das verstehe ich nicht.«

Francisco lachte. »Mein Nachschub ist in den Bergen.«
»Würden Sie auch an eine Einzelperson wie mich verkaufen?«
»Kommt drauf an. Können Sie bezahlen?«
Ich schlug mir vor die Stirn. Wieso hatte ich nicht schon längst an diese Möglichkeit gedacht? Ich hätte mir viel Zeit ersparen können. »Gibt es noch andere Züchter hier in der Gegend?«
»Klar«, erwiderte er und grinste schelmisch. »Aber ich bin der beste!«
Ich mußte lachen. Francisco wirkte so sympathisch, daß seine Bemerkung noch nicht einmal arrogant klang. »Vielleicht können wir miteinander ins Geschäft kommen«, sagte ich. »Können Sie mir hundert Esel sofort beschaffen – und hundert weitere während der nächsten zwei Wochen?«
Francisco riß die Augen auf, dann wurde sein Gesicht nachdenklich. »Es wird eng, doch ich denke, wir könnten es schaffen. Nun lassen Sie uns über das Geld reden.«
»Ich würde gern zuerst Ihre Ranch sehen.«
»Gut – aber erst nachdem du mir das versprochene Frühstück spendiert hast, *amigo*!«
Franciscos Ranch lag zehn Meilen von der Stadt entfernt. Wann immer der Weg es zuließ, ritten wir nebeneinander her und unterhielten uns. »Wie lange bist du schon im Geschäft, Francisco?«
»Mein Vater hat mit der Eselzucht begonnen, als ich vier war – ich schätze, es liegt mir im Blut.«
»Arbeitet er noch immer mit?«
»Er ist vor drei Jahren gestorben.« Francisco schaute mich an. »Und bei dir?«
»Meiner starb auch vor ein paar Jahren. Allerdings hatten wir nie ein besonders gutes Verhältnis. Wir haben uns dauernd gestritten.«

»Das kenne ich.« Francisco hielt an. »Da unten ist die Ranch.«
Ich blickte ins Tal. »Sie sieht so winzig aus.«
»Ich brauche kaum eigenes Land, ich lasse die Esel in den Bergen grasen.«
»Züchtest du sie denn im eigentlichen Sinne des Wortes?«
Francisco lachte und ritt den Weg hinunter. »Weißt du, im Prinzip ist das ein ziemlich einfaches Gewerbe. Die Eselinnen können im Alter von drei bis dreißig Jahren tragen. Sieben Tage, nachdem sie gefohlt haben, sind sie schon wieder bereit, einen Hengst zu empfangen. Zur Zeit habe ich vierhundert Eselstuten in unterschiedlichen Stadien der Trächtigkeit.«
»Hältst du männliche Esel speziell zu Zuchtzwecken?«
»Das brauche ich gar nicht. Wenn ein Weibchen bereit ist, binden wir sie an einen dieser Pflöcke am Fuße des Berges. Ihr Schreien lockt den wilden Hengst herbei – und voilà: ein Fohlen ist unterwegs – eins, das so friedfertig ist wie die Mutter und so zäh wie der Vater.«
»Wie alt sind die Esel, wenn du sie verkaufst?«
»Ungefähr drei Jahre, manche vielleicht etwas älter. Wenn man sie zu früh als Arbeitstiere einsetzt, dann hemmt das ihr Wachstum.«
»Du scheinst dein Metier zu verstehen«, sagte ich und stieg vom Pferd.
»Komm mit, ich führe dich herum.«
Mein Herz schlug schneller. Noch nie hatte ich so viele Esel – graue, schwarze, braune und weiße – auf einem Haufen gesehen.
»Diese hier sind bereit zum Verkauf«, sagte er, als wir zum vierten Pferch kamen. »Siehst du welche, die dir gefallen?«
»Meine Güte – sie sehen alle so gesund aus! Ich bin überrascht, daß du so viele hast!«

»In den letzten Jahren haben wir wenige Esel verkaufen können. Das Land konzentriert sich in den Händen einiger Großgrundbesitzer, und die scheinen effizienter zu arbeiten und mit weniger Tieren auszukommen.«
Ich wählte einige Esel aus und untersuchte ihre Zähne – der beste Hinweis auf gute Pflege. »Wieviel willst du für hundert Esel haben?« fragte ich.
»Dreihundert pro Kopf.«
»Dreihundert?« Ich traute meinen Ohren kaum.
»Wieso? Stimmt was nicht?«
»Nein, nein«, sagte ich schnell und versuchte mir meine Überraschung nicht anmerken zu lassen. »Ich habe mich bloß gerade gefragt, wie ich sie nach Orizaba schaffen kann.«
»Für weitere fünfundzwanzig pro Stück können wir sie für dich bis zur Eisenbahnstation treiben.«
»Einverstanden«, sagte ich, froh über die Hilfe. »Wie geht es im Hafen von Veracruz weiter?«
»Das ist ganz einfach. Der Zug bringt dich direkt bis zum Hafen. Du könntest die Esel selbst verladen oder jemanden anheuern – an den Docks gibt's genug Leute.«
»Ich nehme hundert jetzt, und wenn alles gutgeht, hole ich am Wochenende noch mal fünfzig ab.«
Am nächsten Morgen trieben Franciscos Jungen die Esel ohne Probleme zur Bahnstation. Nachdem die Tiere verladen waren, besorgte ich einen Fahrschein. Der Zug trug uns über Berge, die mit Zedern und Walnußbäumen bedeckt waren, an Kaffee- und Tabakplantagen vorbei und dann hinunter in das heiße Küstentiefland, wo tropische Früchte angebaut werden.
Je näher wir Veracruz kamen, desto heißer und stickiger wurde es im Zug. Trotz der hohen Luftfeuchtigkeit genoß ich das Gefühl, mich auf Meereshöhe zu befinden.

Während der Zug über die Geleise in den Hafen rangiert wurde, lief ich zu Fuß den Strand am Golf von Mexiko entlang. Die feuchte, salzige Luft füllte meine Lungen, und ich hatte das Gefühl, ewig weiterlaufen zu können.
Als die Tiere sicher an Bord waren, kehrte ich nach Orizaba zurück, um die nächsten fünfzig zu holen. »Danke, Francisco«, sagte ich, »nächste Woche komme ich, um den Rest zu holen.«
Nachdem ich in der folgenden Woche endlich die letzten der zweihundert Esel die Planken hinauf in das Schiff geführt hatte, ließ ich mich in den Sand fallen und schaute zu, wie die endlosen Wellen an den Strand schwappten. Es war wunderschön hier, doch trotzdem konnte ich es kaum abwarten, endlich wieder nach Hause zu kommen.
Obwohl die Rückreise im Zug sicherer und bequemer war, als Stunden um Stunden im Sattel zu verbringen, langweilte ich mich während der Fahrt. Ich genoß zwar den Blick auf die Landschaft, nahm mir aber vor, das nächste Mal ein Buch einzustecken.
In der Zwischenzeit stellte ich eine Liste der Dinge zusammen, die ich als nächstes tun wollte. Die Begegnung mit Francisco hatte mir neue Energie versetzt.
Während wir durch Calpulalpan fuhren, wurde ich allmählich ungeduldig. Ich wollte endlich nach Hause. Plötzlich holperte der Zug und hielt ruckartig an. Nach ungefähr einer Stunde kam der Schaffner durch mein Abteil und sagte: »Ein Rad ist von den Geleisen gerutscht und gebrochen. Wir müssen auf Ersatzteile warten.«
»Kann ich mein Pferd bekommen?« fragte ich, zu unruhig, um noch länger tatenlos herumzusitzen.
Nach einem Ritt von zehn Meilen erreichte ich das Dorf San

Cristóbal. Ich hielt an einem kleinen Café, um etwas zu Mittag zu essen. Zu meiner großen Überraschung war das Café vollbesetzt. Ich bestellte, setzte mich an einen der Tische und lauschte den Gesprächen. Diese Männer hatten sich offenbar aus einem besonderen Grund versammelt.
Schließlich sprach einer von ihnen mich an: »He, Fremder! Was würden Sie machen, wenn Sie in unserer Lage wären?«
Überrascht erwiderte ich: »Warum fragen Sie mich? Ich bin doch gar nicht betroffen.«
»Vielleicht haben Sie ja eine Idee.«
Etwas geschmeichelt fragte ich: »Worum geht es denn eigentlich?«
»Wir sind doch Pächter auf dieser Apfelplantage.« Der Mann deutete in eine vage Richtung und fuhr fort: »Gestern hat uns der Eigentümer mitgeteilt, daß er verkauft und uns innerhalb einer Woche von seinem Grundstück haben will! Wir haben kein Geld – wir können nirgendwohin.« Der Mann zuckte mit den Schultern. »Wir sind verloren ... Wir wissen nicht, was wir machen sollen.«
Mein Magen zog sich zu einem Knoten zusammen. Am liebsten wäre ich davongelaufen, doch ich blieb wie festgenagelt auf meinem Stuhl sitzen. »Was ist denn passiert?«
»Wir nehmen an, daß der Eigentümer eigene Leute unterbringen will. Wir könnten uns eine andere Arbeit suchen – doch wir verlieren auch unser Zuhause. Es ist einfach nicht gerecht!«
Ich stierte an dem Mann am Nachbartisch vorbei, während vor meinem inneren Auge Bilder von Hernandez abliefen, der mir sagte, daß ich verschwinden solle. Ich hatte gedacht, daß ich meine verletzten Gefühle längst begraben hätte. Nun rissen die alten Wunden wieder auf.

»Señor«, meinte der Mann und berührte meinen Arm. »Alles in Ordnung?«
Ich trank einen Schluck Wasser. »Habt ihr noch irgendein anderes Einkommen?«
»Die Ernte im letzten Herbst war mager, und in diesem Jahr ist sie noch schlechter.«
Mein Mittagessen kam, doch ich hatte keinen Hunger mehr. Ich fühlte mich diesen Männern eng verbunden. Sein Zuhause zu verlieren war schon schrecklich genug, doch wenn man auch noch eine Familie unterbringen und ernähren mußte … Es war gar nicht auszudenken.
»Nun, Señor?« Er blickte mich auffordernd an. »Was würden Sie tun?«
Ich schob die Bohnen auf meinem Teller herum. Schließlich sagte ich: »Können Sie mir das Land zeigen?«
Drei Männer boten sich sofort bereitwillig an.
Der Bauer, der ihr Wortführer zu sein schien, sprach fast den ganzen Weg über. »Um uns anzuwerben, hat der Eigentümer uns eine gute Ernte und Wohlstand versprochen. Wir haben alles verkauft, um das Land pachten zu können – und jetzt haben wir gar nichts mehr!«
»Wie viele seid ihr?«
»Zehn Familien.«
»Habt ihr versucht, ihm das Land abzukaufen?«
»Wir haben all unsere Ersparnisse ausgegeben, um das Land zu erhalten – der Eigentümer hatte versprochen, uns das Geld zurückzuzahlen.«
Die Apfelplantage war kärglich und benötigte dringend Dünger und Wasser, doch ich konnte nachfühlen, daß sie für diese Männer ihre eigene Schönheit hatte. Plötzlich verstand ich, warum mein Vater seine Parzelle nie verlassen hatte. Auch er

hatte das Land geliebt. Ich hatte die Macht, diesen Männern zu helfen. Aber wollte ich es auch?
Nachdem ich mich einige Stunden lang umgesehen hatte, erklärte ich: »Ich brauche mehr Informationen. Wo kann ich den Besitzer finden?«
Einer der Männer zog seine Taschenuhr heraus und lächelte bitter: »In Margaritas Cantina – dort ist er um diese Uhrzeit immer.«
Ich suchte die Cantina auf und sprach den Barkeeper an: »Ich bin auf der Suche nach dem Eigentümer der Apfelplantage.«
»Der da drüben, in der Ecke.«
Ich ging hinüber und tippte dem Mann auf die Schulter. »Entschuldigen Sie, Señor. Ich habe gehört, daß Sie ...«
Der Mann drehte sich zu mir um und blickte hoch.
Mein Gesicht verhärtete sich. »Sie?« Ich trat einen Schritt zurück. »Ihnen gehört die Obstplantage?«
»Mein Gott, bist du das...? Juan? Ja, Juan Gomez, nicht wahr?«
»So treffen wir uns also wieder!«
Hernandez blickte zur Seite und starrte mich dann wieder an. »Was willst du?«
»Ich bin eigentlich gekommen, um mit Ihnen über das Land zu sprechen – aber, jetzt, wo ich weiß, daß Sie der Besitzer sind, ist mir natürlich klar, wieso Sie diese Leute in die Obdachlosigkeit schicken wollen!« Ich haßte ihn. Ich ballte die Fäuste und drehte mich um, um zu gehen.
»Es ist nicht so, wie du denkst«, sagte er.
Ich blieb stehen. »Wollen Sie das Land verkaufen?« warf ich ihm über die Schulter zu.
»Ich habe einen Kaufinteressenten, doch er will mir weniger geben, als ich haben möchte.«

Ich blieb wie angewurzelt stehen. Den Bauern zu helfen hieß gleichzeitig auch, Hernandez zu helfen. Dennoch fühlte ich mich verpflichtet, weiter zu verhandeln. »Wieviel?« fragte ich.
»Fünfundzwanzigtausend.«
Ich schluckte. Das war ein großes Risiko für eine Obstplantage, die vielleicht nichts abwarf. Ich sah Hernandez verächtlich an. »Vielleicht habe ich ja Interesse. Ich werde Sie es wissen lassen.« Wir vereinbarten einen Termin für ein nächstes Treffen.
Wie betäubt verließ ich das Café. Nachdem ich mich wieder etwas beruhigt hatte, fragte ich mich, was wohl mit Hernandez passiert war. Er hatte schrecklich ausgesehen. Doch ich war zu aufgebracht, als daß es mich gekümmert hätte.
Vor mich hin zischend, ging ich die Straße hinunter. Er hatte mir keine Chance gegeben, mich zu beweisen. Er hatte meinen Eltern das Leben schwergemacht und sie schlecht für ihre Arbeit bezahlt. Männer wie er waren Parasiten, Blutsauger.
Wieso sollte ich überhaupt etwas unternehmen? Wahrscheinlich würden einige Jahre ins Land ziehen, bevor ich eine annehmbare Ernte sah. Ich würde den Männern jede Menge Geld vorschießen müssen. Und noch nicht einmal das war eine Garantie dafür, daß die Obstplantage überlebte.
Meine Gedanken schlugen die ganze Nacht über Purzelbäume. Einerseits wäre ich am liebsten davongelaufen und nie mehr wiedergekommen, doch andererseits konnte ich die Bauern nicht vergessen. Ihr Leben erinnerte mich so sehr an mein eigenes. Ich wußte, daß ich etwas unternehmen mußte.

DEN WOHLSTAND TEILEN

Nach einer unruhigen Nacht, in der mich die Frage beschäftigte, wie ich mich entscheiden sollte, verließ ich San Cristóbal und machte mich auf den Weg zu Hector. Ich hoffte, daß er mir helfen konnte, eine Lösung für mein Dilemma zu finden.

Miguel führte mich in den verglasten Erker, wo Hector saß und aus dem Fenster starrte. »Sind Sie immer noch krank?« erkundigte ich mich, als ich sah, wie wenig er gegessen hatte.

»Heute morgen bin ich zwei Meilen gelaufen!« prahlte er. Seine Stimme klang fröhlicher, als er aussah.

Ich schenkte mir eine Tasse Kaffee ein und setzte mich zu ihm. So sehr ich seine klugen Ratschläge auch gebrauchen konnte – ich wollte nicht danach fragen. Hector sah gar nicht gut aus. Wir schauten uns längere Zeit gegenseitig an. Schließlich fragte er: »Hast du im Restaurant aufgehört?«

Ich nickte. »Hector, was hat der Doktor gesagt?«

»Ich bin auf dem Wege der Besserung, diese Dinge brauchen ihre Zeit.« Er musterte mich. »Hast du den Auftrag erfüllt?«

»Ja, nachdem mir die Idee kam, einen Eselzüchter anzusprechen.«

Hector lächelte. »Ich habe mich schon gefragt, wann dir das einfallen würde.«
»Sie hatten die Idee schon? Warum haben Sie mir keinen Hinweis gegeben?«
»Das ist es doch gerade, was den Wohlstand ausmacht: Man muß lernen, eigene Ideen zu entwickeln. Du hast deine Sache gut gemacht!«
»Es hat bloß eine halbe Ewigkeit gedauert!« sagte ich niedergeschlagen.
»Beim nächsten Mal geht es schneller.«
Ich starrte in meine Kaffeetasse und überlegte, ob ich Hector von der Apfelplantage erzählen sollte.
»Beunruhigt dich etwas?« fragte er.
Ich stieß einen tiefen Seufzer aus und platzte mit der ganzen Geschichte heraus.
Hector zuckte mit den Schultern. »Bis jetzt verstehe ich nicht ganz, was dich so quält.«
»Die Bauern haben mich an meine eigene Vergangenheit erinnert ...« Ich begann, unruhig im Zimmer auf und ab zu laufen. »Deshalb wollte ich ihnen gern helfen. Doch seit ich den Eigentümer getroffen habe, bin ich mir nicht mehr so sicher.«
Hector zog die Augenbrauen empor: »Wieso denn das?« fragte er.
»Hernandez ...« Erinnerungen an meine Eltern, an die Ranchería und an sein unfaires Verhalten schossen mir durch den Kopf. »Als ich ihn sah, wollte ich ihn plötzlich nur noch schlagen. Ich wollte ihm all den Schmerz heimzahlen, den er mir bereitet hat.«
»Ist es etwa derselbe ...?«
»Derselbe furchtbare Mann! Wieso sollte ich ihm helfen?«

Hector blickte mich ruhig an, während ich auf und ab lief. Schließlich sagte er: »Wieso läßt du zu, daß die Vergangenheit deine Gegenwart beherrscht?«
Ich blieb abrupt stehen. »Ich? Er ist doch derjenige, der sich keinen Deut verändert hat! Es wird höchste Zeit, daß er seine gerechte Strafe bekommt!«
»Vielleicht hat er die ja schon ...«
»Oh! Ich kann ihn nicht ausstehen! Ich bin so ...« Ich ballte die Fäuste. »Ich werde keine Geschäfte mit ihm machen!«
»Warum hegst du solchen Groll gegen ihn? Hernandez wollte dir nicht absichtlich schaden, als er dich gebeten hat, sein Land zu verlassen.«
»Gebeten?«
»Na gut, befohlen; doch er hat nur getan, was er für nötig hielt, um zu überleben.«
»Verdammt noch mal, es tut weh, es tut furchtbar weh! Er hat meinen Eltern so zugesetzt, bis sie unter dem Druck zusammengebrochen sind!«
»Das ist es also? Du machst ihn dafür verantwortlich, daß sie gestorben sind?«
»Ja ... nein ... Ich meine ... Ich weiß auch nicht.« Ich sank in mich zusammen und setzte mich erschöpft hin. Mir kamen die Tränen, und ich vergrub den Kopf in meinen Armen.
Schließlich sagte Hector leise: »Juan, ich glaube nicht, daß Hernandez vorhatte, dir weh zu tun. Und wenn du das begreifst, wirst du vielleicht auch fähig sein, ihm etwas Mitgefühl entgegenzubringen.«
»Vielleicht«, sagte ich und rieb mir die Augen. Sie fühlten sich rauh wie Sandpapier an.
»Alles, was geschieht, hat irgendeinen Grund. In gewisser Hinsicht hat er dir sogar einen Gefallen getan.«

»Wie wahr, Hector!« sagte ich bitter und verdrehte dabei die Augen.

»Schau dir doch nur an, wo du jetzt stehst, und überleg dir, wo du heute stündest, wenn du auf eurem Hof geblieben wärst. Manchmal wird unser Leben von einem übergeordneten Schicksal gelenkt, das mächtiger ist, als wir uns vorstellen können.«

»Sie meinen, daß ich die Apfelplantage kaufen soll, falls ich ihm verzeihe?«

»Keineswegs – du mußt das tun, was in geschäftlicher Hinsicht richtig und rentabel ist, ohne dich von deinen Gefühlen leiten zu lassen.«

Hector befeuchtete seine Lippen mit der Zunge. »Komm, laß dir etwas kaltes Wasser übers Gesicht laufen – Miguel soll uns in der Zwischenzeit einen heißen Kakao kochen, und wir treffen uns dann in der Bibliothek wieder.«

Ich ging ins Badezimmer. Irgendwie mußte ich meinen Haß zügeln. Ich sollte Hernandez verzeihen, doch ich schämte mich, Hector zu sagen, daß ich es nicht konnte. Jedenfalls noch nicht – und bestimmt nicht so leicht. Als ich in die Bibliothek zurückkehrte, hatte Miguel gerade den heißen Kakao gebracht, und im Kamin brannte ein gemütliches Feuer.

»Du siehst schon viel besser aus«, stellte Hector fest.

Ich setzte mich. »Was denken Sie also? Soll ich die Obstplantage kaufen?«

»Land ist immer eine gute Geldanlage«, meinte Hector langsam. »Es bringt allerdings nicht sofort Geld ein wie der Verkauf eines Esels.«

»Ich weiß, daß es mich viel Geld kosten wird, und ich habe keine Ahnung vom Apfelanbau.«

»Dein Problem bringt mich auf eine Idee ...«, antwortete Hector nachdenklich. »Ich nenne es ›Kooperative‹. Die Päch-

ter werden dabei deine Teilhaber. Im Gegenzug dafür, daß sie das Land bebauen, erhalten sie die Hälfte des Gewinns.«
»Ist das nicht dasselbe, was meine Eltern gemacht haben? Ich will kein Großgrundbesitzer werden wie Hernandez!«
»Dein Vater hatte das Land zwar gepachtet, erhielt aber nur einen sehr geringen Prozentsatz von den Gewinnen. Als er starb, hattest du keinen Einfluß mehr darauf, was mit dem Land geschah. In einer Kooperative bearbeitet aber jeder einzelne nicht nur das Land, sondern ist zugleich Teilhaber am Ganzen. Je besser der Ertrag ist, den das Land abwirft, desto größer der Gewinn für alle.«
Ich trank einen Schluck von meinem heißen Kakao. »Ich weiß nicht recht ... Die Hälfte des Gewinns abzugeben erscheint mir sehr viel.«
»Du mußt verstehen, Juan, daß der Besitz von Land auch gewisse Verpflichtungen mit sich bringt.«
»Mein Vater hat immer gesagt: ›Behandle das Land gut, und es wird gut zu dir sein.‹«
»Was dich betrifft, bedeutet es aber noch mehr als das«, sagte Hector, während er aufstand, um das Feuer zu schüren. »Du mußt lernen, deinen Wohlstand zu teilen.«
»Hector«, sagte ich und griff nach den Pesos in meiner Tasche, »ich bin ganz verwirrt. Erst hast du mir geraten, mein Geld zu sparen, und jetzt sagst du mir, daß ich es weggeben soll. Ich habe Angst, daß ich am Ende ohne einen Peso dastehen werde!«
»Beruhige dich. Was ich meine, ist: Nutze deinen Wohlstand, um anderen Menschen die Gelegenheit zu verschaffen, ihre Lage zu verbessern.«
»Das verstehe ich nicht.«
»Du gibst ja nicht das Land weg, sondern nur die Hälfte des

Gewinns, und dafür werden die Bauern hart arbeiten. Die Bauern ihrerseits lernen, unabhängig zu werden, so daß sie hoffentlich nie mehr in eine solche Zwangslage geraten.«

»Ich weiß nicht recht«, sagte ich kopfschüttelnd. Hector verlangte von mir, daß ich handelte wie ein reicher Mann, obwohl ich doch nur der Sohn eines armen Pächters war. »Soviel Großzügigkeit könnte mich in den Bankrott treiben.«

»Du wirst dich wundern – dein Wohlstand wird noch schneller wachsen. Doch versuch nichts, wenn dir nicht wohl dabei ist. Es könnte dann nicht das richtige für dich sein.«

»Ich habe mich noch nicht mal entschieden, das Land überhaupt zu kaufen.«

»Oh, wirklich nicht?«

Ich starrte ihn an, dann schritt ich nachdenklich durch den Raum – unter Carmens wachsamen Augen. Selbst aus größerer Entfernung sah sie noch immer faszinierend aus. »Warum haben Sie dieses Zimmer gewählt, um mit mir über das Teilen zu sprechen? Weil sie hier ist?«

Hector schwieg. Schließlich sagte er: »Teilen ist wie die Liebe. Je mehr du gibst, desto mehr hast du zu geben.«

»Es fällt mir schwer, das einzusehen. Ich habe mein Leben lang knausern müssen.«

»Gut, ich mache dir einen Vorschlag. Ich würde dir gern helfen. Gründe du die Kooperative, und ich bezahle die Ausgaben, die den Bauern im ersten Jahr entstehen.«

»Das kann ich nicht annehmen«, sagte ich, während ich mich in den Ohrensessel setzte.

»Es soll kein Geschenk sein. Wenn die Idee funktioniert, dann können die Bauern und du mir das Geld im Laufe von drei Jahren zinslos zurückzahlen. Wenn es nicht klappt, dann schuldest du mir nichts.«

Das Angebot klang verlockend. »Ich werde Sie auf dem laufenden halten.«
»Gut, aber mein Angebot besteht, falls du es brauchst.«
»Danke, Hector. Sie sind sehr großzügig.«
»Das hat nichts mit Großzügigkeit zu tun. Erfolg bringt die Verpflichtung mit sich, anderen beizubringen, wie man zu Geld kommt, damit auch sie immer genug davon haben. Ich hoffe daher, daß du an meinem Beispiel lernst, dein Glück mit anderen zu teilen, genau wie ich meines teile.«
Ich stand auf und streckte die Glieder. »Es ist schon spät. Sie haben mir sehr viel Stoff zum Nachdenken gegeben, und Sie sehen aus, als könnten Sie auch etwas Schlaf gebrauchen!«

Am nächsten Morgen kehrte ich nach Mexiko City zurück. Zuerst ging ich zu Bufords Büro und gab meine Papiere ab.
»Hundert sind bereits in Texas angekommen«, sagte er. »Du solltest dein Geld in etwa drei Wochen bekommen haben.«
Drei Wochen? Ich brauchte das Geld sofort! Mir war gar nicht wohl bei dem Gedanken, mein ganzes verfügbares Geld ausgeben zu müssen. Wenn nun irgend etwas passierte?
Nach der Besprechung mit Buford stürzte ich nach Hause. Ich konnte es kaum abwarten, endlich Juanita und die Jungen wiederzusehen. Mit Freudentränen in den Augen fiel ich allen um den Hals.
»Wir haben dich während der Feiertage vermißt«, sagte Juanita, während sie die Bohnen im Topf umrührte. »Wie war deine Reise?«
»Einsam. Tatsächlich wäre ich schon viel eher hiergewesen, wenn mir nicht schließlich doch eine Lösung eingefallen wäre.«
»Ich bin froh, daß es geklappt hat, Juan«, meinte José. »Pedro

hat mir deine Stelle gegeben – solange du sie nicht zurückhaben willst.«

»Du fehlst ihm wirklich sehr«, berichtete Juanita, während sie die Bohnen verteilte. »Manchmal vergißt er, daß du nicht mehr da bist, und nennt José nur Juan.«

»Tut mir leid«, sagte ich zu José. »Das muß ja schrecklich für dich sein.«

José zuckte mit den Schultern. »Normalerweise reagiere ich auch auf deinen Namen, aber dann sehe ich, wie enttäuscht er ist.«

»Ich werde so bald wie möglich im Restaurant vorbeigehen und ihn besuchen.« Dann wandte ich mich an Carlos. »Was macht die Schule?«

»Stinklangweilig«, erklärte er.

»Ich habe denen schon vorgeschlagen, Carlos eine Klasse überspringen zu lassen, doch auf mich hört ja keiner – ich bin ja bloß seine Mutter.«

»Ich werde es mal versuchen, wenn du willst – nach meiner nächsten Geschäftsreise.«

»Ich spiele die Hauptrolle in unserem Schultheaterstück«, verkündete Paco stolz und kletterte auf meinen Schoß. »Wirst du es dir anschauen, Juan?«

»Ich will es auf keinen Fall verpassen!«

Als wir fertig gegessen hatten, bat ich die Jungen, mich ein paar Minuten mit Juanita allein zu lassen. »Juanita«, sagte ich. »Ich hoffe, daß du mir verzeihen kannst.«

Sie sah mich an, als hätte ich den Verstand verloren. »Dir verzeihen? Aber was denn?«

»Daß ich dich und die Jungen immer als etwas Selbstverständliches hingenommen habe.«

»Wovon redest du überhaupt?« Sie klang beinahe verärgert.

»Ich habe hier fast drei Jahre lang gewohnt und nichts getan, während ihr mir die Wärme und Sicherheit einer Familie gegeben habt. Ich denke, jetzt ist es an der Zeit, daß ich mich revanchiere.«

»Du hast Miete gezahlt, du warst meinen Jungen wie ein Vater! Du bist mir doch nichts schuldig!«

»Juanita«, begann ich und nahm ihre Hand. »In der Nähe von ›Pedro's‹ werden neue Wohnungen gebaut – mit fließendem Wasser, Toiletten, Strom und Polizeibewachung. Ich finde, wir sollten umziehen.«

»Umziehen? Das kommt gar nicht in Frage!« erwiderte sie. »Mein Vater hat schon hier gewohnt und sein Vater vor ihm!«

Einen Moment lang schwirrte mir der Kopf, so entschieden hatte ihre Ablehnung geklungen. Eigentlich hatte ich erwartet, daß Juanita praktisch und nicht so gefühlsbetont reagieren würde. Schließlich sagte ich: »Na gut, dann vergrößern wir eben dein Haus und lassen den ganzen modernen Komfort einbauen.«

»Das würde viel zuviel kosten«, meinte sie, während ihre Blicke durch den Raum wanderten.

»Es ist der Weg des Fortschritts«, sagte ich. Obwohl ich mir über meinen Kassenstand Sorgen machte, hatte ich die sehnsüchtige Erregung in ihren Augen aufblitzen sehen. »Kennst du einen guten Bauhandwerker?«

»Es gibt da einen ...« Sie ließ die Schultern hängen. »Doch ich kann das nicht annehmen ...«

»Bitte ihn, ein paar Pläne zu zeichnen. Wir entscheiden dann zusammen, wie wir es machen.«

Juanita drückte meine Hand. Aus ihren Augen leuchtete eine Freude, die mein Herz höher schlagen ließ. »Juan, wie kann ich dir je dafür danken?«

»Ich habe dir zu danken. Du hast dein Herz für mich geöffnet, als ich es am nötigsten hatte. Das werde ich dir nie vergessen!«

Juanitas freudestrahlendes Gesicht begleitete mich durch die Nacht und auch noch während der Zugfahrt am nächsten Morgen. Als wir uns Calpulalpan näherten, verdrängte allerdings Hernandez' Gesicht Juanitas Lächeln aus meinen Gedanken, und mein Herz schlug schneller. Ich fühlte mich wieder wie der kleine Junge, der sich bei Hernandez' Besuchen immer in der Scheune verkrochen hatte. Nach all den Jahren hatte er immer noch Macht über mich.

Mit jeder Meile, die der Zug zurücklegte, wuchs meine Beklemmung. Schließlich galoppierte ich auf meinem Pferd zu Margaritas Cantina. Hernandez saß an genau der Stelle, an der ich ihn verlassen hatte. Sein Gesicht sah abgespannt aus, und er trug die gleichen zerknitterten Klamotten wie beim letzten Mal. Ich zog mir den Stuhl heran, der ihm gegenüberstand, und setzte mich.

Hernandez starrte in sein Glas. »Im Gegensatz zur herrschenden Meinung verbringe ich keineswegs meine ganze Zeit damit, mich hier zu betrinken.«

»Es ist mir vollkommen egal, was Sie treiben. Ich bin wegen Ihrer Apfelplantage hier.«

»Interessant, daß es auf diese Weise endet.«

»Ich habe mir geschworen, daß ich es Ihnen eines Tages heimzahlen würde. Nun, ich hätte es gar nicht besser planen können!«

Hernandez begegnete meinem zornglühenden Blick. »Was regst du dich überhaupt so auf? Nach allem, was ich gehört habe, geht es dir doch inzwischen blendend!»

Ich verdrehte die Augen. »Das habe ich wohl kaum Ihnen zu verdanken!«

»Es war lediglich eine Beobachtung.« Hernandez drehte das Glas in seinen Händen. »Ironischerweise war der Tod deines Vaters auch ein Wendepunkt in meinem Leben.«

Der Gedanke an meinen Vater machte mich traurig. »Ich bin bereit, Ihnen ein Angebot zu machen.«

Hernandez trank einen Schluck von seinem Bier. »Ich erwarte kein Mitgefühl von dir. Als ich dich aufgefordert habe, die Farm zu verlassen, habe ich nur aus Rücksicht auf mein Geschäft gehandelt.«

»Dabei haben Sie sich aber ziemlich mies verhalten! Sie haben mich vertrieben – mittellos und ohne Würde!«

»Vermutlich wirst du mir nicht glauben, doch ich hatte Angst, allzu freundlich zu sein. Es ist mir nie leichtgefallen, die Leute die ganze Zeit über anzutreiben.«

»Das ist keine Entschuldigung. Meine Eltern haben sich für Sie abgerackert.«

»Ja, nun spielt es auch keine Rolle mehr. Ich habe damals nur getan, was ich für das Beste hielt. Als ich dich aufforderte zu gehen, mußte ich noch den Verlust von drei weiteren Parzellen auffangen. Die Ernte in jenem Jahr war furchtbar schlecht, und ich konnte nur mit Verlust verkaufen.«

Ich betrachtete Hernandez' Augen. Das bösartige schwarze Funkeln, das ich immer in ihnen gesehen hatte, war nun einem weichen Braun gewichen. Hatte ich mir seinen bösen Blick früher nur eingebildet – oder hatte er sich inzwischen verändert? »Warum haben Sie verkauft?«

»Ich hatte gedacht, die Apfelplantage würde weniger Zeit in Anspruch nehmen und mehr Geld einbringen. Es war nämlich so, daß meine Frau sehr krank war ...«

»Wie geht es ihr?« fragte ich, überrascht, Tränen in seinen Augen zu sehen.

»Sie ist gestorben … vor zwei Monaten.« Hernandez wischte sich die Augen. »Ich dachte, ihr Tod würde eine Erleichterung sein, doch ich … Sie war mir immer eine große Stütze.« War das der Mann, den ich so sehr gehaßt hatte? »Es tut mir leid«, sagte ich. Und ich meinte es ehrlich.
Mein Herz war voll Mitgefühl, und einen Moment lang ließ ich mich von meinem Mitleid überwältigen. Dann griff ich in meine Tasche, zählte fünfundzwanzigtausend Pesos ab und legte sie auf den Tisch. »Eigentlich wollte ich ja mit Ihnen handeln, doch nachdem ich Ihre Geschichte gehört habe, will ich Ihnen mit dem Preis entgegenkommen.«
Er unterzeichnete die Übertragungsurkunde. »Juan, die Männer sind anständige Kerle und gute Arbeiter – du wirst es nicht bereuen.«
»Viel Glück, Señor Hernandez«, erwiderte ich und schüttelte ihm die Hand. »Ich wünsche Ihnen alles Gute.«
Anschließend machte ich mich auf die Suche nach den Bauern und traf die drei Männer, die mir die Plantage gezeigt hatten, Kriegsrat haltend im Café an. »Gerade eben habe ich die Obstplantage gekauft«, teilte ich ihnen mit und klopfte ihrem Wortführer auf die Schulter.
»Herzlichen Glückwunsch«, sagte er zögernd. »Was wollen Sie jetzt damit anfangen?«
»Ihr Zuhause ist gesichert«, entgegnete ich lächelnd. »Treffen wir uns morgen um ein Uhr wieder hier, damit wir besprechen können, wie wir die Plantage zu neuem Leben erwecken.«
Der angespannte Ausdruck wich aus seinem Gesicht: »Wir werden es weitersagen.«
Am nächsten Tag war das Café vollbesetzt mit Männern, Frauen und Kindern. Nachdem ich mich ihnen vorgestellt hatte, sagte ich: »Wenn wir unser Vorhaben besprochen haben,

beantworte ich Ihnen gern alles, was Sie über mich wissen möchten.«
Ich räusperte mich und legte dann begeistert Hectors Idee einer Kooperative dar. Als ich mit meinen Ausführungen fertig war, stand ein ziemlich ausgemergelt wirkender Mann mit einem bleistiftdünnen Schnurrbärtchen auf und verschränkte die Arme vor der Brust. »Weshalb sollten wir Ihnen über den Weg trauen?«
Verblüfft erwiderte ich: »Ich kann auch gern einen schriftlichen Vertrag aufsetzen, wenn Sie sich dabei sicherer fühlen.«
»Auch Hernandez hat uns damals ein gutes Leben versprochen. Wir haben sein Angebot akzeptiert und alles verloren.« Einige andere nickten beifällig.
»Ich biete Ihnen an, so lange alle Ausgaben zu bezahlen, bis die Obstplantage einen Gewinn abwirft.«
»Der andere Kaufinteressent wollte uns auszahlen, wenn wir unsere Häuser verlassen. Dann hätten wir immerhin etwas Geld gehabt. Von was sollen wir denn in dieser Kooperative leben?«
Ich überlegte schnell. »Hinter meinem Vorschlag steckt der Gedanke, daß Sie nicht vollkommen abhängig von mir oder von der Plantage werden. Das Dach über dem Kopf ist Ihnen sicher, doch während die Plantage in der Luft hängt, müssen Sie sich noch ein zusätzliches Einkommen suchen.«
Der dünne Mann blieb weiterhin stehen. »Und was passiert, wenn die Plantage am Ende des ersten Jahres keinen Gewinn abwirft?«
»Die Plantage ist nicht über Nacht krank geworden, und ich rechne nicht damit, daß sie innerhalb einer Saison wieder völlig gesundet.«

»Werden wir fünfzig Prozent der Materialien bezahlen müssen?«
»Fürs erste werde ich alles Notwendige anschaffen. Dazu benötige ich allerdings eine Aufstellung der Dinge, die gebraucht werden, damit wir so schnell wie möglich anfangen können.«
Ein anderer Mann sagte: »Ich will nicht mein Leben lang für jemand anderen arbeiten müssen. Gibt es eine Möglichkeit, daß wir das Land eines Tages selbst erwerben?«
Hector hatte mich schon darauf hingewiesen, daß dieses Thema möglicherweise aufkommen könnte, und mir geraten, mich entsprechend vorzubereiten. »Im Augenblick besitzt jeder von Ihnen fünf Prozent des Landes. Wenn jemand nach einem Jahr aussteigen will, setzen wir einen Wert für seinen Prozentanteil fest und kaufen ihm seinen Anteil ab. Die Mehrheit soll dann entscheiden, ob sie einer anderen Familie gestattet, sich neu einzukaufen …« Ich hielt inne, um den Bauern Gelegenheit zu geben, meine Worte aufzunehmen. »Zusätzlich werde ich Ihnen die Möglichkeit einräumen, mir nach Ablauf von zehn Jahren die Plantage abzukaufen.« Plötzlich war das ganze Restaurant in Aufruhr.
Nur der dünne Mann hatte sich nicht von der Stelle gerührt. »Ich traue Ihnen nicht«, sagte er über den Lärm hinweg. »Ich weiß alles über Sie, Eselmann – zum Beispiel, daß Sie wegen Diebstahls verhaftet wurden.«
Mein Gesicht brannte. Wie hatte er bloß davon erfahren können? Im Raum herrschte Totenstille. Die Leute erwarteten eine Antwort von mir. Ich schluckte. »Es ist wahr, ich bin verhaftet worden – aber zu Unrecht. Der Geschäftsführer der Auktion ist an die Öffentlichkeit getreten und hat meine Version der Geschichte bestätigt. Ich bin nie angeklagt worden.«
Ich verlagerte mein Gewicht von einem Bein auf das andere.

»Wenn Sie aussteigen wollen, guter Mann, zahle ich Ihnen Ihre fünf Prozent sofort. Das sind tausendzweihundertfünfzig Pesos. Das gilt auch für alle anderen.« Ich zog meine Brieftasche hervor und hielt sie mit ausgestrecktem Arm in die Luft.

Es herrschte verlegenes Schweigen. Schließlich erhob sich der Wortführer. »Eselmann, auf mich können Sie zählen!« Dann gab es acht weitere Zustimmungen. Der dünne Mann blieb unbeweglich stehen.

»Nun, Abe«, sagte der Wortführer zu ihm, »bist du dabei oder nicht?«

»Ach, zum Teufel! Was hab' ich schon zu verlieren?«

In diesem Augenblick stürzten die anderen neun Männer zu ihm und schüttelten ihm die Hand. Dann wandte sich der Wortführer an mich und fragte: »Werden wir Sie oft zu Gesicht bekommen?«

»Ich würde gern einen Tag pro Woche hier verbringen und arbeiten.«

Die Bauern steckten kurz die Köpfe zusammen und berieten sich dann mit ihren Frauen. Schließlich sprach der Wortführer wieder: »Wenn Sie hierherkommen, würden wir Sie gern einladen, der Reihe nach bei jedem von uns zu wohnen.«

Ich freute mich. Meine Familie wuchs ins Zehnfache.

INNEREN REICHTUM FINDEN

Nach diesem turbulenten Monat sehnte ich mich nach einer gewissen Regelmäßigkeit in meinem Leben, die ich in den nächsten Monaten auch fand. Nachdem die Esel in Texas geprüft und für gut befunden wurden, erteilte mir die Kavallerie für die nächsten elf Monate einen festen Auftrag über fünfzig Esel pro Monat.

Manuel entwarf am Ersten des Jahres einen neuen Armreifen. Als ich dem Texaner den Entwurf zeigte, bestellte dieser sechzig Stück pro Monat. Manuel nahm die Neuigkeiten in seiner gewohnten Manier entgegen: Er beklagte sich über all die Stunden, die er mit harter Arbeit verbringen mußte, und handelte einen höheren Stückpreis aus.

Juanitas Haus wurde sehr schön umgestaltet. Wir ließen den Fußboden kacheln, Wasserleitungen legen und ein Badezimmer einbauen. Es gab nun eine vom Wohnraum abgetrennte Küche, fünf Schlafkammern, und für mich wurde ein Büro angebaut.

»Stell dir mal vor«, sagte Juanita, »kein Nachttopf mehr, der jeden Morgen vor die Tür gestellt werden muß!«

Da José nun viele meiner alten Aufgaben im Restaurant übernommen hatte, engagierte ich Carlos und Paco. Sie unter-

stützten mich nach der Schule bei meiner Arbeit und halfen mir, die Buchführung auf dem laufenden zu halten.
Nach wie vor besuchten zahlreiche Bauern das Restaurant und fragten nach dem Eselmann. Die Kellner erklärten den Leuten den Weg zu meinem neuen Büro. Jedesmal wenn ihre Vermittlung zu einem Geschäftsabschluß führte, notierte ich es mir und zahlte ihnen am Monatsende eine Provision aus.
Drei bis vier Tage pro Woche verbrachte ich auf Reisen. Mit dem Zug dauerte die Fahrt nach San Cristóbal nur ein paar Stunden. Die erste Nacht verbrachte ich immer in der Stadt, die zweite bei einer der Familien. Die Bauern faßten wieder Vertrauen, als sie sahen, daß meine Pläne Gestalt annahmen. Durch richtige Pflege sah die Obstplantage schon viel gesünder aus. Dennoch rechnete ich im ersten Jahr nicht mit einer besonders guten Ernte.
Jede zweite Woche reiste ich zu Franciscos Ranch. Die Auktion besuchte ich inzwischen nicht mehr. Statt dessen versandte ich einige der Tiere aus Franciscos Zucht nach Mexiko City, um sie an meine Kunden zu verkaufen, während der Rest an die Kavallerie in Texas ging.
Und natürlich besuchte ich Hector, sooft ich Zeit fand. Unsere Beziehung war entstanden, weil ich Rat und Hilfe gebraucht hatte. Obwohl wir uns nähergekommen waren, nachdem er mir von Carmen erzählt hatte, betrachtete ich ihn immer noch als meinen weisen Ratgeber. Er nannte mich nach wie vor Juan, und ein Teil von mir fühlte sich immer noch als Sohn eines armen Pächters. Nichtsdestotrotz verbreitete sich mein Ansehen als Eselmann weiter, und meine Geschäfte gediehen prächtig.
Während mein Leben allmählich neue, geregelte Formen annahm, wurde mir bewußt, daß ich mich veränderte. Doch wie, hätte ich nicht genau sagen können.

An einem Montagmorgen, nachdem Hector mir eine Abkürzung über sein Gelände gezeigt hatte, ritt ich Richtung San Cristóbal. Mein Pferd trabte leichtfüßig durch die hügelige Landschaft. Die Luft roch nach Frühling, und ich hoffte auf Regen, denn die Obstplantage hatte einen ordentlichen Guß dringend nötig.

Plötzlich hörte ich eine leise Stimme am Wegrand: »Entschuldigen Sie, Señor ... Hätten Sie vielleicht einen Schluck Wasser für mich?«

Mein Blick fiel auf eine junge Frau, die an einen Baumstamm gelehnt auf dem Boden saß. Ich griff nach meiner Feldflasche, stieg ab und ging zu ihr. Sie hatte die größten braunen Augen, die ich je gesehen hatte.

Sie befeuchtete ihre trockenen, aufgesprungenen Lippen. »Mir ist schwindlig geworden, deshalb bin ich vom Pferd gestiegen und zu Fuß weitergegangen.«

»Kann ich Sie nach Hause bringen?« bot ich an, während ich Wasser in ihre hohlen Hände goß.

Sie nickte zitternd. »Ich wäre Ihnen sehr dankbar.«

Ich überließ ihr meine Jacke und die Feldflasche und holte ihr Pferd. Dann hob ich sie vor mich in den Sattel. »Wohin?« fragte ich.

Sie schloß die Augen, lehnte sich an mich und deutete in die Richtung, in die ich reiten sollte.

Ich starrte sie fasziniert an. Ihr Gesicht war oval, und üppige Brauen wölbten sich über lange, gebogene Wimpern. Eine Stupsnase verlieh ihren sonst eher strengen Zügen eine weiche Note. Das volle Haar schien zu schwer für ihren zierlichen Körper zu sein. Ich fragte mich, ob ihr Wesen wohl ebenso widersprüchlich war wie ihre körperlichen Merkmale.

Vorsichtig strich ich ihr die schweißnassen Haarsträhnen aus dem Gesicht. Einerseits wollte ich schneller reiten, damit sie bald Hilfe bekam, andererseits hätte ich den Ritt am liebsten so lange wie möglich ausgedehnt.

Sie öffnete kurz die Augen. »Am nächsten Abzweig nach links«, sagte sie.

Das Herz wurde mir schwer. Ich wollte sie nicht so schnell verlieren. Langsam ritten wir unter einem Torbogen hindurch, auf dem stand: »Mendez-Hof«.

Ihre Mutter kam uns entgegengelaufen. »Was ist mit meiner Maria passiert?« schrie sie. Gleich darauf folgten auch ihr Mann und zwei Söhne.

»Ich habe sie am Straßenrand gefunden. Sie ist krank und braucht einen Arzt.«

Ohne ein Wort zu sagen, nahm der Vater mir Maria ab. »Papa ... Er war sehr hilfsbereit«, sagte sie, während die Mutter sie ins Haus führte.

Erleichterung malte sich auf Mendez' Gesicht ab. »Bitte warten Sie«, sagte er. Als er einen der Jungen losgeschickt hatte, um den Arzt zu holen, ging er ebenfalls ins Haus.

Bald darauf kam er zurück. »Sie hat sich hingelegt.« Er wischte sich den Schweiß von der Stirn. »Sie war so spät dran ... Vielen Dank, daß Sie sie nach Hause gebracht haben.«

Wir schüttelten uns die Hände. Dankeschön und auf Wiedersehen – das sollte schon alles sein? Aber Señor, hätte ich am liebsten geschrien, ich will – ja, ich muß Maria unbedingt wiedersehen! Doch meine Kehle war wie zugeschnürt. Statt etwas zu sagen, stieg ich auf mein Pferd und setzte meine Reise fort, als ob nichts passiert sei.

Während der nächsten Tage auf der Plantage und auf Franciscos Ranch träumte ich mit offenen Augen vor mich hin.

Ich mußte dauernd an Maria denken. »Was ist denn mit dir los, Eselmann?« fragten die Leute schon.
»Frühlingsgefühle«, erwiderte ich.
Von Franciscos Ranch aus brachten wir siebzig Esel zum Verschiebebahnhof – fünfzig waren für Veracruz bestimmt, zwanzig sollten nach Mexiko City gehen. Wie ich später erfuhr, kamen von den zwanzig leider nur neunzehn lebend in der Stadt an.
Da ich den toten Esel ersetzen mußte, richtete ich mir das Wochenende so ein, daß ich am Samstag die Auktion besuchen und am Sonntag bequem einen Halt bei Maria einlegen konnte.
Auf der Auktion standen diesmal viele passable Tiere zur Auswahl, so daß ich beschloß, den ersten annehmbaren Esel, der zur Versteigerung angeboten wurde, zu kaufen und dann direkt nach Hause zu gehen.
In der Auktionshalle setzte sich ein drahtiger junger Mann mit einem offenherzigen Lächeln neben mich. »Guten Abend, Señor«, grüßte er. »Prima Tag für eine Auktion!«
Ich erwiderte sein Lächeln. »Anscheinend sind die übrigen Leute ganz deiner Meinung. Die Halle ist jedenfalls zum Bersten gefüllt.«
Kaum hatte die Versteigerung begonnen, bot der Junge neben mir draufgängerisch bei jedem Esel mit, der vorgeführt wurde, hörte dann auf halber Strecke auf und bekam kein einziges Mal den Zuschlag. »Ist das deine erste Auktion?« fragte ich ihn in einer ruhigen Minute.
»Mein Chef wird stinksauer sein«, meinte er und schüttelte traurig den Kopf. »Er hat mir nur dreihundert Pesos mitgegeben.«
»Für dreihundert wirst du heute gar nichts bekommen.«

Dem Jungen traten die Tränen in die Augen. »Wahrscheinlich verliere ich meine Arbeit!«

In diesem Augenblick wurde das nächste Tier angeboten, genau der Esel, den ich wollte. Ich bekam den Zuschlag bei dreihundertfünfundsiebzig Pesos. Als ich den Kontrollzettel für die Kasse erhielt, bedachte ich den Jungen mit einem freundlichen Lächeln und fühlte mich ziemlich überlegen. Ich konnte jeden Esel kaufen, den ich haben wollte. »Es war nett, dich kennenzulernen«, sagte ich.

Einen Moment lang sah der Junge völlig geknickt aus. Dann richtete er seine Aufmerksamkeit auf den nächsten Esel.

Nachdem ich mein Tier bezahlt hatte, wollte ich es eigentlich zuerst abholen. Doch statt dessen kehrte ich um und ging an meinen Platz zurück. »Hier«, sagte ich und hielt dem Jungen die Quittung hin.

Der Junge blickte mich verwirrt an. »Ich kann nur dreihundert bezahlen.«

»Behalt dein Geld«, sagte ich. »Viel Glück weiterhin.«

Der Junge stand auf. »Und Sie?«

Ich zuckte die Schultern. »Ich nehme eben den nächsten.«

»Danke, Señor! Vielen, vielen Dank!« Dann rannte er los, um seinen Gewinn abzuholen.

Am nächsten Tag reiste ich die lange Strecke zu Hector und hoffte, auf dem Weg Maria besuchen zu können. Allein die Tatsache, wieder in der Nähe ihres Hauses zu sein, führte schon dazu, daß ich vor Aufregung zitterte. Die Erinnerung an sie ließ mir das Herz bis zum Hals schlagen, während ich die Stufen zum Eingang hinaufging. Ich wischte mir die schweißnassen Hände an der Hose ab und klopfte dann an die Tür.

»Einen schönen guten Tag, Señora Mendez«, grüßte ich und

zog den Hut. »Erinnern Sie sich noch an mich – Juan Gomez ... Ich ... ich habe Maria am letzten Montag nach Hause gebracht.«
»O ja. Ja natürlich.« Sie lächelte und bat mich herein. »Kann ich Ihnen etwas Kaltes zu trinken anbieten?«
»Ich bin nur gekommen, um mich nach Maria zu erkundigen. Wie geht es ihr?«
Die Frau schüttelte den Kopf. »Sie ist immer noch sehr krank.«
»Señora, darf ich nächste Woche noch einmal wiederkommen, um mich nach ihr zu erkundigen?«
»Aber natürlich. Ich werde Maria erzählen, daß Sie vorbeigeschaut haben.«
Ich riß die Tür auf und hüpfte zu meinem Pferd. Ich schwebte im siebten Himmel. Zwar hatte ich Maria nicht gesehen, doch ich hatte immerhin die Erlaubnis erhalten wiederzukommen. Mehr hätte ich mir gar nicht erhoffen können. Auf dem Weg zu Hector sang ich mit den Vögeln im warmen Frühlingssonnenschein um die Wette. Die Erde blühte auf, und ich erblühte ebenfalls.
Hector bedeckte gerade seine Blumenbeete mit Mulch, als ich heranritt. »Weshalb strahlst du so?« fragte er.
Ich errötete und stieg vom Pferd. »Woran können Sie erkennen, daß ich Neuigkeiten habe, bevor ich überhaupt den Mund aufgemacht habe?«
Hector warf den Kopf zurück und lachte. »Sie muß etwas ganz Besonderes sein.«
Mir klappte der Unterkiefer herunter. »Woher wissen Sie ...?«
»Miguel, Miguel! Bring uns den Brandy«, rief er, während wir durch die Küche gingen.
Im Erker goß Miguel jedem von uns ein Gläschen ein. »Auf

die Liebe!« Diesen Toast brachte Hector aus, und wir stießen mit unseren Gläsern an.
Der Brandy glitt durch meine Kehle und hinterließ ein warmes, wohliges Gefühl. Ich schwebte wie auf Wolken. »Sie heißt Maria und ist wunderschön!«
»Das ist ein guter Anfang! Wie habt ihr euch kennengelernt?«
»Ich habe sie am Straßenrand gefunden. Sie war krank, und ich habe sie nach Hause gebracht. O Gott!« Ich fuhr mir mit den Händen durchs Haar. »Wenn sie nun gar nichts mit mir zu tun haben will?«
»Weiß ihre Familie, wer du bist?«
»Nein! Genaugenommen hat Mendez mir sogar Geld dafür angeboten, daß ich ihr geholfen habe. Ich habe das natürlich abgelehnt.«
»Einen Umweg in Kauf zu nehmen, um anderen zu helfen, ist eine gute Lebensphilosophie. Obwohl du materiell vielleicht nicht belohnt wirst, gewinnst du doch große innere Befriedigung dabei.«
»Ich hätte dasselbe doch für jeden getan. Dabei auf Maria zu treffen war nur ein zusätzliches Glück.«
Hector nickte. »Es ist schön, sich abends schlafen zu legen und zu wissen, daß man jemand anderem helfen konnte.«
Ich lehnte mich in meinem Stuhl zurück. »Das also hat mich in letzter Zeit so verändert?« Ich erinnerte mich daran, welche Freude ich dabei empfunden hatte, Juanita glücklich zu machen und den Bauern ihre Sicherheit wiederzugeben. Wie wohltuend war es gewesen, den Haß gegenüber Hernandez abzulegen und dem Jungen auf der Auktion zu helfen! »Etwas für andere zu tun hat mich so beglückt.«
Hector strahlte. »Weißt du, Juan, Geld ist nur ein kleiner Teil wahren Reichtums. Wenn du weiterhin die Regeln anwendest,

die ich dir beigebracht habe, wird sich der innere Reichtum wie von selbst einstellen.«

»Der innere Reichtum«, sagte ich erfreut. »Ja, es ist so ein Gefühl – ein Leuchten, das aus meinem tiefsten Innern kommt.«

»Du entdeckst gerade, daß es im Leben eine bestimmte Ordnung gibt. Wenn du deinen materiellen und deinen inneren Reichtum in ein Gleichgewicht bringst, wird jeder Bereich deines Lebens davon profitieren.«

»Wie zum Beispiel?«

»Du wirst glücklicher, gesünder, liebenswürdiger, großzügiger und aufmerksamer, um nur ein paar Aspekte zu nennen.«

»Ich mag dieses Gefühl. Ich muß noch weitere Gelegenheiten suchen. Neue Wege, den Leuten zu helfen.«

»Tu das«, sagte Hector. »Doch während dein Wohlstand wächst, denk immer daran, auch denen zu helfen, die dir auf deinem Weg beigestanden haben.«

»Ich würde gern mehr für Juanita tun. Ich weiß bloß nicht, was.«

»Nach meinem Eindruck ist sie eine sehr stolze Frau«, sagte Hector. »Was immer du dir überlegst, unterbreite es ihr so, daß es ihr nicht wie ein Almosen vorkommt.«

Miguel kündigte an, daß das Abendessen bereitstand. Bevor Hector mit der Mahlzeit begann, fragte er: »Wie alt ist denn Maria?«

»Vielleicht achtzehn. Es muß Ihnen albern vorkommen, daß ich so stark für sie empfinde, obwohl ich kaum etwas von ihr weiß.«

»Gefühle haben ihre eigene Logik.« Hectors Augen bekamen einen wehmütigen Schimmer. »Ich habe für Carmen genauso empfunden.«

»Wenn es ihr wieder bessergeht, weiß ich vielleicht am nächsten Sonntag schon mehr.«
Schweigend aßen wir weiter. »Hector, ich hoffe, das alles ist nicht zu schmerzvoll für Sie«, sagte ich schließlich.
Hector schüttelte den Kopf. »Dich so verliebt zu sehen bringt mir wundervolle Erinnerungen zurück. Ich hoffe, daß es für dich glücklich ausgeht.«
»Ich auch«, sagte ich. Doch ich hatte keine Ahnung, was mich erwartete. Alles, was ich wußte, war, daß Maria von früh bis spät einen Großteil meiner Gedanken einnahm.

SEELISCHE STÄRKE

Die nächste Woche schien überhaupt nicht vorbeigehen zu wollen. Ich ließ meine Reise zur Obstplantage ausfallen, weil das Eselgeschäft meine volle Aufmerksamkeit forderte. Nachdem ich Francisco meine wöchentliche Bestellung telegraphiert hatte, stellte ich mit Hilfe der Karte meinen Reiseplan auf.

Am Samstag abend besuchte ich Hector. Wir hatten in der vorhergehenden Woche verabredet, uns einen Tag eher zu treffen als sonst, damit ich mich vor meinem Besuch bei Maria etwas bei Hector ausruhen konnte. Nachdem Hector zu Bett gegangen war, saß ich draußen, betrachtete die Sterne und fragte mich, wie es wohl sein würde, sie wiederzusehen. Würde ich enttäuscht sein? Vielleicht würde sie sich gar nicht mehr an mich erinnern.

Am nächsten Morgen nahm ich die Abkürzung über Hectors Grundstück. An Mendez' Hof angekommen, stapfte ich den Weg zum Vordereingang hoch und klopfte an die Tür. In mir war alles in Aufruhr. Ich wartete. Und wartete. Gerade wollte ich noch einmal klopfen, als die Tür geöffnet wurde. Da stand sie – und sah noch viel schöner aus, als ich sie in Erinnerung hatte.

»Bitte kommen Sie doch herein, Señor Gomez!«
»Nenn mich doch Juan«, sagte ich und erwiderte ihr strahlendes Lächeln. »Ich bin nur kurz vorbeigekommen, um zu sehen, wie es dir geht.« Wie schon in der vorhergehenden Woche wagte ich mich kaum über die Türschwelle.
Maria nahm mich am Arm und zog mich in die Küche. »Mir geht es wieder sehr gut – und das habe ich zum Teil dir zu verdanken, Juan! Bleib doch, und iß mit uns!«
Ich starrte auf ihre Hand, die immer noch auf meinem Arm lag. Unsere Blicke begegneten sich. Verlegen ließ sie meinen Arm los. »Nun? Kannst du bleiben?«
Ich unterdrückte den Drang, sie zu fragen: »Willst du mich heiraten?«, und sagte nur: »Sehr gern ... wenn ich nicht störe.«
Verzweifelt sah ich mich in der Küche um. Ich mußte meine Blicke auf etwas Unverfängliches richten, wenn ich meine Gefühle verbergen wollte. Ich trat zum Holzofen hinüber und schnupperte. »Rieche ich da etwa Molé-Soße?«
Señora Mendez löffelte etwas Soße aus dem Topf. »Möchten Sie mal probieren?«
Ich schlürfte die heiße Flüssigkeit. »Mmmm«, meinte ich, »genau die richtige Menge Zimt und Schokolade.«
»Ein Mann, der etwas vom Kochen versteht?« Die Señora hob die Augenbrauen. »Wo haben Sie das denn gelernt?«
»In einem Restaurant.«
»Als Koch?«
Ich schüttelte den Kopf. »Als Kellner. Und Vorkoster des Kochs. Ich konnte immer genau sagen, was noch fehlte.«
»Wir haben heute leider nichts Besonderes. Aber kommen Sie doch nächste Woche noch mal, dann lasse ich mir was einfallen.«
Mein Herz überschlug sich vor Freude. »Vielen Dank, das

würde ich sehr gern.« Ich sah, daß Maria ein voll beladenes Tablett hinaustrug. »Kann ich dir helfen?« bot ich an.
»Trag das doch bitte ins Eßzimmer. Mama und ich bringen dann das Essen.«
Innerhalb kürzester Zeit hatte ich den Tisch gedeckt, genauso wie ich es bei »Pedro's« gelernt hatte.
Señor Mendez betrat das Zimmer. »Was ist denn mit dem Tisch passiert?«
»Sieht es nicht schön aus?« meinte Maria. »Juan arbeitet in einem Restaurant.«
Ehe ich weitere Erklärungen abgeben konnte, hatte Mendez seinen Stuhl herangezogen und sich hingesetzt. »Ihr Jungen aus der Stadt seid doch alle gleich! Wißt gar nicht, was harte Arbeit bedeutet!«
Seine Bemerkung ließ mich kalt. Was wußte Mendez schon darüber, wie schwer mein Leben gewesen war? »Ich bin auf einer Ranchería groß geworden, Señor«, sagte ich und hoffte ihm damit zu zeigen, daß wir einiges gemeinsam hatten.
Mendez lehnte sich in seinem Stuhl zurück und verschränkte die Arme. »Warum bist du dort weggegangen? Nicht Manns genug, um dazubleiben und mitzuhelfen?«
Ich starrte ihn an. Vielleicht war er ja besitzergreifend und eifersüchtig auf jeden Mann, der Interesse an seiner Tochter zeigte. Ich schluckte und blickte zu Maria hinüber. »Meine Eltern sind gestorben, ich hatte keine andere Wahl.«
»Bist wohl abgesprungen wie all die anderen Feiglinge und hast an die Plantagenbesitzer verkauft?«
»Papa, das reicht!« sagte Maria. »Juan ist unser Gast.«
»Es stört mich nicht«, erwiderte ich. »Tatsächlich wäre ich sehr gern geblieben, Señor, aber der Großgrundbesitzer ließ mich nicht. Sehen Sie, ich war ganz auf mich allein gestellt...«

»Wir bauen hier Chilipfeffer an«, sagte Señora Mendez stolz. »Das gibt der Molé auch ihr besonderes Aroma: die frischen Chilischoten.«
Ihre Bemerkung löste die Spannung etwas. Den Rest der Mahlzeit unterhielten wir uns über Landwirtschaft, Kochen und das Wetter. Ich faßte mich wieder und bemühte mich, nicht dauernd zu Maria hinüberzublicken, denn jedesmal, wenn ich sie ansah, blieben meine Augen an den ihren hängen. Ich hätte sie so gern noch einmal in den Arm genommen.
Als ich mich zum Gehen anschickte, sagte Señora Mendez an der Tür: »Bis nächsten Sonntag dann.«
»Maria«, begann ich, während wir den Weg zum Tor hinunterschlenderten, »ich ... ich frage mich schon die ganze Zeit ... Nun ... Du mußt nicht antworten, wenn du nicht willst ...«
Sie berührte meinen Arm leicht. »Was denn?«
»Warum bist du noch nicht verheiratet?« fragte ich in der Hoffnung auf irgendeinen Hinweis, der mir vielleicht weiterhalf.
»Ich habe schon Anträge bekommen, aber Papa hat sie alle abgewiesen.«
»Hast du denn dabei gar nichts mitzureden?«
»Wahrscheinlich hatte ich einfach nicht genug Interesse.« Sie blieb stehen und lächelte mich an.
«Was für einen Mann würde dein Vater denn akzeptieren?«
Maria überlegte einen Moment. »Es gibt da jemanden«, sagte sie dann. »Ich habe gehört, wie sich die Männer über ihn unterhielten. Sie scheinen ihn alle zu bewundern, weil er soviel erreicht hat. Papa hat gesagt, ich könne mich glücklich schätzen, wenn ich einen so achtbaren Mann wie ihn fände.«
»Wer ist er denn?«
Maria zuckte mit den Schultern. »Ich erinnere mich nicht mehr an seinen Namen.«

»Wie hast du denn von ihm erfahren?«
»Durch Verwandte in San Cristóbal.« Marias Augen funkelten wie Diamanten. »Sie haben erzählt, daß er dort eine Apfelplantage gekauft hat. Er hat sein ganzes Geld dafür aufs Spiel gesetzt – und dann das Land an zehn Familien verschenkt.«
O nein! dachte ich. Sie spricht von mir! Doch was für eine Übertreibung! Nicht einmal Hector wäre so großzügig. Wie konnte ich einem solchen Ruf gerecht werden?
»Ich versuche mich die ganze Zeit zu erinnern, wie er hieß«, sagte sie. »Es war ein ziemlich sonderbarer Name – irgendwas mit ›Esel‹, glaube ich.«
»Maria«, sagte ich und ergriff ihre Hände. »Ich … Ich bin …«
»Ja?«
Ich biß mir auf die Lippen. »Ich bin froh, daß es dir wieder bessergeht.«
Ihre Augen leuchteten. »Ich habe noch gar keine Gelegenheit gehabt, dir richtig zu danken.«
Ich hätte sie gern geküßt. »Dich wieder gesund zu sehen ist schon Dank genug.« Niedergeschlagen kletterte ich auf mein Pferd. Ich wollte, daß sie *mich* liebte und nicht irgendein überhöhtes Bild von mir. Würde sie sich durch mein Geld befangen fühlen, wenn ich ihr sagte, wer ich war? Der einzige Weg, dies zu verhindern, war, sie erst dazu zu bringen, daß sie sich in mich verliebte, und es ihr dann zu erzählen.

Hector saß auf der vorderen Veranda, als ich angeritten kam. Kaum hatte er mich erblickt, stand er erwartungsvoll auf, runzelte dann aber die Stirn. »Was ist los? Lief es nicht gut?«
Ich preßte ein Lächeln hervor. »Ich bin für nächsten Sonntag wieder eingeladen.«

»Das ist doch wunderbar«, meinte Hector. »Warum ziehst du dann ein langes Gesicht?«
»Jemand hat ihr schon den Kopf verdreht – der Eselmann.«
»Ich verstehe nicht recht«, sagte Hector und setzte sich wieder. »Weiß sie denn nicht, daß du das bist?«
Die Sonne verschwand hinter einer Wolke und ließ die Landschaft so düster erscheinen, wie ich mich fühlte. »Sie und ihr Vater haben ein Bild von mir, das heroischer ist als die Wirklichkeit.«
»Ich verstehe gut, wie schwer es ist, seinem Ruf gerecht zu werden, aber ...«
»Vielleicht sollte ich mich genau wie Sie einfach in ein einsames Versteck zurückziehen.«
»Juan, so einfach ist das nicht. Du liebst sie doch.«
»Nicht so einfach? Warum nicht?«
»Weil du so lange ein schlechtes Gewissen haben wirst, bis du es ihr gesagt hast – und das wird nicht nur eure Beziehung überschatten, sondern dein ganzes Leben beeinflussen.«
»Warum?« fragte ich etwas verwirrt.
»Ich weiß nicht, ob es die rechte Zeit ist, es dir zu erklären. Ich möchte lieber, daß du es selbst herausfindest.«
»Was herausfinden? Daß ich ihr sagen muß, wer ich bin? Das weiß ich doch. Ich möchte doch nur, daß sie mich liebt – Juan Gomez.«
»Ein Grund mehr, ehrlich zu ihr zu sein.«
Ich raufte mir die Haare. »Es hat keinen Sinn – ihr Vater mag mich sowieso nicht.«
»Das spielt keine Rolle. Dein Leben wird erst wieder im Gleichgewicht sein, wenn sie alles wissen.«
»Warum?« fragte ich und begann hin und her zu laufen.
»Es hat etwas mit seelischer Stärke zu tun.«

Ich blieb stehen. »Was meinen Sie damit?«

»Seelische Stärke erlangst du, wenn du allem, was dich umgibt, aufrichtige Achtung entgegenbringst. Seelisch stark ist, wer die Welt, die Menschheit und sich selbst liebt.«

»Wie kann ich seelisch stark werden?«

»Indem du erkennst, daß du in deinem Handeln eine Wahl hast. Du erreichst einen Grad der Reife, bei dem du dir Gedanken darüber machst, welche Auswirkungen dein Handeln auf andere hat. Schließlich versuchst du, Ausgeglichenheit nicht nur in deinem, sondern auch im Leben der anderen Menschen zu schaffen.«

Ich schloß die Augen in der Hoffnung, die Tränen zurückhalten zu können. »Was hat das für einen Sinn? Wenn ich es ihm jetzt sage, wird er ihr wahrscheinlich niemals die Erlaubnis geben, mich zu heiraten.«

»Gib ihm Zeit. Du hast ihn ja erst zweimal getroffen.«

»Er kommt mir ziemlich engstirnig vor. Ich bin mir sicher, er hat sich schon eine Meinung über mich gebildet und wird nie mehr davon abrücken.«

»Wie kommst du darauf? Ich würde vermuten, daß er eher froh ist, sie bald zu verheiraten.«

»Vielleicht – aber bestimmt nicht mit mir.« Die Sonne ging in einem Meer aus Rot- und Violettönen unter. »Er ist ein schwer arbeitender Mann – er besitzt hundert Morgen Land, bebaut aber nur fünfzig davon. Sie werden nicht glauben, was er geantwortet hat, als ich ihn fragte, warum. Er hat bloß mit den Schultern gezuckt und gesagt: ›Ich habe keine Ahnung, was ich mit dem Rest anfangen soll.‹ Seine Einstellung ist mir ein Rätsel. Ich könnte nie so sein.«

»Juan, wenn du weiterhin so über andere urteilst, wirst du nie glücklich werden.« Dann lachte Hector herzlich. »Ganz da-

von abgesehen, hast auch du einige Jahre gebraucht, um einen besseren Weg zu finden. Du mußt Geduld mit denen haben, die noch nicht so viel gelernt haben wie du.«
»Tut mir leid – ich wollte nicht den Besserwisser spielen.«
»Manchmal haben die Leute Angst davor, ein Risiko einzugehen. Sie sehen nur ganz bestimmte Wege, zu Geld zu kommen, oder sie wissen es einfach nicht besser«, sagte Hector. »Mendez kennt nur seine Chilis, und er hat nicht die Absicht, sich auf unbekanntes Terrain vorzuwagen. Weißt du, Juan, dein Señor Mendez wird niemals ein reicher Mann werden.«
»Das ist mir egal. Ich will jedenfalls seine Tochter heiraten.«
»Dann mußt du der Familie gegenüber ehrlich sein.«
Im Augenblick konnte ich mir nicht vorstellen, wie ich Maria die Wahrheit über mich beibringen sollte; ich hatte schon Kopfschmerzen vom vielen Grübeln. Hector und ich machten einen kleinen Spaziergang durch die kühle Mainacht, bevor wir zu Bett gingen. Hectors Haus hatte eine so beruhigende Wirkung auf mich, daß ich bis zum späten Vormittag schlief. Doch kaum hatte ich den Heimweg angetreten, kehrten die nagenden Gedanken an Maria zurück.

In meinem Büro las ich alle Notizen, die Paco und Carlos mir hinterlassen hatten. Es machte mir keinen Spaß mehr, in meinem Büro zu sein. Ich haßte den großen Eselmann. Bei Licht betrachtet, war er auch nur der Sohn eines armen Pächters. Er hatte seine Freunde und seine Familie vernachlässigt – alles um des geschäftlichen Erfolgs willen. Und jetzt ging ihm ein Ruf voraus, dem ich niemals gerecht werden konnte.
Nachdem ich einige Rechnungen bearbeitet hatte, stand ich auf und verließ das Haus. Schließlich machte ich bei »Pe-

dro's« halt, um ein spätes Mittagessen einzunehmen und, wie ich hoffte, Juanita zu treffen.
Ich ging auf direktem Wege in die Küche. Als Juanita mich erblickte, ließ sie vor Überraschung ihren Kochlöffel in den riesigen Suppentopf fallen. »Lange nicht gesehen!« meinte sie.
»Ich weiß«, sagte ich und umarmte sie. »Kannst du eine kurze Pause einlegen?«
»In ein paar Minuten. Wie lange bist du in der Stadt?«
»Nur heute abend. Ich würde nachher gern etwas Zeit mit den Jungen verbringen.«
»Da werden sie sich aber freuen.«
»Ich auch«, sagte ich und atmete die herrlichen Kochdüfte ein. Plötzlich bekam ich Hunger. Ich ging in den Speisesaal und bestellte *carne asada*, mein Leibgericht.
Als ich gerade mit dem Essen fertig war, trat Pedro an meinen Tisch. Ich stand auf und schüttelte ihm die Hand. Es war das erste Mal, daß ich ihn wiedersah, seit ich gekündigt hatte.
»Schön, Sie wiederzusehen, Pedro.«
»Bist wohl gekommen, weil du deine alte Stelle wiederhaben willst, was?«
Ich lachte. »Das Leben hier im Restaurant war zweifellos einfacher.«
»Es tut mir leid, daß ich versucht habe, dir die Kündigung auszureden. Es wäre ein großer Fehler gewesen, wenn du auf mich gehört hättest.«
»Sie wollten nur mein Bestes.«
Mit einem tiefen Seufzer ließ Pedro sich an meinem Tisch nieder.
»Alles in Ordnung, Pedro?«
»Ich bin sehr müde, Juan«, sagte er. »Ich spiele mit dem Gedanken, das Restaurant zu verkaufen.«

Pedro und sein Restaurant waren aus Mexiko City gar nicht wegzudenken. »Was wollen Sie dann anfangen?«
»Sechzehn Stunden täglich zu arbeiten ist einfach eine zu große Belastung für mich«, sagte Pedro und rieb sich die Augenbrauen.
»Warum stellen Sie nicht einen guten Geschäftsführer an?«
»Du kennst mich doch ... Ich bin wie eine Glucke hinter allem her. Für meinen hohen Blutdruck ist es das beste, wenn ich verkaufe.«
Ich starrte ihn ungläubig an. »Sie meinen es wirklich ernst, nicht wahr?«
Pedro zwirbelte seinen Schnurrbart. Plötzlich begannen seine Augen zu funkeln. »Warum kaufst du das Restaurant nicht?«
»Ich? Ich habe schon genug mit meinen Eseln zu tun.«
»Juanita und José könnten das Restaurant für dich führen. José hat ein gutes Händchen für den Restaurantbetrieb.«
»Wenn das so ist...« Ich lehnte mich in meinem Stuhl zurück. »Ich werde mal darüber nachdenken.«
In diesem Moment stieß Juanita zu uns. »Störe ich?«
Pedro stand auf und bot ihr seinen Stuhl an. »Es war schön, dich wiederzusehen, Juan!«
»Ich sage Ihnen bald Bescheid«, meinte ich und lächelte dann Juanita zu.
Sie beugte sich vor und musterte mein Gesicht. »Mir scheint, du hast jemanden kennengelernt, stimmt's?«
Ich errötete. »Wie kommst du darauf?«
»Irgend etwas ist anders ... ein ganz bestimmtes, inneres Glühen«, sagte sie und zwinkerte mir mit ihren dunklen Augen zu.
Schließlich räumte ich ein: »Na gut, ja – es stimmt. Aber verrate mir etwas, Juanita. Welche Eigenschaften findest du bei einem Mann anziehend?«

»Vieles. Liebenswürdigkeit, Großzügigkeit, Aufmerksamkeit – wenn er sich aufrichtig für mich interessiert.«
Verblüfft lehnte ich mich zurück. Juanita beschrieb jemanden, der über den inneren Reichtum verfügte, von dem Hector gesprochen hatte. Ich fragte mich, ob Maria auch Wert auf diese Eigenschaften legte.
»O ja, und am wichtigsten«, fuhr Juanita fort, »ist mir natürlich Ehrlichkeit.«
Ich zuckte zusammen und fragte nicht weiter danach, was sie tun würde, falls jemand sie täuschte. Die Antwort darauf wollte ich lieber nicht hören. »Hat es nach dem Tod deines Mannes je wieder jemanden gegeben?«
»Als er starb«, sagte Juanita traurig, »ist ein Teil von mir mit ihm fortgegangen.«
Ich nickte. Seine Eltern zu verlieren ist schwer, doch einen Ehepartner zu verlieren – eine Familie allein großziehen zu müssen ... »Es tut mir so leid«, sagte ich.
In diesem Augenblick kam der Kellner wieder an unseren Tisch. Ich bestellte noch einen Kaffee. »Wie gefällt dir der Restaurantbetrieb?«
»Mit José macht die Arbeit Spaß. Er hat so viele gute Ideen.«
»Das hat Pedro auch schon gesagt.« Nach einer kurzen Pause fuhr ich fort. »Pedro hat mir erzählt, daß er das Restaurant verkaufen will.«
Juanita nickte. »Ich weiß. Wir können uns kaum vorstellen, dann für jemand anderen zu arbeiten.«
»Pedro meint, daß ich das Restaurant kaufen sollte ...« Ich begann, nervös mit den Fingern auf dem Tisch herumzutrommeln.
Juanitas Augen leuchteten auf. »José und ich würden das Restaurant sehr gern für dich führen.«

»Ich habe gedacht ... Vielleicht solltet ihr es für euch selbst führen.«
»Das kommt überhaupt nicht in Frage!« Juanita schlug mit der flachen Hand auf den Tisch. »Du hast schon viel zuviel für uns getan!«
»Aber Juanita, dann wäret ihr endlich unabhängig.«
»Das kann ich nicht annehmen. Wir könnten es dir nie zurückzahlen.«
»Als du mich aufgenommen hast, hast du mir eine Familie gegeben. Das kann ich dir nie vergelten.«
»Ich habe dir nur ein Dach über dem Kopf geboten.«
»Ach, komm – du hast mir ein Zuhause voll Wärme und Freundlichkeit geschenkt. Und jetzt bin ich in der Lage, dir zu helfen.«
»Juan, es ist einfach zuviel ... Ich kann es nicht annehmen«, sagte Juanita und machte Anstalten zu gehen.
»Na gut«, erwiderte ich und ergriff ihre Hände. Hector hatte mir geraten, Juanitas Stolz zu respektieren. »Wie wäre es, wenn wir den Gewinn fünfzig-fünfzig aufteilten? Zusätzlich werde ich dich als Eigentümerin über fünfundzwanzig Prozent eintragen lassen, und im Lauf der Zeit wird dein Anteil wachsen.«
»Damit könnte ich schon eher leben«, sagte sie und nickte.
Die nächsten beiden Tage verbrachte ich damit, Pedros Geschäftsbücher auszuwerten. Nachdem ich mit Juanita und José gesprochen hatte, suchte ich meinen Bankier auf. Ich machte Pedro ein faires Angebot, das er sofort akzeptierte.
Zum ersten Juli würden Juanita und die Jungen das Restaurant übernehmen.

WEITBLICK

Den Rest der Woche suchte ich die Märkte nach einem Geschenk ab, das ich Maria geben könnte. Als ich ihr am Sonntag mein kleines Päckchen überreichte, errötete ich.

Maria öffnete den Karton. »Mama, schau mal!« rief sie und drapierte sich das weiße Spitzentuch um die Schultern. »Es ist wunderschön, Juan. Vielen Dank!« Sie wirbelte im Kreis herum. »Ich werde es Papa vorführen.«

Nachdem Maria gegangen war, musterte die Señora mich mit ernstem Blick, so daß ich mich schon fragte, ob ich etwas falsch gemacht hatte. Ich fühlte mich ein wenig unbehaglich und bot an, den Tisch zu decken.

Nach dem Mittagessen spazierten Maria und ich durch den Hof. »Du redest über die Landwirtschaft, als ob es dich wirklich interessiert«, stellte Maria fest.

»Ja, ich mag das Land tatsächlich.« Wenn es mir gehört, fügte ich in Gedanken hinzu. Dies wäre eine gute Gelegenheit, ihr die Wahrheit über mich zu sagen. »Maria …« Das Blut wich mir aus dem Gesicht.

»Was ist denn?«

»Ich … Ich mußte nur gerade an meine Eltern denken.«

»Das tut mir leid, Juan. Was hast du gemacht, nachdem sie gestorben sind?«
Ich hielt an, um an einer weißen Nelke zu riechen. Wieder eine Gelegenheit verpaßt. »Diese Blumen sind herrlich.«
»Danke«, sagte sie. »Ich habe sie selbst gepflanzt.«
Ich lächelte. Hector würde Maria zweifellos auch mögen. »Hast du schon mal daran gedacht, sie zu verkaufen?«
»Ich würde lieber meine Stickereien verkaufen«, meinte sie und deutete auf ihre Bluse.
Ich blickte sie überrascht an. »Meine Mutter hat auch gestickt. Sie hat ihre Arbeiten immer auf dem Zócalo von Pachuca verkauft.«
»Eines Tages würde ich mir gern mal die verschiedenen Muster anschauen, die es in Mexiko City gibt.«
»Ich kann dich gern einmal herumführen!«
»Sehr gern, doch Papa hat keine Zeit, mich dorthin zu begleiten, und allein darf ich nicht gehen.«
Beim Gedanken an ihren Vater fühlte ich mich plötzlich ziemlich unbehaglich. »Wir werden uns etwas einfallen lassen.« Ich zog meine Taschenuhr hervor. »Wann kann ich dich wiedersehen?«
»Wie wäre es am nächsten Sonntag – zum Mittagessen?« Wir erreichten das Tor und hielten einander kurz bei den Händen.
»Vielen Dank noch mal für das wunderschöne Tuch«, sagte sie und lächelte.
»Ich hoffe, deine Mutter fand es nicht ungebührlich von mir.«
»Mach dir keine Sorgen«, sagte sie. »Mama hat dich gern.«
Während ich nach Hause ritt, war mir ganz schwindlig vor lauter Aufregung. Sie hatte gesagt, ihre Mutter würde mich mögen. Sie hatte meine Hand gehalten und mich wieder eingeladen. Nachdem die erste Aufregung abgeflaut war, wurde

mir klar, daß im Augenblick genau das passierte, was ich mir gewünscht hatte: Maria begann sich für mich zu interessieren. Doch gleichzeitig wurde es immer schwerer, ihr zu gestehen, wer ich tatsächlich war.

In den folgenden Wochen veränderte sich mein gewohnter Lebensrhythmus. Sonntags besuchte ich Maria, und den Rest der Woche dachte ich ständig an sie. Unfähig, mich auf meine Geschäfte zu konzentrieren, schlenderte ich über die Märkte und suchte nach Geschenken für sie.

Einerseits war es ein schönes Gefühl, in sie verliebt zu sein. Andererseits fragte ich mich dauernd, wie sie reagieren würde, wenn ich ihr endlich die Wahrheit sagte. Hector hatte mir prophezeit, daß mein schlechtes Gewissen mir keine Ruhe lassen würde, und tatsächlich bereitete mir mein Dilemma ziemliches Kopfzerbrechen.

Als ich das nächste Mal den Hof der Mendez' aufsuchte, nahm Maria mich zur Begrüßung beim Arm und sagte: »Es ist so schön, dich wiederzusehen, Juan.«

Dabei sah sie mit ihrem offenen, über die Schultern hängenden Haar richtig schelmisch aus. Ich lächelte und überreichte ihr eine Schachtel Pralinen.

Am Mittagstisch starrte der Señor mich so angewidert an, als sei ich eine lästige Krankheit, die einfach nicht verschwinden wollte. Schließlich sagte er: »Juan, womit genau verdienst du deinen Lebensunterhalt?«

»Ich bin Kellner in Pedros Restaurant in Mexiko City.« Kaum hatte ich diesen Satz ausgesprochen, hätte ich mich am liebsten in den Hintern getreten.

Mendez sah aus, als ob er mir nicht glaubte. »Wie kannst du dir dann leisten …«

»Dann mußt du ihn doch kennen«, unterbrach Maria ihn.

»Wen?« fragte ich.
»Den Eselmann natürlich, Dummerchen!«
Mein letzter Bissen saß wie ein Stein irgendwo in meiner Speiseröhre fest. »Wieso sollte ich ihn kennen?«
»Heute hat es in der Zeitung gestanden.« Maria rückte ihren Stuhl vom Tisch weg. »Er hat ›Pedro's‹ gekauft.«
Obwohl ich nach außen hin ruhig blieb, bebte ich innerlich.
»Da steht es«, sagte sie und deutete auf den Artikel. »Es heißt, er habe ›Pedro's‹ für seine Freunde gekauft, damit sie nie mehr von jemandem abhängig sind.« Maria ließ sich in ihren Stuhl zurücksinken.
Am liebsten hätte ich geschrien: »Was da steht, ist nur die halbe Wahrheit!« Statt dessen sagte ich: »Das ist schon passiert, bevor ich anfing, dort zu arbeiten.«
»Aber ihm gehört das Restaurant; du mußt ihm doch schon mal begegnet sein.«
»Ja, ich weiß, wie er aussieht ...« Ich starrte auf meinen halbleer gegessenen Teller. Für mich war die Mahlzeit beendet.
Maria reichte mir den Zeitungsartikel. Es hieß dort, die neuen Eigentümer würden das Restaurant in zwei Tagen übernehmen. Wie lange hatte ich mich schon nicht mehr bei Juanita blicken lassen?
Ich tupfte mir mit der Serviette den Mund ab und meinte: »Ich muß jetzt wirklich gehen.«
Maria brachte mich noch zum Tor. »Habe ich irgend etwas Falsches gesagt? Werde ich dich nächsten Sonntag wiedersehen?«
»Wahrscheinlich nicht. Ich kenne meinen Dienstplan noch nicht.«
»Ich werde dich vermissen«, sagte sie.
Ich zog sie an mich und küßte sie. Als wir einander wieder los-

ließen, sah Maria ebenso überrascht aus, wie ich mich fühlte.
»Ich liebe dich«, flüsterte ich ihr zu.
Den ganzen Heimweg über schmeckte ich ihren Kuß noch. Einerseits fühlte ich mich überglücklich, andererseits machte ich mir furchtbare Sorgen. Würde ich sie verlieren, wenn sie die Wahrheit herausfand? Hector hatte recht: Die Unwahrheit würde so lange an mir nagen und alles überschatten, bis ich sie aufgeklärt hatte.

Zu Hause angekommen, traf ich Paco und Carlos, während sie gerade das Haus verließen. »Mama gibt heute abend im Restaurant eine Abschiedsfeier für Pedro«, sagte Carlos.
Paco lief ins Haus zurück und kam mit einem kleinen Briefumschlag in der Hand wieder. »Es muß etwas ziemlich Wichtiges sein. Ein Mann hat ihn heute mit einer Kutsche vorbeigebracht.«
Ich drehte den Umschlag neugierig hin und her. »Um wieviel Uhr fängt die Feier an?«
»Sie hat schon angefangen. Kommst du auch?«
»Ich komme nach«, sagte ich, während ich den Umschlag betrachtete. Ich ging in mein Büro und setzte mich an den Schreibtisch. Auf dem elfenbeinfarbenen Kuvert stand in geschwungener Schönschrift »Señor Juan Gomez«. Ich zog eine farblich abgestimmte, elegante Briefkarte heraus und las:

Die Dominguez-Kunstauktion erlaubt sich, Sie zu einer privaten Sonderausstellung ausgesuchter Originalgemälde sowie seltener Sammelobjekte der Töpferkunst einzuladen. Exklusiv für Sie haben wir einen Termin am Montag, dem 19. Juli, um zehn Uhr reserviert. Bitte finden Sie sich am Eingang des Vergnügungsparks ein, und halten Sie ihre Einladung bereit.

Alle Objekte, die nicht während der Sonderausstellung verkauft werden, werden auf einer öffentlichen Auktion am Samstag abend, dem 24. Juli, versteigert.

Ich erinnerte mich an Hector und seine Kunstwerke und trug das Datum in meinen Kalender ein. Vielleicht gefielen mir die Ausstellungsstücke nicht, aber es konnte trotzdem nichts schaden, sich einmal umzusehen.

Als ich mich umgezogen hatte, ging ich zum Restaurant. Carlos begrüßte mich. »Ich hatte keine Gelegenheit, es dir eher zu erzählen«, sagte er dann bedrückt. »Paco und ich ... Wir haben ein paar Bestellungen einbüßen müssen. Ich habe den Leuten zwar erzählt, du seist krank, aber einige von ihnen waren einfach zu erbost über die langsame Lieferung.«

»Ich werde den Schaden wiedergutmachen.« Ich ließ meinen Blick durch den Speisesaal schweifen. Gerade kam Juanita aus der Küche herein und entdeckte mich ebenfalls. Überrascht von ihrem neuen Erscheinungsbild, trat ich auf sie zu. »Juanita, bist du das wirklich?« meinte ich und ergriff ihre ausgestreckten Hände. »Du siehst wunderbar aus!«

Ihre Augen funkelten. »War nicht der Rede wert: ein neuer Haarschnitt, ein paar gut passende Kleider.«

»Erstaunlich«, stellte ich fest. Sie trug ihr Haar offen, so daß es ihr in Wellen um die Schultern floß. Das rot-weiß gemusterte Kleid stand ihr gut und hob ihren frischen Teint hervor. »Jetzt wirst du dich nicht mehr hinter deinen Kochtöpfen verstecken, nehme ich an!«

Freudestrahlend ergriff Juanita meinen Arm und führte mich in die umgestaltete Küche. »Schau mal, was José hieraus gemacht hat. Es hat kaum etwas gekostet, und jetzt haben wir Platz für zwei Köche.«

Ich grinste. »Wer kann denn die beste Köchin der Stadt ersetzen?«
»Ich habe zwei Männer eingearbeitet.«
Wir gingen zurück in den Speisesaal. »Vermutlich willst du auch diesen Raum anders gestalten.«
Juanita lächelte. »Das muß wohl noch warten, bis wir etwas Geld eingenommen haben.«
»Du siehst so gut aus – ich kann es kaum glauben! Es macht mich richtig froh!«
Tränen standen ihr in den Augen. »Mir war gar nicht klar, wie tot ich mich gefühlt hatte, bis ich diese Herausforderung angepackt habe«, sagte sie. »Ich kann dir gar nicht genug danken.«
José rief nach Juanita, damit sie die Speisenfolge überwachen half, und ich suchte Pedro. Er war von einer Gruppe Gratulanten umringt. Als er mich erblickte, schüttelte er mir die Hand und legte mir den Arm um die Schulter.
»Bereuen Sie es nicht?« fragte ich ihn.
»Der Arzt sagt, mein Blutdruck ist schon runtergegangen.«
Ich konnte mir Pedro nicht untätig vorstellen. »Was werden Sie jetzt anfangen?«
»Ich komme wieder – in Teilzeit. Ich bin froh, daß du das Restaurant gekauft hast. Juanita und José managen es prächtig. Ich kann mir niemanden vorstellen, den ich hier lieber als Besitzer sehen würde.«
»Das freut mich«, sagte ich und klopfte ihm auf die Schulter. »Wenigstens werden wir Sie nun weiterhin sehen.« Ich verabschiedete mich von Juanita und ging nach Hause. Obwohl ich mich erschöpft fühlte, war ich voll Stolz darüber, daß ich Juanita und Pedro hatte helfen können.
Der optimistische Schwung verließ mich schnell wieder, als ich die Papierberge sah, die sich in meinem Büro türmten. Ziem-

lich weit oben fand ich ein Telegramm von der Apfelplantage, in dem stand:

Dringend! STOP. Brauchen Materialien u. Geräte. STOP. Bitte kommen Sie sofort. STOP.

Das Telegramm war bereits vor einer Woche geschickt worden. Eigentlich hatte ich etwas Zeit bei Juanita und den Jungen verbringen wollen, doch nun mußte ich am nächsten Morgen in aller Herrgottsfrühe schon wieder abreisen. Die Bauernfamilien fühlten sich vermutlich wieder einmal verlassen.
Nachdem ich ein paar Sachen eingepackt hatte, kehrte ich in mein Büro zurück. Dort warteten neue Bestellungen und Stornierungen; Ratenzahlungen und Armreifen mußten abgeholt werden, und auch von Hector war ein Brief gekommen. Es war mir peinlich, daß soviel Arbeit liegengeblieben war. Es war höchste Zeit, mein Leben in Ordnung zu bringen. Sobald ich meine geschäftlichen Verpflichtungen aufgearbeitet hatte, würde ich Maria endlich die Wahrheit sagen und mich den Konsequenzen stellen.
Als Juanita und die Jungen erschöpft nach Hause kamen, erzählte ich ihnen von dem Notfall. »Braucht ihr irgend etwas, bevor ich wieder gehe?«
Immer noch strahlend erwiderte Juanita: »Wir sind wunschlos glücklich!« Sie umarmte mich heftig und ging zu Bett.
Ich brachte noch die Liste für Paco und Carlos zu Ende und ging dann ebenfalls schlafen.

Am nächsten Morgen nahm ich den ersten Zug und reiste zur Obstplantage. Meine Ankunft verbreitete sich wie ein Lauffeuer. Alle versammelten sich.

»Wir dachten schon, wir müßten Sie abschreiben«, sagte der Wortführer.
»Zuviel um die Ohren gehabt«, erwiderte ich. »Woran fehlt es denn?«
Nach einer kurzen Lagebesprechung gaben die Bauern mir eine Liste der benötigten Materialien und Geräte, die ich für sie besorgte. Ich richtete auch ein Bankkonto ein, so daß die Männer in Zukunft notwendige Anschaffungen begleichen konnten. Nachdem ich drei Tage auf der Plantage gearbeitet hatte, reiste ich in Richtung Veracruz weiter. Es dauerte vier Tage, bis ich meine Esel ausgesucht und auf das Schiff verladen hatte. Danach kehrte ich für eine weitere Woche auf die Apfelplantage zurück.
Am folgenden Sonntag hätte ich gern Maria wiedergesehen, doch statt dessen suchte ich Manuel auf. Er lernte gerade einen jungen Mann an. »Sind die Armreifen fertig?« erkundigte ich mich.
Manuel zog die Bündel hervor.
»Ihre Leute machen sich!« stellte ich fest, während ich den Schmuck musterte.
»Wir arbeiten auch schwer!«
»Manuel, ich habe mir etwas überlegt«, sagte ich und nahm einen Armreif in die Hand. »Könnten Sie einen Ring entwerfen, der zu diesem Armreif paßt?«
»Klar«, entgegnete Manuel mit seinem zahnlosen Grinsen.
»Wenn Sie bis Donnerstag ein Probestück fertig haben, könnte ich es unserem Käufer zeigen.«
»Sie werden es bekommen, Señor … Doch bevor Sie bestellen, müssen wir noch über die Pesos reden!«
Ich lachte, wohl wissend, daß es wieder einmal Zeit für eine Lohnerhöhung war.

Während der ganzen nächsten Woche lieferte ich Esel aus und sammelte die ausstehenden Raten ein. Es war eine nervenaufreibende Arbeit, doch ich erinnerte mich immer wieder daran, daß als Belohnung der sonntägliche Besuch bei Maria auf mich wartete. Donnerstag abend kehrte ich nach Mexiko City zurück und traf mich am Freitag mit dem Texaner. Als ich ihm den Ring vorführte, kaufte er ihn wie erwartet als Warenmuster und wollte ihn den Leuten anbieten, die den passenden Armreif kauften.

Endlich war der Sonntag gekommen, und ich ritt zu Marias Farm. »Sie sind gerade rechtzeitig zum Mittagessen gekommen«, begrüßte Señora Mendez mich.

Maria hörte meine Stimme und kam in die Küche gelaufen.

»Hier, ich habe dir etwas mitgebracht«, sagte ich.

Maria nahm die Schachtel entgegen. »Du verwöhnst mich viel zu sehr«, sagte sie. Langsam wickelte sie das Päckchen aus und sah mich dabei an. Sie hob den Deckel der Schachtel hoch und machte dann große Augen. »Wo hast du denn die gefunden?«

»Auf dem Markt.« In Wahrheit hatte ich jeden einzelnen Markt in jeder Stadt, durch die ich geritten war, abgesucht. Hier waren nun die schönsten und ungewöhnlichsten Garne versammelt, die ich hatte finden können.

»Vielen Dank, Juan«, sagte sie. »Daraus kann ich herrliche bunte Muster sticken!«

Als ich ins Wohnzimmer trat, nahm Señor Mendez überhaupt keine Notiz von mir. Schließlich brummte er hinter seiner Zeitung hervor: »Ich möchte zu gern wissen, wie ein Kellner es sich erlauben kann, meiner Tochter so teure Geschenke zu machen.«

Ich senkte den Kopf. Schließlich erwiderte ich: »In der Stadt kann man viele außergewöhnliche Dinge finden – man muß nur wissen, wo.«

Mendez klappte eine Ecke seiner Zeitung um und starrte mich wütend an. »Und das nötige Kleingeld haben!« fügte er hinzu.
Bei Tisch musterte Mendez mich mehr als einmal unverhohlen. Schließlich sagte er: »Wo arbeitest du noch mal?«
Nachdem ich ihm geantwortet hatte, schnalzte er mißbilligend.
Das Mittagessen bei Maria wäre für mich seit vielen Wochen die erste Gelegenheit gewesen, mich zu entspannen. Doch nun konnte ich es kaum abwarten, endlich nach Hause zu kommen. Außerdem sollte die Sonderausstellung der Kunstobjekte am Montag morgen stattfinden, und ich wollte gern dorthin gehen.
Wie immer begleitete Maria mich noch bis zum Tor. »Er mag mich nicht, stimmt's?«
»Papa hat zur Zeit viele Sorgen. Gestern ist sein Esel lahm geworden.«
»Warum besorgt er sich keinen neuen?«
»Im Augenblick können wir uns die fünfzehnhundert Pesos nicht leisten.«
Warum schaute er sich nicht außerhalb seiner eigenen engen Nachbarschaft um? In diesem Moment schien mir mein zukünftiger Schwiegervater kein allzu heller Kopf zu sein. Doch Hector würde mich wahrscheinlich voreingenommen und ungeduldig schelten.
Plötzlich kam mir in den Sinn, daß Mendez' Notlage eine Chance für mich bot. Ich küßte Maria leicht auf die Lippen. »Bis nächste Woche dann, einverstanden?«
Am Montag wurde ich von dem Vergnügungspark zu einem abgelegenen Gebäude in einer ruhigen Seitenstraße geführt. Ein Mann im Smoking gekleidet geleitete mich hinein.
»Bin ich der einzige Besucher?« erkundigte ich mich.

»Señor«, erwiderte er, »die nächsten zwei Stunden sind ausschließlich für Sie reserviert worden.«
Ich fühlte mich geschmeichelt. »Ich verstehe sehr wenig von Kunst«, sagte ich.
»Suchen Sie sich aus, was Ihnen gefällt. Es sind alles Originale.« Er gab mir einen dünnen Katalog. »Die angegebenen Preise verstehen sich als absolutes Minimum.«
»Warum haben Sie mich eingeladen?« fragte ich stirnrunzelnd und dachte dabei: Ich bin doch nur der Sohn eines armen Pächters.
»Wir haben gehört, daß Sie noch keine Kunstwerke besitzen – daher haben wir dieses Eröffnungsangebot ausgearbeitet.«
»Angenommen, ich warte noch bis zur Auktion?«
»Das bleibt Ihnen selbstverständlich freigestellt. Doch die Kunstwerke, die Ihnen gefallen, werden dann für einen höheren Preis weggehen – wenn sie nicht bis dahin längst verkauft sind.«
Ich nickte und sah mich unter den angebotenen Objekten um. Mit den Unwägbarkeiten von Auktionen war ich inzwischen bestens vertraut.
Unter Zuhilfenahme des Katalogs markierte ich dreißig Kunstwerke, die mir gefielen. Nachdem mich mein Gastgeber lebhaft zum Kauf ermuntert hatte, erwarb ich alle zusammen zu einem Preis, der mir etwas überhöht vorkam. Doch gestützt auf die Empfehlungen des Kunsthändlers, versprach ich mir eine hervorragende Rendite meines eingesetzten Kapitals.
Er stellte mir eine Rechnung aus. »Wir werden Ihnen die Bilder morgen nachmittag liefern. Dann können Sie dem Kutscher das Geld geben.«
Ich hinterlegte das Geld bei Paco und Carlos und machte mich auf den Weg, um die Kunden, die ihre bestellten Esel

storniert hatten, zurückzugewinnen. Da ich ohnehin in der Gegend war, besuchte ich Hector.

»Ich habe mich schon gefragt, ob dir etwas zugestoßen ist. Hast du meine Nachricht bekommen?«

Hectors Brief hatte ich vollkommen vergessen. »Mein Leben ist völlig aus den Fugen geraten.«

»Die junge Liebe?«

»Ich habe alles andere schleifen lassen. Die letzten paar Wochen habe ich damit verbracht, den Rückstand wieder aufzuholen.«

»Wie entwickelt sich die Romanze?«

»Alle scheinen mich zu mögen – nur ihr Vater nicht«, sagte ich kopfschüttelnd. »Ich kann es ihm nicht einmal verdenken.«

»Dann hast du es ihnen immer noch nicht erzählt?«

»Ich habe vor, es ihnen am nächsten Sonntag zu sagen.« Ich fuhr mir mit den Fingern durchs Haar. »Ich habe solche Angst, sie zu verlieren!«

»Ich hoffe, daß du bald den Mut findest. Lügen haben kurze Beine.«

»Können wir nicht über etwas anderes sprechen? Bitte!«

Hector lächelte väterlich. »Kannst du bleiben? Ich würde gern morgen mit dir ausreiten.«

Am folgenden Morgen ritten wir zum nördlichen Ende seines Besitzes. Nachdem wir einige Zeit durch bewaldetes Land geritten waren, erreichten wir eine kleine Siedlung. »Hector«, fragte ich, »wieso gibt es hier eine Siedlung – in dieser Einöde?«

Hector bedachte mich mit einem verschmitzten Lächeln. »Weitblick, mein Junge – aus Weitblick.«

»Was soll denn das heißen?«

»Weitblick ist die Fähigkeit, sich umzuschauen und aus dem,

was man sieht, auf künftige Entwicklungen zu schließen. Erfolgreiche Menschen entwickeln eine Art sechsten Sinn – die kreative Fähigkeit, etwas vorauszusehen – und haben dann den Mut, entsprechend zu reagieren.«

»Was hat das mit dieser Siedlung zu tun?«

»Alle Straßen – aus Norden, Süden, Osten und Westen – führen durch diesen Ort. Er ist eine gute Tagesreise von der nächsten Stadt entfernt. Deshalb verfügt diese Siedlung zwar nur über zwei Straßen, die bestehen aber hauptsächlich aus Hotels, Restaurants und Geschäften.«

»Dieser Ort gehört Ihnen?«

»Ich habe das Land gekauft und die Gebäude errichten lassen. Die Leute hier zahlen mir dreißig Prozent ihrer Einnahmen.«

»Aber warum gerade hier?«

»Ich vermute, daß hier ein Verkehrsknotenpunkt entsteht. Außerdem rechne ich fest mit dem Bau der Eisenbahnlinie.«

»Auch meinem Eselhandel könnte die Eisenbahnlinie großes Wachstum bescheren ... Sie läßt entlegene Gebiete dichter zusammenwachsen. Andererseits könnte das mein Geschäft überflüssig machen.«

»Gut«, sagte Hector. »Wenn du alle möglichen Entwicklungen vorhersiehst, hilft dir das, besser vorauszuplanen.«

»Wie meinen Sie das?«

»Nimm zum Beispiel diese Siedlung. Sie wird entweder aufblühen und ein eigenes Leben entwickeln, oder die Eisenbahngesellschaft kauft mir hoffentlich das Land ab. Vielleicht auch beides – aber was immer geschieht, ich bin vorbereitet.«

»Was läßt Sie da so sicher sein?«

Hector zog eine Landkarte heraus und zeigte mir, wo seiner Meinung nach die logische Fortführung der Eisenbahnstrecke verlaufen würde. »Wenn ich du wäre, würde ich Land am Rand dieser Siedlungen erwerben. Wenn die Eisenbahn erst einmal da ist, werden die Einwohnerzahlen enorm anwachsen – und dadurch wird dein Land sehr stark im Wert steigen.«

»Ich bin mir nicht sicher, ob ich im Moment das nötige Geld habe.«

»Nicht sicher?« wiederholte Hector. »Legst du denn nicht jedesmal, wenn du Geld erhältst, einen bestimmten Prozentsatz für neue Investitionen auf die Seite?«

»Eigentlich nicht.«

Hector hielt sein Pferd an. »Du solltest jederzeit wissen, wieviel Bargeld du zur Verfügung hast, damit du deine Geldmittel nicht völlig aufbrauchst, wenn sich dir eine Gelegenheit bietet.«

»Es spielt im Moment keine große Rolle. Ich stehe gerade zwischen mehreren Investitionen.«

»Ganz im Gegenteil, Juan. Du kannst weder erfolgreich investieren noch anderen Leuten helfen, wenn du nicht genug zur Verfügung hast, um dir selbst zu helfen.«

»Ich verstehe«, sagte ich. »Auf diese Weise weiß ich immer, ob ich mir eine bestimmte Investition leisten kann.«

»Genau«, erwiderte Hector. Sein Pferd bewegte sich weiter. »Und in der Zwischenzeit legst du dir ein Konto für Investitionen an.«

Wir ritten in die Stadt und aßen zu Mittag. »Was werden Sie mit dem Geld machen, wenn die Eisenbahngesellschaft Ihr Land kauft?«

»Wenn ich dabei einen Gewinn erziele, werde ich ihn halbehalbe mit den zwanzig Familien teilen.«

»Das könnte aber ziemlich viel Geld sein!«

Hector zuckte mit den Schultern. »Ja und? Ich habe im Moment mehr, als ich je ausgeben könnte.«

Ich bewunderte Hector aufrichtig. Er besaß so viel, hatte Interesse daran, mehr zu erwerben, und dennoch fand er Freude darin, seinen Besitz zu teilen. Ich hoffte, daß auch ich eines Tages so großzügig sein würde.

Am Mittwoch kehrte ich in die Stadt zurück und eröffnete ein weiteres Bankkonto. Nun hatte ich eines für meine Alterssicherung, eines, von dem ich meine Investitionen bestreiten konnte, und eines, um die laufenden Kosten zu decken. Hector hatte recht: Diese Aufteilung würde mir den Überblick über meine Finanzen erheblich erleichtern.

Nun, da ich genau wußte, wieviel Bargeld ich zur Verfügung hatte, versuchte ich herauszufinden, ob die Kunstauktion angekündigt worden war. Soviel ich weiß, fand sie nie statt. Ich war ein bißchen enttäuscht, denn je nach Angebot hätte ich gern noch weitere Kunstwerke erstanden. Drei der Gemälde, die ich in meinem Büro ausgestellt hatte, hatten die Jungen bereits mit einem ordentlichem Gewinn verkauft. Vielleicht hatte ich ja Weitblick bewiesen, als ich sie erworben hatte.

Am Sonntag besuchte ich Familie Mendez. Ich war aufgeregt und hatte eine Heidenangst. Der große Tag war gekommen. Was immer geschah – ich wollte ihnen endlich die Wahrheit sagen.

Wie üblich begleitete Maria mich ins Wohnzimmer, wo ihr Vater die Zeitung las. »Papa«, sagte sie, »Juan ist gekommen.«

Er schaute über den Rand seiner Zeitung und nickte kurz.

Seine kühle Begrüßung ließ mir das Blut in den Adern gefrieren. »Señor«, sagte ich und rang die Hände, »ich habe Ihnen etwas mitgebracht.«

»Du kannst vielleicht meine Frau und meine Tochter mit deinen übertriebenen Geschenken beeindrucken, aber ich ver-

sichere dir, ich lasse mich nicht so leicht einwickeln.« Dann zögerte er. »Nun, wo ist es denn?«
»Draußen. Ich kann es nicht hereinbringen.«
Mendez faltete die Zeitung zusammen, knallte sie auf den Tisch, stand auf und zog die Hosen über seinen hervorquellenden Bauch. »Dann laß mal sehen, was du mitgebracht hast!«
Vielleicht hatte ich einen Fehler gemacht. Wenn er nun mein Geschenk nicht annahm?
Sobald wir draußen vor der Tür standen, meinte er: »Was macht denn das Vieh hier?« und zeigte auf den Esel, der neben meinem Pferd angebunden war.
»Er gehört Ihnen, Señor. Ich habe ihn eigens für Sie mitgebracht.«
Er blieb jäh stehen und sagte mit weicherer Stimme: »Woher hast du denn gewußt, daß ich einen Esel brauche?«
»Maria hat es mir letzte Woche erzählt.«
Er schüttelte den Kopf. »Ich kann ihn nicht bezahlen.«
»Señor, es ist ein Geschenk!«
»Wieviel hast du für ihn bezahlt?«
»Dreihundertfünfzig Pesos.«
»Wie kannst du dir das leisten ...?«
Jetzt. Sag es ihm jetzt! Ich fuhr mir mit der Zunge über die Lippen und holte tief Luft. »›Pedro's‹ ist ein gutes Restaurant, und ich bekomme viel Trinkgeld«, sagte ich.
Mendez schaute zuerst zu mir, dann wieder zum Esel hinüber. Er wirkte ehrlich gerührt. »Du weißt gar nicht, wie dringend ...«
Sein dankbarer Gesichtsausdruck unterschied sich kaum von dem meiner Kunden. »Ich weiß das, glaube ich, sehr wohl«, sagte ich und lächelte. »Ich bin nämlich der Esel ...«
Doch Mendez war bereits auf dem Weg zum Haus und rief

nach seiner Familie, die sich den neuen Esel anschauen sollte.
Als ich später mit Maria allein war, sagte sie: »Vielen Dank für das, was du getan hast. Es ist, als ob eine schwere Last von Papas Schultern genommen wurde.«
In der Luft hing ein schwerer, süßer Blumenduft. »Wohin ist er gegangen?«
Über ihr Gesicht huschte ein liebevolles Lächeln. »Er hat seinen neuen Esel schon mit aufs Feld genommen!«
»Maria«, sagte ich, während ich meinen Arm um sie legte, »ich würde alles für dich tun. Ich liebe dich so sehr.«
Sie schmiegte ihren Kopf an meine Schulter. »Ich liebe dich auch«, sagte sie. »Ich warte immer sehnsüchtig auf die stillen Minuten, in denen ich mit dir allein bin.«
Ich schaute in ihre bezaubernden Augen. »Dann laß uns doch eine feste Verbindung eingehen!«
»Juan Gomez, machst du mir einen Antrag?«
»Ja. Ja! Maria, willst du mich heiraten?«
Maria warf mir die Arme um den Hals und küßte mich auf den Mund. Nach diesem Moment des Überschwangs entzog sie sich mir wieder und runzelte die Stirn. »Hast du Papa schon gefragt?«
»Noch nicht. Wird er Einwände haben?«
»Er hat zwar nichts gesagt, aber ich glaube, daß er ein paar Vorbehalte dir gegenüber hat.«
»Ich werde ihn nächste Woche fragen. Maria, ich muß dir etwas Wichtiges ...«
»Wann soll die Hochzeit stattfinden – im Dezember?« Sie hob eine weiße Blüte auf und steckte sie sich ins Haar.
»In fünf Monaten erst? Das kommt mir wie eine Ewigkeit vor!« sagte ich und strich ihr über das lange schwarze Haar. »Wie wäre es nächsten Monat?«

Maria lachte. »Was wolltest du mir gerade sagen?«
Ich schaute in ihr strahlendes Gesicht. »Es war nichts Wichtiges – aber das hier ist wichtig«, sagte ich und zog sie an mich. Ich schloß die Augen. Der Mut hatte mich wieder verlassen. Ich fühlte mich überhaupt nicht wie ein Mann, dessen Heiratsantrag gerade akzeptiert worden war.
Während ich nach Hause ritt, schien mein Pferd ähnlich schlechter Stimmung zu sein wie ich. Langsam, mit gesenkten Köpfen, trotteten wir die Landstraße entlang. Der sich verdunkelnde Himmel trübte meine Laune noch weiter. Ich hatte Maria und ihrem Vater etwas Gutes getan. Doch statt froh darüber zu sein, fühlte ich mich entsetzlich. Das einzige, was mir durch den Kopf ging, war, daß es mir wieder nicht gelungen war, ihnen die Wahrheit über mich zu erzählen.
Wie kam es bloß, daß ich in mancher Hinsicht so schlau war, mich aber andererseits so blöd anstellte?

ÜBER DIE WAHRHEIT

Am Montag ging es mir immer noch nicht besser. Ich nahm den Zug nach San Cristóbal, arbeitete am Dienstag auf der Apfelplantage und überlegte, ob ich am Mittwoch Maria besuchen sollte. Doch meine Angst gewann schließlich die Oberhand, und ich kehrte statt dessen nach Hause zurück. Als ich gerade durch den Korridor zu meinem Büro ging, hörte ich Carlos sagen: »Sie haben Glück. Der Eselmann ist heute hier.«

Ich schlenderte in mein Büro und blieb im nächsten Augenblick wie vom Donner gerührt stehen. »Carlos«, sagte ich, »laß uns bitte ein paar Minuten allein.«

Carlos blickte zwischen mir und dem vermeintlichen Fremden hin und her. »Ist alles in Ordnung?«

»Ja«, erwiderte ich, während ich meinen Besucher fassungslos anstarrte.

»Du ... Du bist der Eselmann?« stammelte dieser.

Ich schloß die Augen und stieß einen tiefen Seufzer aus.

»Ich bin ganz durcheinander«, sagte Señor Mendez, während er sich an der Stuhllehne festklammerte. »Ich bin zu Pedros Restaurant gegangen und habe nach Juan Gomez gefragt.«

»Bitte setzen Sie sich doch. Kann ich Ihnen etwas zu trinken anbieten?«
»Es paßt alles zusammen«, sagte er nach einer kurzen Pause. »Sollte ich dich verprügeln oder lieber erleichtert sein?«
»Verprügeln Sie mich ruhig – vielleicht fühlen wir uns dann beide besser.«
Er setzte sich hin und klopfte sich mit der Hand aufs Herz. »Meine Maria? Warum hast du es ihr nicht gesagt?«
Noch ein tiefer Seufzer. »Ich wollte ja ... Ich habe es versucht – aber sie hat so großen Respekt vor dem Eselmann.«
»Ich wußte doch gleich, daß du zuviel Geld hast. Ich hatte schon vermutet, daß du ein Bandit wärst.«
»Dann bin ich ja froh, daß Sie jetzt die Wahrheit wissen. Ich habe mich schon die ganze Zeit gefragt, wie ich ... Ich möchte Maria heiraten und hätte dazu gern Ihren Segen.«
»Mein Sohn«, sagte Mendez, während er sich den Schweiß von der Stirn wischte, »es wäre mir ja eine große Ehre, dich in der Familie zu haben ...«
Ich atmete auf.
»Aber meine Maria legt sehr großen Wert auf Ehrlichkeit.«
»Señor«, erwiderte ich, »ich habe es ihr bloß noch nicht gesagt, weil ich Angst hatte.«
»Wovor?«
»Daß mein Geld sie abschrecken würde. Wissen Sie, ich komme ursprünglich auch aus einfachen Verhältnissen.«
Er blickte mir fest in die Augen. »Mir ist ganz egal, wer du bist. Jedenfalls wird es keine Hochzeit geben, bevor sie nicht Bescheid weiß!«
»Ich verspreche es Ihnen – ich werde es ihr sagen, sobald ich sie das nächste Mal sehe.«
Mendez lachte böse. »Meine Maria hat ihren eigenen Kopf –

und sie kann ganz schön wütend werden. Ich möchte jetzt nicht in deiner Haut stecken!«
»Ich habe mich schon in Maria verliebt, als ich sie das erste Mal sah. Ich wollte ihr nie absichtlich ...«
»Ich weiß, ich weiß«, sagte er und stand auf. Auf dem Weg zur Tür klopfte er mir auf die Schulter. »Schade, daß es so gekommen ist. Ich mag dich eigentlich ganz gern.«
Nachdem Mendez gegangen war, zitterte ich am ganzen Körper. Er hatte die Entscheidung erzwungen. Nun mußte ich es ihr sagen.
Am nächsten Tag suchte ich die Plazas ab, um ein passendes Geschenk für Maria zu finden. Ich lief von Viertel zu Viertel, während ich mir im Geist meine Beichte zurechtlegte. Doch über »Maria, ich muß dir etwas sagen« kam ich nicht hinaus.

Als ich an diesem Nachmittag zu meinem Büro zurückkehrte, lief Paco schon draußen vor dem Haus auf und ab. Kaum hatte er mich erblickt, rannte er auf mich zu. »Juan, Juan«, sagte er aufgeregt, »in deinem Büro ist ein Gendarm.«
Ich erstarrte. Was konnte er von mir wollen? »Guten Tag«, begrüßte ich den Polizisten. »Ich bin Juan Gomez. Was kann ich für Sie tun?«
»Haben Sie kürzlich drei Gemälde aus dieser Sammlung verkauft?«
»Ja, das habe ich.« Ich runzelte die Stirn. »Warum?«
»Junger Mann«, sagte er, »ich bin hier, um Sie zu verhaften. Sie haben diese Fälschungen als Originale verkauft.«
»Aber ... Die Bilder sind doch ...«
»Ihre Geschichte können Sie dem Hauptmann erzählen. Ich habe Befehl, Sie einzusperren.« Der Gendarm warf Paco einen scharfen Blick zu und fügte hinzu: »Und du – untersteh

dich, noch mehr von diesen Bildern zu verkaufen, oder du wirst auch verhaftet.«

»Paco«, sagte ich, »hol meine Lederjacke.« Vielleicht konnte ich mich ja wieder freikaufen.

Doch dieser Gendarm schien nicht bestechlich zu sein. Im Polizeirevier führte er mich zu einem niedrigen, abgeteilten Bereich, wo ein Mann hinter einem erhöhten Holzschreibtisch saß. »Herr Hauptmann«, sagte der Gendarm zu seinem Vorgesetzten, »hier ist Juan Gomez. Sie wissen schon: der Eselmann.«

Der Polizeihauptmann blickte von seinen Papieren auf. »Willkommen, Eselmann«, sagte er, »wir haben Sie schon erwartet!«

»Können wir diese Unstimmigkeit bitte schnell klären? Ich habe noch viel Arbeit zu erledigen!«

Der Hauptmann lächelte, wobei sich sein Walroßschnauzbart um die fetten, rosigen Backen kringelte. »Glauben Sie bloß nicht, daß Sie diesmal auch so leicht davonkommen! Wir haben Beweise und Zeugen ... Diesmal werden wir Sie in die Strafkolonie schicken!«

Ich schauderte. Er hielt mich tatsächlich für schuldig. »Ich habe nichts verbrochen!«

»Haben Sie diese Bilder als Originalgemälde verkauft?«

»Ja, sicher ... Das hat mir der Kerl von der Dominguez-Kunstauktion wenigstens erzählt.«

»Sie scheinen immer ganz besondere Erlebnisse auf Auktionen zu haben!«

»Jemand hat eine Einladung bei mir abgegeben ...« Ich hielt inne. »Ich habe sie dem Mann gegeben, der mich vor dem Vergnügungspark erwartet hat.«

»Eine Auktion auf dem Jahrmarkt?«

»Ein Mann hat dort auf mich gewartet und mich dann zu einem anderen Gebäude geführt, wo die Kunstwerke ausgestellt wurden.« Ich beschrieb ihm den Ort. »Herr Hauptmann«, sagte ich, »eine richtige Auktion hat es nie gegeben. Ich habe die Bilder auf einer Sonderausstellung gekauft.«
»Sie erzählen schon wieder ein anderes Märchen, was?«
»Ich versuche nur, die Tatsachen klarzustellen. Die Auktion sollte ursprünglich am 24. Juli sein, doch soweit ich weiß, hat sie nie stattgefunden.«
»Fanden Sie es nicht merkwürdig, daß jemand Ihnen Original-Kunstwerke an einem so heruntergekommenen Ort verkaufen wollte?«
»Ich habe ehrlich gesagt gar nicht darüber nachgedacht«, meinte ich. »Sind sie schon von einem Gutachter untersucht worden?«
»Jaime García wird sie sich nachher ansehen.«
Ich kannte ihn noch aus meiner Zeit im Restaurant. Er war der beste Kunstsachverständige der Stadt. »Ich würde auch gern dabeisein.«
»Verbrecher erhalten solche Vergünstigungen normalerweise nicht.« Er deutete mit dem Zeigefinger in Richtung der Tür. »Abführen!«
Der Gendarm sperrte mich in eine dunkle, feuchte und überfüllte Zelle, in der es nach Exkrementen stank. Einige Stunden später kam er wieder. »Gomez«, sagte er, »der Hauptmann will Sie sehen.«
Ich sprang hoch, begierig darauf, endlich wieder frischere Luft zu atmen.
Der Gendarm brachte mich in einen Raum, in dem meine Kunstwerke aufgereiht standen. Jaime García schlurfte tolpatschig von Bild zu Bild. Wenn ich nicht über seinen guten Ruf

Bescheid gewußt hätte, wäre ich ernstlich besorgt gewesen. Ab und zu stieß er ein »Oh!« oder Ah!« aus, was mir Hoffnung gab, daß die Gendarmen sich doch getäuscht hatten.
Schließlich ließ er sein Monokel sinken. »Herr Hauptmann, diese Bilder sind ganz exzellente Kopien. Die besten, die ich je gesehen habe!«
Mein Herz wurde schwer. »Sind Sie sicher?«
»Ganz sicher«, erwiderte er und wies auf die entscheidenden Merkmale hin.
Dann sagte der Hauptmann: »Es sieht nicht gut aus für Sie, Gomez. Es gibt keine Beweise für Ihre Angaben.«
Ich zuckte zusammen. Ich hörte schon im Geiste, wie die Gittertüren zwischen mir und meiner Freiheit zuschlugen.
»Der Besitzer des Lagerhauses sagt, daß sein Gebäude schon seit Monaten leer steht. Wenn es dort irgendeinen Verkauf von Kunstwerken gegeben hat, dann ist das ohne seine Einwilligung geschehen.«
»Herr Hauptmann, kann ich die Bilder nicht einfach wieder zurückkaufen? Ließe sich die Angelegenheit nicht dadurch regeln?«
»Dazu ist es nun zu spät. Wir müssen die Entscheidung dem Richter überlassen.«
»Ein Anwalt, ich brauche einen Anwalt!« rief ich, während ich aus dem Zimmer gezogen wurde.
Ich wartete und wartete, doch kein Anwalt ließ sich blicken. Im Schneckentempo kroch die Nacht vorüber. Mit weit geöffneten Augen lag ich vollkommen still auf meiner Matte, dicht an dicht mit den anderen Häftlingen.
Schließlich kamen die Aufseher mit unserem Frühstück – eine vertrocknete Tortilla, aber kein Wasser.

Am folgenden Sonntag berichtete die Zeitung auf der Titelseite über meine Verhaftung. Das abgedruckte Interview mit dem Polizeihauptmann legte die Vermutung nahe, daß ich schuldig war. Ich war allerdings zu diesem Zeitpunkt noch in meiner stinkenden Zelle eingeschlossen, so daß ich von dem Artikel gar nichts mitbekam.

Mittlerweile fiel es mir schwer, Tag und Nacht auseinanderzuhalten – so eintönig zogen die Minuten, Stunden und Tage vorbei. Ich hatte keinen Platz, um mich richtig zu bewegen. Meine Strohmatte mußte zugleich als Bett herhalten, und der weiteste Weg, den ich zurücklegte, führte in die Ecke zu unserem gemeinsamen »Badezimmer« – einem Loch im Fußboden.

In meiner Isolation blieb mir viel Zeit zum Nachdenken. Als ich das letzte Mal verhaftet worden war, hatte man mich wenigstens wieder freigelassen. Und obwohl ich meine Kunden verloren hatte, hatte ich die Freiheit gehabt, sie zurückzugewinnen. Doch diesmal saß ich hinter Schloß und Riegel fest – ohne jegliche Möglichkeit, meinen Namen wieder reinzuwaschen. Ich war vollkommen abhängig von anderen.

Warum mußte mir das jetzt passieren? Mein Leben war gerade richtig in Schwung gekommen. Ich verdiente viel Geld und teilte es, während ich gleichzeitig nach neuen Investitionsmöglichkeiten Ausschau hielt. Auch anderen hatte ich weitergeholfen. Und das Wichtigste: ich war endlich bereit, Maria die Wahrheit über mich zu erzählen. Wenn sie allerdings von meiner Verhaftung erfuhr, würde ich sie wohl endgültig verlieren.

Ich hatte mich gerade in tiefste Verzweiflung hineingesteigert, als einer der Wärter mir zurief, daß Besuch für mich gekommen sei. Ich sprang auf. Der Wärter führte mich in ein

Zimmer, wo Hector auf mich wartete. »Ich habe es erst heute morgen erfahren«, sagte er mit seiner weichen, gütigen Stimme.

»Wirklich?« Tränen stiegen mir in die Augen. »Ich habe Ihnen letzten Freitag eine Nachricht geschickt. Ich dachte schon, Sie hätten mich im Stich gelassen!«

»Du solltest mich doch eigentlich besser kennen!«

»Ich weiß gar nicht mehr, was ich glauben soll! Hier drinnen ist es die Hölle! Ich habe einen Anwalt verlangt – aber anscheinend will niemand meinen Fall.«

»Ich wette, sie haben eine Kommunikationssperre verhängt, weil sie hoffen, daß du dann gestehst.«

»Ich habe die Wahrheit gesagt! Diese Bilder sind mir als Originale verkauft worden!« Ich stand auf und lief im Zimmer hin und her. »O Gott, sie werden mich in ein Straflager schikken! Ich kann doch nicht den Rest meines Lebens in Gefangenschaft verbringen und Zwangsarbeit leisten!«

Hector sah mich mitleidig an und sagte: »Ich werde mit Sandoval, meinem Rechtsanwalt, sprechen. Wir werden dieser Sache schon auf den Grund kommen. Versuch in der Zwischenzeit, optimistisch zu sein!«

Ich starrte Hector an. »Ich werd's versuchen. Doch wenn ich meine Unschuld diesmal nicht beweisen kann, wird niemand je wieder Geschäfte mit mir machen!«

Hector rief nach dem Wärter. Bevor er ging, sagte er noch: »Falls es dir hilft: ich glaube fest an deine Unschuld!«

In meiner Zelle versuchte ich, mir die Einladung ins Gedächtnis zu rufen. Selbst wenn ich sie nicht richtig gelesen haben sollte, der Kerl im Smoking hatte doch gesagt, daß jedes Ausstellungsstück ein Original sei. Der Ausstellungskatalog! Ich konnte mich noch erinnern, daß ich mir darin Notizen ge-

macht hatte ... Hatte ich ihn etwa auch zurückgegeben? Im Überschwang des Augenblicks hatte ich gar nicht darauf geachtet. Nun war ich im Gefängnis. Eine ziemlich harte Strafe für meine Unachtsamkeit!
Ich streckte mich auf meiner Matte aus und schloß die Augen. Wenigstens hatte ich Hector auf meiner Seite. Vielleicht würde ja alles wieder in Ordnung kommen. Bald wandten sich meine Gedanken Maria zu. Wie sehnte ich mich danach, sie in meinen Armen zu halten, ihr Lächeln zu sehen, ihre sanfte Stimme zu hören und ihren süßen Duft zu riechen!
Plötzlich fuhr ich hoch. War das etwa Maria? Sie war tatsächlich gekommen, um mich zu sehen. Mein Herz machte einen Freudensprung, als ich an das Gitter lief. Doch dann zögerte ich. Die Augen dieser Frau brannten vor Zorn.
»Maria, bist du das?« fragte ich, während ich versuchte, nach ihren Händen zu greifen.
Sie fuhr zurück, als sei ich der Teufel persönlich. »Ich hoffe, daß du deinen Spaß mit mir hattest! Wahrscheinlich bist du jeden Sonntag nach Hause gegangen und hast dich köstlich darüber amüsiert, was ich für eine Idiotin war!«
»Maria, ich ...«
»Spar dir deine Ausreden, Eselmann! Ich habe es zuerst gar nicht glauben wollen ...«
»Bitte«, unterbrach ich sie, »laß es mich erklären!«
»Erklären? Ich will dich niemals wiedersehen!«
»Maria, Maria!« Ich streckte meine Arme nach ihr aus. »Ich liebe dich!«
Die große Tür fiel ins Schloß. Meine Hände zerrten verzweifelt an den Eisenstangen. Ich wollte ihr nachlaufen. Sie mußte mich doch anhören!
»Wißt ihr schon das Neueste, Freunde!« rief einer meiner

Mithäftlinge. »Der Eselmann hat gerade sein Liebchen verloren!« Hämisches Gelächter erklang.
Während ich meine Stirn gegen die kalten Eisenstäbe preßte, traten mir Tränen in die Augen. Ich ging zurück zu meiner Matte, setzte mich darauf und vergrub den Kopf zwischen den Knien. Was hatte ich auch erwartet? Ich hätte es ihr sagen sollen. Nun erst fühlte ich mich wirklich allein: Ich saß in einer scheußlichen Zelle fest, umgeben von einem Haufen schrecklicher Männer – mit der Aussicht auf ein trübseliges Leben. Was hatte mich nur glauben lassen, daß ich, der Sohn eines armen Pächters, es jemals zu etwas bringen würde?
Etwas später besuchte Juanita mich. »Paco und Carlos wären am liebsten auch mitgekommen.«
»Ich bin froh, daß du sie nicht mitgebracht hast. Du könntest sie allerdings bitten, mir einen Gefallen zu tun.« Ich erzählte ihr, daß ich mich nicht mehr erinnern konnte, was ich mit dem Ausstellungskatalog angestellt hatte.
»Sie sind bestimmt froh, wenn sie etwas für dich tun können.« Juanita schwieg einen Augenblick. »Es sieht nicht gut für dich aus, oder?«
»Nein. Ich glaube beinahe selbst schon an meine Schuld!« Ich lief unruhig auf und ab. »Juanita, ich habe alles verloren!«
»Aber nein, Juan, deine Freunde stehen doch hinter dir!«
»Vielleicht – aber ... Maria. Ich habe Maria verloren.«
»Willst du etwa sagen, daß sie dich jetzt, wo du im Gefängnis sitzt, im Stich gelassen hat?«
»Sie hat bloß herausgefunden, daß Juan Gomez und der Eselmann ein und dieselbe Person sind.«
»Du hattest es ihr noch nicht gesagt?« Juanita schnappte nach Luft. »Nun ... Sie wird sich schon wieder beruhigen ... mit der Zeit.«

»Dann wird es keine Rolle mehr spielen. Bis ich hier endlich herauskomme, hat sie wahrscheinlich schon ein Dutzend Kinder.«

Juanita legte den Arm um mich. »Juan, die Wahrheit wird sich schon offenbaren – hab' Geduld.«

Da die Tage vergingen und meine Situation unverändert blieb, sank ich in immer tiefere Verzweiflung. Gelegentlich kam Sandoval vorbei, um mir Fragen zu stellen. Er und Hector arbeiteten meine Verteidigung aus, doch keiner von beiden teilte mir mit, ob sie Fortschritte machten. Ich nahm an, daß sie mich nicht noch mehr deprimieren wollten.

Carlos und Paco stellten mein ganzes Büro auf den Kopf, fanden den Katalog aber nicht. Es fand sich auch niemand, der meine Aussage bestätigen konnte. Anscheinend war ich der einzige gewesen, der eine Einladung erhalten hatte.

Unterdessen wälzte ich mich in Selbstmitleid. Ich hätte Kellner bleiben, demütig mein Trinkgeld annehmen und ein Leben in Mittelmäßigkeit fristen sollen. Wenigstens wäre ich dann frei, statt eingesperrt in einer Zelle zu sitzen und auf eine Typhusinfektion zu warten, während andere über mein Schicksal bestimmten. Ich hatte Gerüchte über die Straflager gehört, die mir kalte Schauer über den Rücken jagten. Ich hatte Angst. Ich wußte genau, daß ich die Strapazen dort nie überleben würde.

Am nächsten Samstag statteten Hector und Sandoval mir einen Besuch ab. Hector wirkte blaß und abgespannt. »Was ist los?« fragte ich.

»Sie haben deine Verhandlung für Montag morgen angesetzt.«

»Das können die doch nicht machen! Wir konnten noch nicht beweisen, daß ich unschuldig bin!«

Der junge Anwalt musterte mich abschätzend. Er mußte sehr gut sein, wenn ihn in seinem Alter jemand von Hectors Kaliber engagiert hatte. »Deine Aussage werden wir morgen vorbereiten. Bis dahin solltest du lieber an deiner Einstellung arbeiten. Die Sache der Anklage steht auf schwachen Füßen. Es wird also sehr wichtig sein, wie du dich darstellst.«

Am Sonntag erschien mein Bild auf der Titelseite der Zeitung unter der Überschrift »Eselmann-Prozeß für Montag angesetzt«. Und pünktlich am nächsten Morgen drängten sich die rechtschaffenen Bürger Mexiko Citys im Gerichtssaal, um meinem Untergang beizuwohnen.

Sandoval wollte mich gerade in den Zeugenstand rufen, als ein junger Mann durch die Flügeltüren hereinstürmte. »Warten Sie!« rief er. »Sie haben einen Unschuldigen verhaftet!«

Mein Kopf fuhr herum, während unter den versammelten Zuschauern im Gerichtssaal Lärm und Durcheinander entstand. Der Richter schlug mit seinem Hammer auf den Tisch. »Ruhe – oder ich lasse den Saal räumen!«

Schließlich kehrte wieder Ruhe im Saal ein. »Treten Sie bitte vor«, sagte der Richter.

Der junge Mann trat auf den Richtertisch zu. »Euer Ehren, ich heiße Santiago Perez.« Dann blickte er mich an und sagte: »Es tut mir so leid.«

Ich runzelte die Stirn. »Kenne ich Sie?«

»Ich habe gerade erst die Zeitung von gestern gesehen.«

»Señor Perez«, sagte der Richter, »bitte kommen Sie zur Sache!«

Santiago starrte mich an. »Ich habe Sie lange Zeit gehaßt, Señor – wir alle haben Sie gehaßt. Mein Chef hat uns eingeredet, Sie seien unser Erzfeind.«

Im Saal entstand noch einmal Unruhe. Wieder und wieder schlug der Richter mit seinem Hammer auf den Tisch.
Sandoval ergriff das Wort. »Wollen Sie damit sagen, daß diese Kunstausstellung eine Verschwörung war, um meinen Mandanten in Verruf zu bringen?«
»Ja ... Er haßt Señor Gomez.« Santiago zappelte nervös hin und her. »Sie haben uns die Kunden weggenommen – wir mußten Sie aufhalten.«
»Señor Perez«, sagte Sandoval, »Sie sprechen in Rätseln. Warum erzählen Sie nicht alles der Reihe nach?«
»Die Auktionen. Mein Chef hat diese Männer hingeschickt, um die Preise hochzutreiben. Er hat gehofft, daß die Esel zu teuer für Sie würden. Als Sie trotzdem immer mehr Aufträge bekamen, hat er die Sache mit dem gestohlenen Esel inszeniert.«
»Das hätte mich beinahe ruiniert.«
»Sein Plan ging nach hinten los. Die Gendarmen sind bestochen worden, um Sie festzuhalten, doch einer wurde zu habgierig und hat Ihnen die Flucht ermöglicht. Wir haben am nächsten Morgen die Neuigkeit von Ihrer Verhaftung verbreitet, ohne zu wissen, daß Sie wieder frei waren.«
»Deshalb wußten die Leute bei den Silberminen also Bescheid.«
»Ja.« Santiago senkte den Kopf. »Ich bin nicht gerade stolz auf die Rolle, die ich dabei gespielt habe. Als er dachte, daß Sie nicht mehr im Geschäft wären, hat er seine Preise verdoppelt. Doch nach einiger Zeit haben die Rancher ihre Bestellungen bei uns wieder rückgängig gemacht und Ihnen die Aufträge gegeben.«
»Hat er auch hinter dem Überfall gesteckt?«
»Davon weiß ich nichts. Aber er war furchtbar wütend, als Sie

nicht mehr zu den Auktionen kamen. Deshalb hat er den Betrug mit den Kunstwerken eingefädelt.«

»Junger Mann«, sagte Sandoval, während er auf Santiago zu trat, »wer ist denn eigentlich Ihr Chef?«

Santiago biß sich auf die Lippen, während seine Augen zwischen mir und Sandoval hin und her wanderten. Schließlich sagte er: »Señor ... Art ... Trujillo.«

Ein Aufschrei ging durch den Gerichtssaal. Wiederholt schlug der Richter mit seinem Hammer auf den Tisch.

Als die Menge sich endlich beruhigt hatte, sagte Sandoval: »Weshalb sollte ein stadtbekannter Geschäftsmann ein solches Risiko eingehen?«

»Aus Habgier, Señor. Er hat die Bauern ausgenutzt. Hat ihnen Zinsen von zwanzig Prozent abgeknöpft und ihnen die Tiere wieder abgenommen, wenn sie nicht bezahlen konnten. Er war immer der einzige in diesem Geschäft. Aber dann kam Señor Gomez daher und hat ihm einen Strich durch die Rechnung gemacht.«

»Wieso treten Sie erst jetzt damit an die Öffentlichkeit?« fragte Sandoval.

Santiago starrte zu Boden, während er sprach. »Ich schäme mich so. Ich hatte ja keine Ahnung – bis ich die Zeitung von gestern sah ...«

Sandoval schaute zu mir hinüber, aber ich zuckte ratlos mit den Schultern.

»Sehen Sie, Euer Ehren«, Santiago blickte den Richter an, »eines Abends während einer Auktion habe ich neben dem Eselmann gesessen. Ich mußte unbedingt einen Esel kaufen, hatte aber nicht genug Geld. Da hat er mir den Esel gegeben, den er eigentlich für sich gekauft hatte.«

Natürlich. Jetzt erinnerte ich mich wieder.

»Niemand hat mir je ... Ich ... Nun, als ich ihn auf dem Bild in der Zeitung erkannt habe, konnte ich es nicht länger für mich behalten.«

»Der Angeklagte wird freigesprochen«, sagte der Richter und schlug mit dem Hammer auf den Tisch. »Jemand soll Trujillo suchen!«

Das erste, was mir in den Sinn kam, waren Hectors Worte: »Lügen haben kurze Beine ...« Dann umringten mich Juanita, Hector, Carlos und Paco. »Das müssen wir feiern«, sagte Juanita. »Ich muß dich dringend wieder aufpäppeln!«

Überwältigt vor Freude, stand ich zwischen meinen Freunden.

»Du bist frei«, sagte Hector leise.

Ich strahlte über das ganze Gesicht. »Frei«, wiederholte ich und schloß die Augen. Keine Gitter, keine Wärter, keine stinkende Zelle, keine Zwangsarbeit. Ich rannte durch die Tür nach draußen und holte tief Luft. »Weißt du was, Hector«, sagte ich dann. »Ich habe einen Bärenhunger!«

DER WEG ZUM ERFOLG

Wir machten uns auf den Weg zu »Pedro's«. Ich tanzte vergnügt durch den warmen Sonnenschein. Plötzlich entdeckte ich Santiago, der mit gesenktem Kopf das Gerichtsgebäude verließ. Ich lief zu ihm, um mich bei ihm zu bedanken.

»Was ich getan habe, war das einzig Richtige«, sagte er.

Ich schwieg einen Augenblick. »Ich nehme an, jetzt hast du deine Arbeit verloren.«

Santiago scharrte mit den Füßen. »Ich werde schon wieder was finden.«

»Wie wäre es, wenn du für mich arbeitest?«

Santiagos Gesicht leuchtete auf. »Ich bin ein guter Arbeiter, Señor. Sie werden es nicht bereuen!«

Während der Feier bei »Pedro's« gelang es mir, eine stille Minute mit Hector zu erwischen. »Jetzt ist mir nur noch eines wichtig.«

»Maria?« fragte Hector.

»Ich habe solche Angst, daß sie mich abweisen wird.« Ich nippte an meinem Tee. »Vielleicht hat sie schon jemand anderen gefunden!«

Hector lachte. »Das bezweifle ich – nicht, wenn sie dich wirklich liebt.«

»Dann ist da noch ihr Vater«, fügte ich hinzu und fuhr mir nervös mit den Fingern durch das Haar.
»Juan, bring das Gespräch endlich hinter dich! Es ist höchste Zeit, daß dein Leben weitergeht.«
Ich reckte das Kinn vor. »Morgen ... Morgen rede ich mit ihnen.«
Später gingen Hector und ich zu meinem Büro. »Es ist mir peinlich, daß Trujillo in mir ein so leichtes Opfer gefunden hat«, sagte ich. »In Zukunft werde ich mehr auf meine Konkurrenten achten.«
»Denk aber immer daran, daß Trujillo zu guter Letzt gescheitert ist, weil er ein Grundprinzip des Erfolgs mißachtet hat.«
»Welches denn?«
»Trujillo hat seine eigenen Geschäftsziele völlig aus den Augen verloren und nur noch gegen dich gekämpft. Er nahm an, daß sein Erfolg garantiert sei, wenn du scheiterst.«
»Nun – fast hätte er es auch geschafft!«
»Versteh mich nicht falsch. Etwas Wettbewerb ist gut – doch allzu ehrgeizige Menschen haben für gewöhnlich nur kurze Zeit Erfolg, um ihn wenig später wieder zu verlieren. Ein echter Gewinner zieht in die Welt hinaus, um so gut zu werden, wie er es aus eigener Kraft vermag.«
»Ein Gewinner – das hört sich gut an!«
Wir gingen in mein Büro, wo ich erst einmal zusammenzuckte, denn vor mir ragten drohend wie riesige Monster die Gemälde auf. »Ich muß die Dinger irgendwie loswerden!«
Hector setzte sich hin, um zu Atem zu kommen. »Niemand hält dich davon ab, aus deinem Fehler noch das Beste zu machen.»
»Wie denn? Die Bilder sind doch Fälschungen!«
»Das Geheimnis des Wohlstands besteht darin, ein wahrer

Gewinner zu werden, indem man die Hindernisse in seiner Umgebung erkennt und überwindet. Denk immer daran: Wahren Erfolg erlangst du nur durch deine eigenen Bemühungen.«

»Haben Sie einen Vorschlag, was ich mit diesen Bildern anfangen soll?«

»Sie verkaufen.«

»Was?« rief ich. »Das hat doch erst dieses ganze Theater heraufbeschworen!«

»Sieh mal, die Leute werden nach wie vor Ware von guter Qualität kaufen, selbst wenn sie wissen, daß es sich dabei um eine Kopie handelt.«

Ich grübelte über seine Worte nach. Schließlich lächelte ich und sagte: »Auch García hat ja gesagt, sie seien gut gemacht. Hector, Sie sind ein Genie!«

»Nein, ich habe bloß gelernt, Ideen zu entwickeln. Wer Ideen hat, kann für jedes Problem eine Lösung und für alles einen Markt finden.«

»Im Moment würde ich die Bilder am liebsten verschenken, nur um sie aus den Augen zu haben!«

»Ich kann ja verstehen, wie du dich fühlst. Aber als Geschäftsmann mußt du akzeptieren, daß es Zeiten gibt, in denen du Erfolg hast, Zeiten, in denen du scheiterst, und Zeiten, in denen du lediglich deine Kosten decken kannst.« Hector seufzte und blickte auf seine Uhr. »Wenn ich mich jetzt auf den Weg mache, könnte ich noch vor Einbruch der Dunkelheit mein Haus erreichen.«

Wir standen da und schauten uns lange an. »Danke«, sagte ich dann und umarmte ihn.

»Laß mich wissen, wie es morgen ausgeht.«

Nachdem Hector gegangen war, setzte ich mich an den

Schreibtisch, um die Nachrichten durchzusehen, die während der letzten zwei Wochen für mich eingegangen waren. Kaum hatte ich damit begonnen, als eine Stimme sagte: »Señor Gomez, hier bin ich, wie vereinbart.«

»Santiago«, begrüßte ich ihn und stand auf.

»Was kann ich für Sie tun, Señor?«

»Ich bin noch gar nicht dazu gekommen, darüber nachzudenken ...« Ich drehte mich um, und wieder fiel mein Blick auf die Gemälde, die mir höhnisch zuzulachen schienen. »Kannst du diese Bilder verkaufen?« fragte ich.

Santiago zögerte. »Mein Onkel hat einen Stand auf dem Markt.«

»Wenn du sie verkaufen kannst, zahle ich dir zehn Prozent Provision. Und wenn du sie für einen höheren Preis verkaufst als den, den ich verlange, teilen wir die Differenz.«

»Das ist sehr großzügig von Ihnen, Señor.« Santiago trat zu den Bildern. »Kann ich jetzt gleich zehn mitnehmen?«

»Unter einer Bedingung«, sagte ich, während ich ihm half, die Bilder hinauszutragen.

»Die wäre?«

»Ich möchte, daß du mit einem großen Schild deutlich darauf hinweist, daß diese Gemälde Kopien sind!«

Santiago lachte. »Versprochen!«

Am nächsten Tag erwachte ich früh und machte mich auf den Weg zu Maria. Über den Bergen leuchtete bedrohlich rot die Morgensonne. Ich fragte mich, ob Maria mich noch liebte. Und wenn ja, würde sie mir verzeihen? Eines war jedenfalls gewiß: Ich mußte die Wahrheit nicht länger verbergen.

Als die Farm der Mendez' in Sicht kam, verließ mich der Mut. Ich blieb draußen vor dem Tor stehen und starrte auf das

Haus. Schließlich marschierte ich den Weg hoch, während mir mein Herzschlag in den Ohren dröhnte.
Señora Mendez öffnete mir die Tür. *»Dios mío!«* rief sie aus und bekreuzigte sich. »Ich dachte, Sie wären im Gefängnis!«
»Gestern haben sie mich freigelassen. Ich bin unschuldig. Bitte, Señora, darf ich Maria sehen?«
»Ich weiß nicht recht ...« Sie schlich auf Zehenspitzen vor die Tür und flüsterte mir zu: »Maria ist ...«
»Mama, wer ist da?« Maria trat hinter ihre Mutter. »Du?« rief sie aus. »Ich habe dir doch gesagt, daß ich dich nie wieder sehen will!«
Ich konnte meinen Blick nicht von ihr wenden. Ihre Schönheit nahm mir den Atem. »Das kann ich nicht akzeptieren!«
»Pech für dich, Eselmann!« Sie machte Anstalten wegzugehen.
»Ich verlasse dieses Haus nicht eher, als bis du mir eine Chance gibst, dir alles zu erklären!«
»Ich will nicht mit dir sprechen!« sagte sie und trat die Haustür von innen mit dem Fuß zu.
Señora Mendez schaute mich an und lächelte entschuldigend. »Manchmal ist sie einfach zu dickköpfig!« Dann öffnete sie die Tür und winkte mich hinein.
Ich fand Maria im Wohnzimmer. Ihre Brust hob und senkte sich heftig. Ich kniete mich vor sie hin. »Was kann ich tun, um deinen Schmerz zu vertreiben?«
Maria verschränkte die Arme vor der Brust. »Du hast mich angelogen, jetzt kann ich dir nicht mehr vertrauen!«
»Ich habe nicht gelogen. Ich habe nur nicht die volle Wahrheit erzählt.«
»Du hast dich über mich lustig gemacht! Ich hoffe, daß du und deine Freunde euch gut auf meine Kosten amüsiert habt!«
»Genau das ist das Problem«, sagte ich kopfschüttelnd. »Die

Leute haben ein völlig falsches Bild von mir. Denk nur mal an den ersten Tag, an dem ich zu euch kam – du hast über den Eselmann gesprochen, als sei er eine Art Gott. In Wahrheit ist er nur der Sohn eines armen Pächters. Ich wollte, daß du dich in mich verliebst – in mich, Juan Gomez, nicht in irgendein übertriebenes Bild von mir.«
»Ich nehme an, du hättest mich einfach geheiratet und es mir dann erst erzählt?«
»Offen gestanden habe ich das erwogen, aber dann hat dein Vater die Wahrheit über mich herausgefunden.«
Sie riß die Augen auf. »Papa hat davon gewußt?«
»Ich mußte ihm versprechen, daß ich es dir erzählen würde, sobald ich dich das nächste Mal sah, doch ... dann wurde ich verhaftet.«
»Kein Wunder, daß er dich so in Schutz genommen hat!«
»Maria, ich ... Ohne dich hat mein Leben keinen Sinn mehr.« Mir traten die Tränen in die Augen. »Bitte ... gib mir noch eine Chance!«
»Nun ...«
»Ich heiße Juan Gomez«, sagte ich und reichte ihr meine Hand. »Für die meisten Leute bin ich der Eselmann. Aber laß dich bitte davon nicht abschrecken. Du mußt wissen, Maria Mendez, ich liebe dich. Ich habe dich schon vom ersten Moment an geliebt, in dem ich dich gesehen habe.«
Maria ließ ihre Arme wieder sinken und legte ihre Hand sanft in meine. »Ich habe diese stillen Augenblicke mit dir vermißt.«
»Dann laß uns eine feste Bindung eingehen. Maria, willst du mich heiraten?«
In ihren Augen glitzerten die Tränen. »Ich liebe dich, Juan!« flüsterte sie. »Ja, ja, ich will dich heiraten!«

Maria und ich wurden sechs Wochen später in Hectors Villa getraut. Im Anschluß an unsere sechswöchige Hochzeitsreise, die uns nach San Francisco führte, bezogen wir unser neues Zuhause in Mexiko City.

Während des folgenden Jahres gab es viele Veränderungen in meinem Leben. Santiago verkaufte die dreißig Gemälde in nur vier Tagen, indem er sie als die Reproduktionen anpries, die den Eselmann hinter Gitter gebracht hatten. Es war nicht schwer, seine kaufmännische Begabung zu erkennen, und ich machte ihn zum Teilhaber in meinem Eselgeschäft, das daraufhin sogar noch schneller wuchs.

Juanita und die Jungen hatten großen Erfolg mit dem Restaurant. Nach und nach gestalteten wir »Pedro's« um. José hatte die Idee, das französische Dekor in einen volkstümlichen mexikanischen Stil zu verwandeln. Seine Idee ging auf – wir wurden bei den Touristen sogar noch beliebter. Mit Josés Einfallsreichtum und Juanitas Sinn für Sparsamkeit wuchsen Umsatz und Gewinn.

Manuel zog sich aus unserem Vertrag zurück. Er hatte genug von der Arbeit; selbst das Geld konnte ihn nicht länger locken. Da niemand in seiner Familie sein Handwerk weiterführen wollte, suchten Maria und ich auf den Märkten nach einem Ersatz. Wir fanden mehrere geeignete Leute und boten ihnen jeweils Beteiligungen an.

Das Konzept der Beteiligung funktionierte so gut, daß ich von nun an alle neuen Investitionen auf die Basis einer Gewinnaufteilung von fünfzig zu fünfzig stellte. Ich erkannte, daß meine neuen Mitarbeiter sich viel stärker engagierten, wenn sie auch Teilhaber waren, und das ganze Unternehmen nahm meine Zeit weniger in Anspruch.

Da mein Vertrag mit der US-Kavallerie um ein weiteres Jahr

verlängert wurde und die Produktion der Apfelplantage nur langsam anlief, reiste ich jede zweite Woche nach San Cristóbal und Veracruz. Zehn Tage im Monat war ich von meiner geliebten Maria getrennt. Das fiel uns besonders schwer, weil wir inzwischen wußten, daß sie ein Kind erwartete.
Unsere Tochter Anna kam zwei Monate vor unserem ersten Hochzeitstag zur Welt. Maria wäre bei der Geburt beinahe gestorben, daher riet uns der Arzt, keine weiteren Kinder zu bekommen. Wie du sicherlich weißt, Antonio, wurde Anna, deine Mutter, der Mittelpunkt unseres Lebens. Sie war ein entzückendes Baby, das Marias Schönheit und Temperament besaß. Hector, der bisher nie viel Gelegenheit gehabt hatte, mit Kindern umzugehen, war überglücklich, ihr Patenonkel zu werden. Mit ihm gemeinsam verbrachten wir viele glückliche Wochenenden.

HECTORS VERMÄCHTNIS

An einem Dienstag, als Anna gerade sieben Monate alt war, klopfte einer von Hectors Dienstboten spätabends an unsere Tür. »Kommen Sie schnell«, sagte er. »Señor Hector ist sehr krank und will Sie dringend sehen.«

»Es muß ernst sein, sonst würde Hector nicht um diese Zeit nach mir schicken«, sagte ich zu Maria.

»Geh schnell«, erwiderte sie. »Ich werde morgen früh mit Anna nachkommen.«

Während ich zu Hectors Besitz ritt, gestand ich mir ein, daß Hector in letzter Zeit sehr dünn geworden war. Warum konnten wir nicht so weiterleben wie bisher: Maria, Anna, Hector und ich? Ich fürchtete, daß dieses Leben nun an ein Ende gekommen war.

Die Villa war hell erleuchtet wie eine riesige Kerze, die mir in der dunklen Nacht den Weg wies. Versuchte man dort die kalte Hand des Todes abzuwehren? Ich schauderte. »Was ist mit Hector?« fragte ich Miguel.

»Nach dieser Lungenentzündung ist seine alte Kraft nie wieder ganz zurückgekehrt.«

»Das kann nicht sein«, sagte ich, doch seine Erklärung klang plausibel. Ich hatte mich bislang nur geweigert, es zu sehen.

Hector hatte mich geschont. Ich wollte so schnell wie möglich zu ihm und rannte die Treppen hinauf. Doch vor seiner Tür hielt ich inne. Ich war verärgert, weil man mir Hectors Gesundheitszustand verschwiegen hatte; gleichzeitig fürchtete ich, jemanden, den ich liebte, zu verlieren.
Ich klopfte an und betete, daß er noch am Leben war.
»Komm herein«, sagte eine schwache Stimme, die ich kaum wiedererkannte.
Ich holte tief Luft und richtete mich auf. Nun war es an mir, Stärke zu zeigen. »Hector«, sagte ich, während meine Entschlossenheit dahinbröckelte. »Warum hast du es mir nicht eher gesagt?«
Hector lächelte mich an. »Setz dich«, erwiderte er und deutete auf seine Bettkante.
Mir brach fast das Herz. Er sah so blaß, so zerbrechlich aus.
»Es tut mir leid«, sagte er. »Ich bin ein selbstsüchtiger alter Mann. Als ich dich so glücklich gesehen habe, wollte ich gern noch etwas auf dieser Welt bleiben. Maria und Anna ...« Hector seufzte zufrieden. »Sie sind wunderbar. Danke, daß du dein Glück mit mir geteilt hast.«
»Das klingt so, als sei es eine lästige Pflicht gewesen. Wir lieben Sie doch!«
»Weine nicht«, sprach Hector und drückte mir die Hand. »Ich habe dich holen lassen, weil ich dir etwas sagen möchte.«
»Kann das nicht bis morgen früh warten?«
»Wenn ich nicht mehr da bin, wirst du es vielleicht von jemand anderem hören. Ich möchte, daß du verstehst ...«
»Aber ...«
Hector legte mir seinen Finger auf die Lippen. »Erinnerst du dich noch, als ich dich mit den Worten ›Gelegenheiten bieten sich überall‹ nach Mexiko City schickte?«

Ich lächelte. »Wie könnte ich das vergessen?«
»Wenn ich dir statt dessen aufgetragen hätte, das Geld in deiner Tasche mit anderen zu teilen, hättest du dann auch auf mich gehört?«
»Wahrscheinlich nicht.« Ich runzelte die Stirn, während ich mich an meinen schwierigen Start erinnerte. »Ich habe ja selbst ums Überleben gekämpft.«
»Genau. Deshalb wollte ich dir auch beibringen, wie man zu Geld kommt.«
»Warum erzählen Sie mir das jetzt?«
»Weil ich dich damals auf die Probe gestellt habe. Doch das wichtigste ist, daß du sie bestanden hast. Alle weiteren Erfolge hast du durch eigene Kraft erreicht.«
»Auf die Probe gestellt? Wie?«
»Ich habe eine Nachricht an Sanchez geschickt, in der ich ihm deine Ankunft ankündigte. Ich habe ihn gebeten, dir Teresa abzukaufen. Er sollte dir zuerst den Kauf auf Raten vorschlagen und erklären. Falls du diese Methode nicht verstanden hättest, sollte er versuchen, den Esel direkt zu kaufen.«
»Sie wollten feststellen, ob ich eine Gelegenheit erkenne?«
»Einmal das ... und dann wollte ich sehen, wie schnell du die Grundregeln des Geldverdienens lernst. Aber wie du weißt, hast du dich ja entschieden, dich von Teresa zu trennen.«
»Ich glaube, ich verdanke Ihnen sehr viel.«
»Ich habe dir nur den Rahmen geliefert. Du hast selbst entschieden, ob neue Gelegenheiten in deinen Gesamtplan paßten. Und du warst es auch, der den Mut hatte, sie zu ergreifen.«
Wieder traten mir die Tränen in die Augen. »Ohne Sie hätte ich das nie gekonnt.«
Ein Lächeln hellte Hectors bleiches Gesicht auf. »Deine Erfolge zu sehen war eine der größten Freuden in meinem Le-

ben. Ich weiß, du hast begriffen, daß wahrer Reichtum mehr umfaßt als nur Geld – innerer Reichtum und seelische Stärke gehören ebenfalls dazu.«

»Ja«, erwiderte ich und mußte daran denken, wie schwer es mir gefallen war, Maria die Wahrheit über mich mitzuteilen.

»Solange man nicht inneren und äußeren Reichtum in Einklang bringt, kann man nicht wirklich glücklich sein.«

Hector legte seine Hand auf meine. »Du bist wie ein Sohn für mich. Ich weiß, daß du mit dem Wissen, das du jetzt hast, mein Vermächtnis fortführen und deinen Reichtum mit anderen teilen wirst. Aus diesem Grund setze ich dich zu meinem rechtmäßigen Erben ein.«

»Was sagen Sie denn da, Hector – es wird Ihnen bald wieder bessergehen!«

»Diesmal nicht, mein Sohn. Mein Leben ist zu Ende. Aber ich möchte dir das hier geben, als dauerhafte Erinnerung an alles, was ich dir beigebracht habe.«

Ich nahm den Briefumschlag entgegen und umarmte Hector. Zuerst erwiderte er meine Umarmung noch. Dann hörte ich ein Rasseln in seiner Brust. Bald darauf ließ der Druck seiner Arme nach, und sein Atem stockte. Lange Zeit saß ich nur da und hielt ihn in meinen Armen. Schließlich verließ ich mit verweintem Gesicht das Zimmer, um den Arzt zu holen. Hector Ortega – mein Mentor, mein Vater und Freund – war gestorben und hatte mir sein Vermächtnis hinterlassen.

Später in dieser Nacht, als ich nicht einschlafen konnte, öffnete ich den Umschlag, den Hector mir gegeben hatte. Auf mehreren Blättern hatte er alle seine Regeln in der Reihenfolge, in der ich sie gelernt hatte, aufgelistet.

»Antonio, diese Blätter vermache ich nun Dir. Wenn Du diese Regeln lernst und anwendest, bis sie ein Teil deines täglichen Lebens geworden sind, wirst Du genauso glücklich und erfolgreich werden wie ich.
Mein lieber Enkel, wie die Geschichte weitergeht, weißt Du selbst. Nach Hectors Tod zog ich hierher auf seine Hazienda. Miguel blieb unser Koch, und ich nahm auch weiterhin Sandovals Dienste als Rechtsanwalt in Anspruch, da er Hectors Geschäfte so gut kannte.
Maria und Anna waren der Mittelpunkt meines Familienlebens, während Hectors Grundbesitz zu einem neuen Schwerpunkt meiner Arbeit wurde. Anna, das Baby, das Hector soviel Freude bereitet hatte, wuchs heran und wurde Deine Mutter. Als sie Dich hier, in diesem Haus, zur Welt brachte, fühlte ich eine Freude, wie ich sie seit der Zeit, in der Maria noch am Leben gewesen war, nicht mehr empfunden hatte.
Wenn ich auf Dein Leben auch keinen Einfluß mehr nehmen kann, so hoffe ich doch, daß ich Dir durch mein Beispiel gezeigt habe, wie man andere Menschen liebt, ihnen Achtung entgegenbringt und mit ihnen teilt. Ich hätte gern gehabt, daß Du den Grundbesitz erbst – doch es ist nur Land. Das Kostbarste aber bleibt für Dich: das Rüstzeug, um ein wahrhaft reicher Mensch zu werden.«

In diesem Moment warf ein lautes Klopfen an der Tür den jungen Antonio wieder in die Gegenwart zurück.
»Antonio«, sagte Anna. »Komm doch bitte nach unten. Es ist Zeit zum Abendessen.«
»Bin gleich da, Mama.« Nachdem sich Antonio kaltes Wasser über das Gesicht hatte laufen lassen, blieb er noch einmal vor

dem Bild stehen, das Juan Gomez als jungen Mann zeigte. Er lächelte. Die Ähnlichkeit war nicht zu leugnen.
Als Antonio den Speisesaal betrat, ging ein Raunen durch die versammelte Gesellschaft. Alle beobachteten ihn, während er den Raum in seiner gesamten Länge durchschritt. Am Kopfende des langen Tisches angekommen, setzte er sich auf den Stuhl seines Großvaters. Er war ein bißchen zu groß, aber bequem. Er betrachtete die unsicheren Blicke seiner Gäste. Diesen Leuten war heute ihre Unabhängigkeit geschenkt worden. Hatten sie auch Angst? Sie würden jemanden brauchen, der ihnen dabei half, sich zu organisieren, der ihre Waren zum Markt brachte, der mit der Eisenbahngesellschaft über die besten Preise verhandelte. War das seine erste Gelegenheit?
»Es tut mir leid, Antonio«, sagte Sandoval und beugte sich zu ihm. »Ich hoffe, du bist nicht allzu enttäuscht darüber, daß du die Hazienda nicht geerbt hast.«
»Ganz im Gegenteil, Sandoval«, sagte Antonio und lächelte. »Großvater hat mir etwas ganz Besonderes vererbt. Er hat mir die Schlüssel zu seinem wahren Reichtum hinterlassen.«

Die Geheimnisse des Erfolgs
von Hector Ortega

Gelegenheiten bieten sich überall. Der kluge Mensch lernt, gute Gelegenheiten stets und überall zu erkennen und zu ergreifen.
Übe Geduld, Beharrlichkeit und Selbstdisziplin, und verbinde sie mit harter Arbeit und Zielstrebigkeit.
Suche den Rat sachkundiger Menschen, und pflege den Umgang mit Menschen, die ähnliche Ziele haben wie Du –

Menschen, die mehr vom Leben erwarten und bereit sind, dafür hart zu arbeiten.
Behalte eine positive Lebenseinstellung, doch bleibe realistisch in Deinen Erwartungen.
Setze Dir ein Ziel, und konzentriere Dich darauf, bis Du es erreicht hast.
Setze Dir sowohl kurzfristige als auch langfristige Ziele.
Setze Dir mehrere Ziele, passe sie jedoch einfallsreich und flexibel Deinen sich verändernden Bedürfnissen an.
Gehe immer mit einem Plan in geschäftliche Verhandlungen.
Wenn Du etwas erwirbst, um es weiterzuverkaufen, solltest Du wissen, wie hoch sein Wiederverkaufswert ist, wer Dein Kunde ist – oder wahrscheinlich sein wird – und zu welchen Bedingungen Du es weiterverkaufen kannst.
Entwickle Ideen bei der Auswertung möglicher Gelegenheiten. Die meisten Leute wissen nicht, wie sie Geld einsparen und mehr leisten können. Du solltest also Deine Kenntnisse erweitern, indem Du von anderen lernst und Dich selbst weiterbildest.
Halte immer einen Plan bereit – und einen Ersatzplan, auf den Du, wenn nötig, zurückgreifen kannst.
Lerne mit Geld umzugehen. Du darfst nicht Deine augenblicklichen Bedürfnisse und Wünsche auf Kosten Deiner Zukunft befriedigen.
Lerne, Dein Geld richtig zu verwalten. Spare einen Teil, und teile Dir den Rest gut ein.
Gehe vorausschauend mit Geld um. Sei großzügig, aber dennoch vernünftig, denn es kann immer unerwartete Ausgaben geben.
Bleibe anderen Menschen gegenüber offen. Trete nicht jedem, den Du kennenlernst, abweisend und mißtrauisch entgegen.

Denk daran: Auf der Welt gibt es mehr ehrliche als unehrliche Menschen.
Bewahre Dir bei allem, was Du tust, die Liebe im Herzen.
Bringe anderen Menschen Vertrauen entgegen, und auch sie werden Dir entgegenkommen. Du wirst mit vielen neuen Gelegenheiten, mit wachsendem Glück und Erfolg belohnt.
In Deinem Herzen sollte immer Platz für Vergebung und Mitleid sein. Bekämpfe Haß, Mißtrauen, Unzufriedenheit und Neid, weil diese Gefühle Dich sonst in die Defensive drängen und Dich herunterziehen – seelisch wie finanziell.
Nutze niemals die Notlage eines anderen Menschen zu Deinem Vorteil aus.
Setze Prioritäten bei Deinen Zielen – widme Dich den wichtigsten zuerst.
Nimm nie etwas als selbstverständlich hin. Der Großteil der Welt bewegt sich in eng begrenzten Bahnen. Manchmal mußt Du Ideen für andere entwickeln, um die Hindernisse zu überwinden, denen ihr gemeinsam gegenübersteht.
Es gibt auf der Welt drei Arten von Menschen: Menschen, die Geld ausgeben, Menschen, die Geld anhäufen, und Menschen, die ihr Geld vermehren.
Sieh Dich mit offenen Augen in der Welt um, und Du wirst unzählige Gelegenheiten entdecken, die Dich zu noch größerem Reichtum führen können.
Reichtum ist in Dir selbst, nicht in Deiner Brieftasche.
Geld ist lediglich eine Art Düngemittel, das die Dinge leichter gedeihen läßt. Es ermöglicht Dir und anderen eine bessere Lebensqualität.
Vermehre Dein Geld, indem Du Dich mit offenen Augen in der Welt umsiehst, angemessene Risiken eingehst und Dein Kapital auf verschiedene Anlagemöglichkeiten verteilst.

Konzentriere Deine Energie und Dein Geld nicht nur auf ein einziges Projekt.
Im Handel und bei Tauschgeschäften bekommst Du mal mehr, und mal gibst Du mehr.
Werde Dein eigener Chef. Du arbeitest hart für andere – arbeite genauso hart für Dich selbst.
Du wirst niemals reich, indem Du für andere arbeitest. Du wirst bestenfalls über die Runden kommen. Wenn Du für Dich selbst arbeitest, übernimmst Du Verantwortung für Dein Leben. Du bestimmst, wieviel Du arbeitest und verdienst. Deinem Erfolg sind keine Grenzen gesetzt, wenn Du den Mut hast, Dich selbständig zu machen.
Hege niemals Groll im Herzen.
Aus Verständnis entsteht Mitgefühl.
Alles, was geschieht, hat einen Grund. Manchmal lenkt ein übergeordnetes Schicksal – mächtiger, als wir es verstehen können – unser Leben.
Tue das, was in geschäftlicher Hinsicht richtig und rentabel ist, ohne Dich von Deinen Gefühlen leiten zu lassen.
Teile Deinen Wohlstand, indem Du anderen Menschen die Gelegenheit verschaffst, ihre Lage zu verbessern. Wenn Du heute einem Mann Brot gibst, wird er morgen wieder Hunger haben. Aber wenn Du ihm beibringen kannst, selbst für seine Nahrung zu sorgen, dann wird er nie verhungern.
Während Du anderen beibringst, wie man zu Wohlstand kommt, solltest Du ihnen auch an Deinem Beispiel zeigen, wie sie ihr Glück teilen können.
Einen Umweg in Kauf zu nehmen, um anderen zu helfen, ist die beste Lebensphilosophie. Obwohl Du vielleicht nicht materiell belohnt wirst, gewinnst Du doch große innere Befriedigung dabei.

Geld ist nur ein kleiner Teil wahren Reichtums. Wenn Du weiterhin diese Lehren anwendest, wird sich innerer Reichtum wie von selbst einstellen.
Es gibt im Leben eine bestimmte Ordnung. Indem Du Deinen materiellen und Deinen inneren Reichtum in ein Gleichgewicht bringst, wird jeder Bereich Deines Lebens davon profitieren.
Hilf stets denen, die Dir auf Deinem Weg beigestanden haben. Seelische Stärke erlangst Du, wenn Du allem, was Dich umgibt, aufrichtige Achtung entgegenbringst. Seelisch stark ist, wer die Welt, die Menschheit und sich selbst liebt.
Nun, wo Du einen besseren Weg gefunden hast, habe Geduld mit denen, die noch nicht soweit sind wie Du.
Weitblick ist die Fähigkeit, sich umzuschauen und aus dem, was man sieht, auf künftige Entwicklungen zu schließen. Ein erfolgreicher Mensch entwickelt die kreative Fähigkeit, etwas vorauszusehen, und handelt dann entsprechend.
Füge Deinen Ersparnissen laufend etwas hinzu. Wenn Du nichts ansparst, kannst Du weder erfolgreich investieren noch anderen helfen, weil Du nicht einmal genug zur Verfügung hast, um Dir selbst zu helfen.
Werde in Deinen Geschäften aus eigener Kraft der Beste, ohne gegen andere zu kämpfen. Glaube nicht, daß Dein Erfolg garantiert ist, wenn jemand anders scheitert.
Nichts hält Dich davon ab, aus Fehlern das Beste zu machen. Oft birgt auch ein Mißgeschick noch Chancen in sich.
Wer Ideen hat, findet für jedes Problem eine Lösung und für alles einen Markt.
Im Geschäftsleben wird es Zeiten geben, in denen Du Erfolg hast, Zeiten, in denen Du scheiterst, und Zeiten, in denen Du lediglich Deine Kosten decken kannst.

Um wirklich erfolgreich zu sein, mußt Du die Hindernisse in Deiner Umgebung erkennen und überwinden. Denk immer daran: Wahren Erfolg erlangst Du nur durch Deine eigenen Bemühungen.

Diese Regeln sind nur ein Rahmen. Du mußt selbständig neue Gelegenheiten prüfen, entscheiden, ob sie in Deinen Gesamtplan passen, und dann den Mut haben, sie zu ergreifen.

Ein wahrhaft reicher Mensch erkennt, daß Glück das eigentliche Lebensziel ist. Indem Du diese Regeln befolgst, wirst Du lernen, inneren und äußeren Reichtum miteinander in Einklang zu bringen, und auf diese Weise das begehrte Ziel erreichen.